HANS-LOTHAR MERTEN
SCHEINHEILIG

Hans-Lothar Merten

SCHEIN HEILIG

Das Billionen-Vermögen der katholischen Kirche

FBV

Bibliografische Information der Deutschen Nationalbibliothek
Die Deutsche Nationalbibliothek verzeichnet diese Publikation in der Deutschen Nationalbibliografie.
Detaillierte bibliografische Daten sind im Internet über http://dnb. d-nb. de abrufbar.

Für Fragen und Anregungen:
info@finanzbuchverlag. de

1. Auflage 2018

© by FinanzBuch Verlag,
ein Imprint der Münchner Verlagsgruppe GmbH
Nymphenburger Straße 86
D-80636 München
Tel. : 089 651285-0
Fax: 089 652096

Alle Rechte, insbesondere das Recht der Vervielfältigung und Verbreitung sowie der Übersetzung, vorbehalten. Kein Teil des Werkes darf in irgendeiner Form (durch Fotokopie, Mikrofilm oder ein anderes Verfahren) ohne schriftliche Genehmigung des Verlages reproduziert oder unter Verwendung elektronischer Systeme gespeichert, verarbeitet, vervielfältigt oder verbreitet werden.

Die im Buch veröffentlichten Informationen wurden vom Verfasser sorgfältig erarbeitet und geprüft. Eine Garantie kann dennoch nicht übernommen werden. Ebenso ist die Haftung des Verfassers beziehungsweise des Verlages und seiner Beauftragten für Personen-, Sach- und Vermögensschäden ausgeschlossen.

Redaktion: Ulrike Kroneck
Korrektorat: Sonja Rose
Umschlaggestaltung: Isabella Dorsch, München
Umschlagabbildung: iStock/andrej_k
Satz: Helmut Schaffer, Hofheim a. Ts.
Druck: GGP Media GmbH, Pößneck
Printed in Germany

ISBN Print 978-3-95972-089-2
ISBN E-Book (PDF) 978-3-96092-154-7
ISBN E-Book (EPUB, Mobi) 978-3-96092-155-4

Weitere Informationen zum Verlag finden Sie unter

www. finanzbuchverlag. de

Beachten Sie auch unsere weiteren Verlage unter www. m-vg. de

Inhalt

Prolog: Scheinheiligkeit als System 9

I. Im Schein des Herrn: Unternehmen Kirche 13
Statthalter des Herrn auf Erden 13
Politische Struktur des Vatikans 19
Vom Papst bis zum Diakon – die Personalstruktur
der Weltkirche 24
Was die Weltkirche in Organisationsfragen von
Wirtschaftsunternehmen lernen kann 28
Mit dem Glauben kam die Gier 31
Gott und Geld 38
Dubiose Finanzgeschäfte im Vatikan 42
Oh Gott – das Reich des Herrn ist nicht allein 59
Die Stellung der Weltkirche im globalen Vergleich 61
Die Weltkirche in Deutschland, Österreich und der Schweiz ... 66
Brasilien – Weltkirche und pfingstkirchliche Bewegungen ... 76
Gott und Macht – Staat und Kirche 81
Papst Franziskus und die Wirtschaft 83
Wie stellt sich die Vermögensfrage in der Weltkirche? 91
Im Namen des Herrn und des Profits 94

II. Wie sich die Weltkirche finanziert – Spenden, Steuern, Staatszuschüsse 99
Kirchliches Rechnungswesen – Gläserne Taschen Fehlanzeige ... 115
Entschädigung bis in alle Ewigkeit 121
Staatsleistungen – Kirchenfinanzierung mit Erregungspotenzial ... 125

III. Der Kirchenschatz 129

Vatikan und Italien 130
Frankreich 136
Spanien 137
Portugal 141
Großbritannien 142
Schweiz 142
Österreich 143
Vereinigte Staaten 146
Argentinien 148
Deutschland 150
Deutschlands Diözesen 159

IV. Unternehmen Kirche 171

Klosterorden 174
Weltliche Orden 182
Verbände in der Weltkirche 185
Caritas 187
Missionswerke 190
Kirchenstiftungen 196
Reisen im Namen des Herrn 200
Urlaub und Wellness im Kloster 203
Ferienwerke und Freizeiteinrichtungen 206
Hotels 207
Klosterbrauereien 208
Weingüter 210
Medienunternehmen 212
Bibliotheken und Büchereien 217
Museen 219

Katholische Wohnungs- und Siedlungsunternehmen 219
Kirchenbanken 224
Kirchenfonds 227
Kirchenversicherungen 228
Handel 230
Horizontales Gewerbe – wo und wie die Kirche
ihr Geld anlegt.. 234
Weltkirche – geistliche und ökonomische Macht
unter einem Dach 238

Epilog – Machtkampf im Vatikan 245

Quellen 257

Personen und Unternehmen 265

Im Buch genannte Personen 265
Im Buch genannte Institutionen, Organisationen
und Unternehmen 266

Prolog: Scheinheiligkeit als System

*»Die Scheinheiligkeit ist fähig, eine Gemeinschaft zu töten ...
Bitten wir den Herrn, dass er uns davor bewahre,
der Sünde der Scheinheiligkeit zu verfallen ...«*

Papst Franziskus, Kapelle Santa Maria, 6. Juni 2017,
Auszug aus seiner Messe »Scheinheilige sind keine Christen«

Korruption, Geldwäsche, sexuelle Übergriffe von Bischöfen und Priestern, Sexorgien in Priesterseminaren, Frauenfeindlichkeit, Lagerdenken, Mobbing, Karrierismus, Klerikalismus – die Weltkirche hat massive Glaubwürdigkeitsprobleme. Immer wieder fallen bei ihrem »Bodenpersonal« Anspruch und Wirklichkeit auseinander. Keine Einzelfälle – systematisches Versagen. In einer Kirche, die das Kirchenattribut »heilig« trägt, wird seit Jahrhunderten Scheinheiligkeit gelebt.

Doch mit der Scheinheiligkeit fällt die Glaubwürdigkeit der Weltkirche. Ihre propagierte Nächstenliebe und Toleranz dient zumeist nur dem Erhalt verkrusteter Machtgefüge, dem ideologischen Eigennutz der Mission und nicht zuletzt der eigenen Macht und dem eigenen Wohlstand.

Offiziell zwar »bettelarm« ist die Weltkirche eine reiche Institution – sie schwimmt im Geld. Über Jahrhunderte hat sie ein stattliches Geld-, Beteiligungs-, Wertpapier-, Land- und Immobilienvermögen angehäuft. In etlichen Ländern ist sie über ihre Werke, Trägerschaften, Organisationen und Stiftungen nicht nur einer der größten Land-, Forst- und Immobilienbesitzer, sie ist dort auch ein wichtiger Unternehmer, Arbeitgeber und Wirtschaftsfaktor.

Doch seit Jahrhunderten werden Angaben zu Besitz, Einnahmen und Vermögen der Weltkirche verschleiert. Diese Intransparenz hat System. Sämtliche wirtschaftlichen Aktivitäten und damit auch so manch fragwürdige Geschäfte vollziehen sich heute wie vor Jahrhunderten im Vatikan und im Rest der Kirchenwelt unter dem Siegel kirchlicher Verschwiegenheit.

Die Verschwiegenheit nützt den Seilschaften innerhalb der Weltkirche, ihre Machtpositionen zu festigen. Sie hilft ihnen, merkwürdige Finanzaktivitäten und Skandale zu vertuschen und gefährliche Sprengsätze im Verborgenen zu halten. Das gilt für viele Bistümer, es gilt vor allem aber für den Vatikan, der geheimnisvollsten Bürokratie auf Erden. Für Außenstehende bleibt die Weltkirche auch nach 2000 Jahren noch ein Mysterium.

Die hohen, dicken Festungsmauern aus Ziegel und Travertin, die den mit 0,44 Quadratkilometern kleinsten Staat der Welt vor »urbi et orbi« – vor Rom und der Welt – schützen, tragen einiges zu diesem Mythos bei. Für den Rest sorgen die Menschen, die hinter diesen Mauern arbeiten. Sie sind diskret und verschwiegen, so wie es das Papstrecht befiehlt:»Alle sind verpflichtet, das (göttliche) Dienstgeheimnis strengstens einzuhalten«, heißt es in Artikel 36 des Regolamento generale della Curia Romana.

Eigentlich ist das kein Problem. Die Welt will gar nicht wissen, was all die Eminenzen, Exzellenzen und Räte auf dem Tuffsteinhügel namens Vatikan hinter den Leonischen Mauern so treiben. Doch geht es um Geld-, Immobilien- und andere Vermögen der Weltkirche, ändert sich das. Wie reich die Kirche wirklich ist, will die Welt schon wissen. Gilt sie doch eigentlich als ein Konzern der Nächstenliebe.

Tatsache ist, dass der Vatikan über ein jährliches Budget von rund 400 Millionen Euro verfügt. Manche Experten schätzen das Vermögen der Katholischen Kirche weltweit auf das Tausendfache – also 400 Milliarden Euro. Doch allein das Vermögen ihres deutschen Ablegers liegt schon bei 300 Milliarden Euro. Wie hoch muss das Vermögen der Kirche dann aber weltweit sein? Antworten darauf gibt es aus dem Vatikan keine.

Erst die Finanzskandale rund um die Vatikanbank und die Protzsucht des Limburger Bischofs Franz-Peter Tebartz-van Elst haben in den vergangenen Jahren dazu geführt, dass sich die Bank des Herrn und einige Bistümer vor allem im deutschsprachigen Raum in Besitz- und Vermögensangelegenheiten zwar etwas auskunftsfreudiger zeigen. Doch mit der ganzen Vermögenswahrheit rücken sie nicht heraus. Viele Vermögenswerte bleiben in Bischöflichen Stühlen, Stiftungen oder in der Zentrale im Vatikan verborgen. Das wollen die Kirchenoberen doch lieber für sich behalten.

Das macht es auch so schwierig, eine Aussage über die tatsächliche Besitz- und Vermögenssituation der Weltkirche und ihrer Unternehmungen zu machen:

- Gehört die Kirche wirklich zu den reichsten Institutionen, ihr Oberhaupt zu den größten Immobilienbesitzern der Welt?

- Hütet Papst Franziskus, der nicht müde wird, eine »arme Kirche für die Armen« zu fordern, in Wirklichkeit einen immensen Schatz?

Als der emeritierte Papst Benedikt XVI. noch als Joseph Ratzinger der Glaubenskongregation vorsaß, hat er das »Funktionieren des Vatikans mit einem multinationalen Konzern« verglichen, »in dessen Zentrale die Informationen und Geldflüsse zusammenlaufen – und wo am Ende die Entscheidungen fallen«. Hartes Business eben.

Um ihre großen weltumspannenden Aufgaben erfüllen zu können, muss die Weltkirche wie ein Wirtschaftskonzern agieren. Nur wird heute kein anderer Global Player von einem 80-jährigen Chef geleitet, der niemals an einer Business School studiert hat und sich die meiste Zeit mit religiösen Ritualen und frommen Gebeten beschäftigt. Kann das gut gehen?

PROLOG:

Und als ob das als Aufgabe nicht schon genug ist, betreiben der Papst und seine engere Gefolgschaft auch noch Weltpolitik. Immer wieder ruft sich die Weltkirche damit auch als Weltmacht in Erinnerung. Das Wort des obersten Katholiken gilt offenbar noch was in der Welt. Wohl nicht von ungefähr wird Papst Franziskus auf der Liste der »Most Powerful People« von 2014 des US-Wirtschaftsmagazins Forbes als viertwichtigste Person der Welt geführt.

Doch wo unter dem Dach der Kirche Nächstenliebe propagiert wird, verbirgt sich tatsächlich ein Wirtschaftskonzern, dem es einzig und allein um sich selbst, um Macht und Einfluss geht. Scheinheiligkeit hat in der Weltkirche nun mal System – heute wie vor hunderten von Jahren.

Seit alters her sorgen Berichte und Meldungen über Finanz-, Macht- und Politskandal, über die Verwendung der Kirche mit ihrem Vermögen für erregte Debatten. Denn wenn es nach dem Willen der Weltkirche und vieler ihrer Lenker geht, soll das Thema Kirche und Geld wie in den Jahrhunderten zuvor lieber im Verborgenen bleiben.

Warum? Was hat die Weltkirche gegenüber der Öffentlichkeit zu verbergen? Wie sie ihr Vermögen im Laufe der Jahrhunderte »erworben« hat, ist hinlänglich bekannt. Wie skrupellose Kirchenfürsten damit umgegangen sind auch. Und wie sich der Konzern der Nächstenliebe heute in einzelnen Ländern durch Staatliche Subventionen und Steuern finanzieren lässt auch. Die ganze Wahrheit über die kirchliche Finanz- und Vermögenssituation kennen wir aber nicht. Selbst die Kirche kennt ihre Vermögenssituation nicht.

Doch wer wie Papst Franziskus die Armut nachhaltig bekämpfen will, sollte schon wissen, welche Finanzmittel ihm dafür zur Verfügung stehen. Zeit, Bilanz zu ziehen.

Werfen Sie mit uns einen Blick in das geheimnisumwitterte Vermögens-Labyrinth der Weltkirche.

Hans-Lothar Merten
München, Januar 2018

I.
IM SCHEIN DES HERRN: UNTERNEHMEN KIRCHE

Genau genommen gibt es nur drei große Unternehmen,
die wirklich global agieren:
Apple, Coca Cola und die Weltkirche.

STATTHALTER DES HERRN AUF ERDEN

Jorge Mario Bergoglio aus Buenos Aires, der sich seit März 2013 nach dem Heiligen der Armen Papst Franziskus nennt, wohnt nicht im Palast, sondern im Gästehaus des Vatikans. Er steigt auch in keine Luxuslimousine. Er sagt seiner Kirche, dass sie gefälligst zu den Menschen gehen soll. Er macht die weltweite Gerechtigkeit zum Anliegen dieser Kirche.

Dass sich zum ersten Mal in der Geschichte der Weltkirche ein Papst Franziskus nennt, klingt zunächst harmlos. Doch dahinter steckt mehr. Dahinter steckt eine ungeheure Provokation. »Damit sind die beiden Grundlinien, die die Kirchengeschichte durchziehen und die immer miteinander gerungen haben, in dem Mann an der Spitze der Weltkirche zusammen gekommen«, sagt der Kirchenhistoriker Hubert Wolf, Professor an der Universität Münster. »Die eine Linie ist: Die Weltkirche ist eine mächtige Institution. Sie braucht Geld, um sich darstellen zu können und das Reich Gottes auf dieser Welt sichtbar zu machen. Auf der anderen Seite Franziskus: Der Arme von Assisi, der keinen Platz findet, wohin er sein Haupt legen kann. Da spielt sich in der Person von Papst Franziskus und seiner Kirche ein spannender Prozess ab.«

Dieser Papst Franziskus ist der Gegenentwurf zu jenen Männern, die aktuell mit dem Anspruch auf Weltveränderung antreten – zum blattvergoldeten Donald Trump und zum neozaristischen Wladimir Putin. Ein demütiger Papst, der der Globalisierung des Gewinnstrebens, des Egoismus und der Macht mit der Globalisierung der Menschlichkeit, des Teilens und der Solidarität entgegentritt und den Armen die Füße wäscht. Bescheiden und volksnah. Geprägt von seiner lateinamerikanischen Herkunft geht er vom konkreten Menschen aus. »Frühere Päpste waren dagegen zu sehr im europäischen Raum sozialisiert. Sie gingen zuerst von der Institution aus. Das ist die Kirche im Abstrakten«, stellt dazu Abtprimus Notker Wolf von den Benediktinern fest. Mit Franziskus ist eine Frage in den Vordergrund getreten, die beinahe so alt ist wie die Weltkirche selbst: Darf die Kirche, dürfen der Papst, kirchliche Würdenträger und kirchliche Organisationen überhaupt Reichtum und Besitz anhäufen? Und wie konnte es dazu kommen, dass die Weltkirche heute so reich ist, so unermesslich reich? Jesus, seine Jünger und die ersten Christen lehnten Besitz doch ab. So wie jetzt auch der Papst aus Argentinien.

Die Medien sehen in Franziskus einen Reformer, einen Radikalen, einen Revolutionär. Aber kann Franziskus das wirklich, die Welt verändern? Oder vielleicht noch nicht einmal seine Kirche mit ihren fast 1,3 Milliarden Mitgliedern? Ein Kardinalsgremium soll den Papst bei der Kurienreform unterstützen. Doch herausgekommen ist bislang wenig. In der Kurie gehen Änderungspathos und Lähmung einher.

Der Widerstand gegen eine Öffnung der katholischen Kirche zur Welt formiert sich. Es gibt genügend jüngere Bischöfe und Kardinäle, die wünschen, dass sich die katholische Kirche klarer abgrenzt: gegen Andersgläubige, gegen Zweifler, gegenüber allen, die nicht so leben, wie es die katholische Moral vorschreibt. Sie wünschen eine Kirche, die weniger von den Armen und einer Kirche für die Armen redet, sondern mehr von Himmel und Hölle.

Unter den Widersachern von Papst Franziskus finden sich aber auch hochrangige Traditionalisten, die ihm vorwerfen, populistisch und burschikos wie ein Landpfarrer mit der hehren, alten Kirchenlehre umzuspringen. Diese Gegnerschaft ist zahlreich und lautstark. Und dann gibt es da auch noch ein loses Lager verhinderter Aufsteiger, deren Karrieren im Zuge der Kurienreform endeten, samt Privilegien. Für sie ist dieser Papst eine Zumutung.

Der 0,44 Quadratkilometer kleine Vatikanstaat im Herzen Roms ist nun mal die letzte absolutistische Monarchie Europas – das letzte Zucken des Mittelalters. Kardinäle und Eminenzen, die sich in klerikalen Seilschaften Posten zuschieben und sich häufig selbst kontrollieren. Effizienz zählt nichts, Posten, Pomp, Glamour und Verbindungen dagegen viel. Das war vor Hunderten von Jahren so, und das gilt heute noch genauso. Arroganz, Eitelkeit und Geldgier wirft Franziskus dem Kardinalskollegium in seiner Weihnachtsansprache 2014 vor. Und in seiner Weihnachtsansprache 2016 vor der Kurie spricht er sogar von »offenen, verborgenen und böswilligen Widerständen«.

Die globale Auseinandersetzung zwischen Öffnung und Abschottung – sie findet auch innerhalb der Weltkirche statt. Und je stärker diese Kirche zur globalen Gemeinde wird, umso stärker lebt in ihr Ungleichzeitiges nebeneinander.

Papst Franziskus hat in seiner bisherigen Amtszeit versucht, Türen für Entwicklungen zu öffnen und das freie Denken in einer Kirche zu fördern, der genau dies über Jahrzehnte und Jahrhunderte unheimlich war. Er hat aber bislang Entscheidungen vermieden, weil er merkte, dass eine autoritär verordnete Liberalisierung diese Kirche zerreißen könnte. Und weil er weniger liberal ist, als viele denken. Das lässt den Papst als widersprüchlich erscheinen. Manchmal, wenn der Papst redet, als sei er der deftige Kardinal der Armen von Buenos Aires, hat man den Eindruck: Das ist eine Übersprunghandlung, ohne die dieser Franziskus die Spannung des Amtes nicht aushalten könnte.

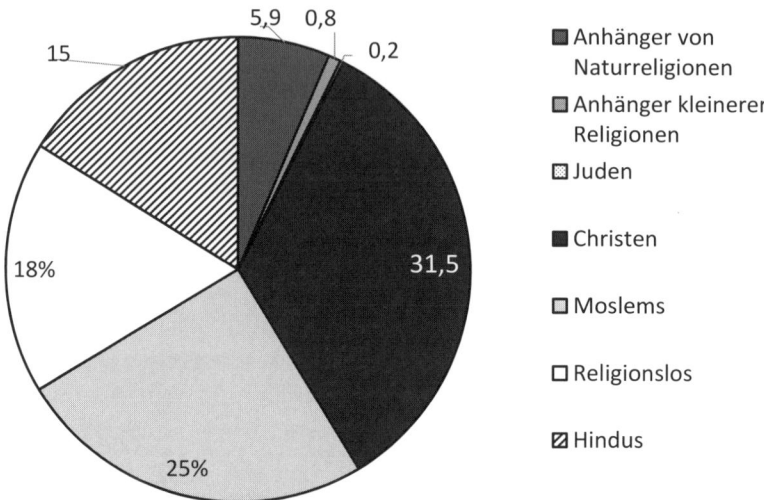

Abb 1: **Die Anteile der Weltreligionen im globalen Vergleich**

Es ist gut, Türen zu öffnen, doch durch irgendeine muss man dann auch einmal gehen. Es ist Entscheidungszeit in der Weltkirche. Als Jesuit orientiert Papst Franziskus sein Denken am Ordensgründer Ignatius von Loyola. Er ist offen für den synodalen Diskurs und entscheidet erst, wenn er das Richtige vom Falschen unterschieden hat. Dabei scheut er auch nicht das trockene Aktenstudium. Sein Vorgänger Benedikt XVI. hatte ihm davon eine ganze Kiste beim ersten Treffen übergeben. Darin befanden sich nicht zuletzt Einzelheiten über Korruption, den sorglosen und prasserischen Umgang von hohen Kirchenmännern mit dem ihnen anvertrauten Geld sowie über Vetternwirtschaft an der römischen Kurie. Der Regierung der Kirche also, die wie eine trotzige Pfründeverwalterin auch künftig lieber im Trüben und mit dubioser Buchführung weiterwirtschaften möchte. Der Papst hat die brisanten Akten in kurzer Zeit aufmerksam studiert. Er folgte Benedikts Rat, die nötige Kurienreform endlich anzupacken. Dazu berief er einen Rat von Kardinälen von allen Kontinenten. Sie räumten ein, dass die Arbeit nur schleppend vorangeht. Das Projekt sei wohl »für ein Pontifikat zu groß«, heißt es. Immerhin brachte Franziskus in das Finanzwesen der Kirche halbwegs Ordnung. Und das wurde auch allerhöchste Zeit. Denn als Statthalter des Herrn auf Erden ist er gleichzeitig auch dessen Aufsichtsratsvorsitzender im Konzern Kirche. Eines weltumspannenden Wirtschaftsimperiums, das seinesgleichen sucht. Ein Pfeiler der kirchlichen Finanzen ist das Instituto per le Opere di Religioni (IOR), die Vatikanbank. Dieser Zwitter aus Geschäfts- und Staatsbank war in den vergangenen Jahrzehnten immer wieder für Affären gut gewesen. Durch das IOR entwickelte sich der Vatikan zu einer Nullsteueroase. Dabei kam der Vatikanbank das prekäre Verhältnis der Theokratie zum Geld zu Hilfe, betreibt die Kirche ihre Finanzgeschäfte doch mit absoluter Diskretion – sie zählen zu den bestgehüteten Geheimnissen der Welt.

Der Aufbau eines Offshore-Systems mit Scheingesellschaften und Scheinstiftungen war die Folge. Mit Konten auf den Namen häufig nicht existenter Stiftungen, bei denen höchste kirchliche Würdenträger zeichnungsberechtigt waren, die tatsächlich aber Mafiabossen, Politikern und zwielichtigen Unternehmern gehörten. Mit Konten, die auf kirchliche Würdenträger liefen, jedoch für Bestechung, Geldwäsche, Devisenvergehen, Steuerhinterziehung und andere Zwecke missbraucht wurden. Eine Scheinbank, über die in den vergangenen Jahrzehnten im Schein des Herrn riesige Milliardenbeträge gewaschen, Schmiergelder geschleust und Steuergelder hinterzogen wurden.

Dabei garantierte die Vatikanbank ihrer Führung und ihren Mitarbeitern strengste Geheimhaltung, Straffreiheit und freie Hand in allen Finanzaktivitäten – und ihren Kunden Anonymität und freies Geleit. Ideale Voraussetzungen für die vielen Finanzskandale der vergangenen Jahrzehnte. Mit christlicher Moral hat die Realität dieser Institution, die am liebsten im Geheimen operiert, nur wenig zu tun.

In der Weltkirche und ihrer Zentrale Vatikan kommt also viel zusammen. Wie viel Zeit sich Papst Franziskus für Reformen in der Kirche und deren Unternehmungen gibt, ist nicht absehbar.

»Er hat schon öfter gesagt, dass er es wichtig findet, einen Plan zu haben. Aber Franziskus persönlich funktioniert so nicht«, stellt Papst-Intimus und Ordensbruder Padre Antonio Spadaro fest. »Mit dem Planen hat er es nicht so.«

Franziskus hat, wie man weiß, als Stellvertreter des Herrn und Aufsichtsratsvorsitzender des Konzerns Kirche kein Büro, nur ein Zimmer mit einem kleinen Schreibtisch. Den Fernseher hat er entfernen lassen, Franziskus informiert sich aus der Zeitung. Er liest Mails, vor allem aber telefoniert er. Termine macht er oft selbst. Er hat einen »inner Circle« von Vertrauten, denen er zuhört. Doch er entscheidet allein. Wenn er ein Problem hat, schreibt er einen Zettel und schiebt den unter ein Bild von Joseph, »damit Joseph für ihn träume«, sagt er.

Ferien macht er nicht. Franziskus kennt keine Pausen. Das ist Programm, wie die Plastikuhr an seinem Handgelenk, die schwarzen Gesundheitsschuhe, die er statt der handgenähten roten Papstschuhe trägt, die Fiats und Fords, in denen er sich fahren lässt. Entscheidungen trifft der Papst nicht an seinem Schreibtisch, sondern in der Kapelle, in die er mehrmals am Tag geht. Das ist der Ort der Entscheidung. Im Gebet entsteht der Plan. Auch wenn er »beim Beten manchmal einschläft«, wie er kürzlich in einer Sendung des katholischen Programms TV 2000 gestand. »Dabei sieht man ihm nicht an, was er denkt, er zieht seine Sache durch«, heißt es aus seinem näheren Umfeld.

Die Baustelle, an der Franziskus arbeiten muss, ist nicht nur die vollständige Reform der römischen Kurie. Die hat seit 500 Jahren ein Selbstbild als Oberkommando des Heeres, das in der ganzen Weltkirche kommandiert. Reformieren und transparenter gestalten muss er auch die zahlreichen wirtschaftlichen Aktivitäten und Besitzverhältnisse der Weltkirche. Denn die ist in vielen Ländern nicht nur ein wichtiger Arbeitgeber und Wirtschaftsfaktor. Sie zählt weltweit auch zu den größten Grundbesitzern. Doch Reformen ohne echten Plan werden in Kurie und Konzern kaum möglich sein. Franziskus hat eine große Baustelle eröffnet. Es ist aber nicht zu erkennen, wie das architektonische Konstrukt einmal aussehen soll.

Papst Franziskus sieht manchmal müde aus, aber an Eifer und Einsatz bei seinem Reformwillen fehlt es ihm nicht. Er wird einflussreiche Verbündete brauchen, um seine Reformen zu verwirklichen. Doch stattdessen wird der Wind, der ihm entgegen bläst, immer rauer, der Ton immer schärfer, die Intrigen immer dreister. Denn so beliebt, wie es scheinen mag, ist der Argentinier in Vatikan und Kurie nicht. Dort formiert sich ernstzunehmender Widerstand. Denn die päpstlichen Reformen berühren einen wunden Punkt des Vatikans: das Geld.

Das öffentliche Bild vom Sanierer in der Weltkirche hat Kratzer bekommen. Sollten die Reformen, die Franziskus anstrebt, eine Utopie bleiben?

Politische Struktur des Vatikans

Der Vatikan, der kleinste Staat der Welt, wurde 1929 zu einem eigenständigen Staat erklärt, er wird ausschließlich von Männern regiert. An ihrer Spitze der Papst als »Souverän des Staates der Vatikanstadt (Stato della Citta del Vaticano, kurz SCV). Dabei übt gemäß dem 2002 in Kraft getretenen »Grundgesetz« des Zwergstaates stellvertretend für den Papst ein Kardinalskollegium die Regierungsmacht aus.

Im Kirchenstaat leben knapp 1 000 Personen, von denen rund 600 die Vatikanische Staatsangehörigkeit besitzen. Dazu zählen alle in Rom lebenden Kardinäle sowie die über 300 diplomatischen Mitarbeiter des Heiligen Stuhls im Ausland.

1. **Regierung und Leitung:** Unterscheiden muss man zwischen dem sogenannten Heiligen Stuhl und dem Staat der Vatikanstadt. Der Vatikan besitzt ein eigenes Staatsterritorium, eine eigene Staatsgewalt und eine eigene Staatsbürgerschaft. Aus politischer Sicht tritt der Vatikanstaat nicht als Vatikan in Erscheinung. Die Diplomaten des Vatikans werden vom Heiligen Stuhl akkreditiert. Der Heilige Stuhl besitzt aus Sicht des inter-

nationalen Völkerrechts eine gewisse nicht-staatliche Souveränität. Geführt durch den Papst, vertreten dessen Diplomaten im Ausland die geistliche Leitung der Weltkirche im Namen des Heiligen Stuhls, nicht im Namen des Vatikans. Die Diplomaten der Kurie gehören zu den einflussreichsten der Welt. Ob bei Nahostkonflikt, Flüchtlingskrise oder Tauwetter mit Kuba – die Diplomaten des Papstes mischen mit und lassen hinter den Kulissen ihren Einfluss walten. Franziskus untersteht heute einer perfekt funktionierenden Diplomatie-Maschinerie.

2. **Politische Regierung:** Es ist ein Irrglaube, dass der Papst als Regierungschef des Vatikans agiert. Der Papst ernennt lediglich den sogenannten »Chef der Verwaltung des Staates der Vatikanstadt«. Dessen Aufgabenbereich tangiert den Heiligen Stuhl und die Leitung der Weltkirche so gut wie nicht. Seine Hauptaufgaben liegen in der Haushalts- und Finanzpolitik des Staates Vatikan.

3. **Finanzpolitik:** Der Regierungschef kann jährlich einen wirtschaftlichen Zuwachs in zweistelliger Millionenhöhe verzeichnen. Haupteinnahmequellen sind u. a. der Verkauf von Münzen, Sammlerbriefmarken und Eintrittsgelder der vatikanischen Museen. Dazu kommen Miet- und Pachteinnahmen aus dem umfangreichen Immobilienbesitz. Im Besitz des Staates sind zudem zahlreiche Kunstschätze. Ein Großteil der Staatsausgaben verschlingen die vatikanischen Medieneinrichtungen, wie Radio Vatikan, die Zeitung L'Osservatore Romano, das Fernsehzentrum CTV und der Vatikanverlag. Ein weiterer Posten sind die Gehälter des Heiligen Stuhls, der rund 2 700 Personen beschäftigt.

4. **Regierung der Weltkirche – die Römische Kurie:** Neben dem Papst wird der Heilige Stuhl von der Römischen Kurie regiert, sie bildet die Zentralverwaltung der Weltkirche. Sie unterstützt den Papst und ist in fünf Sektionen untergliedert:

Politische Struktur des Vatikans

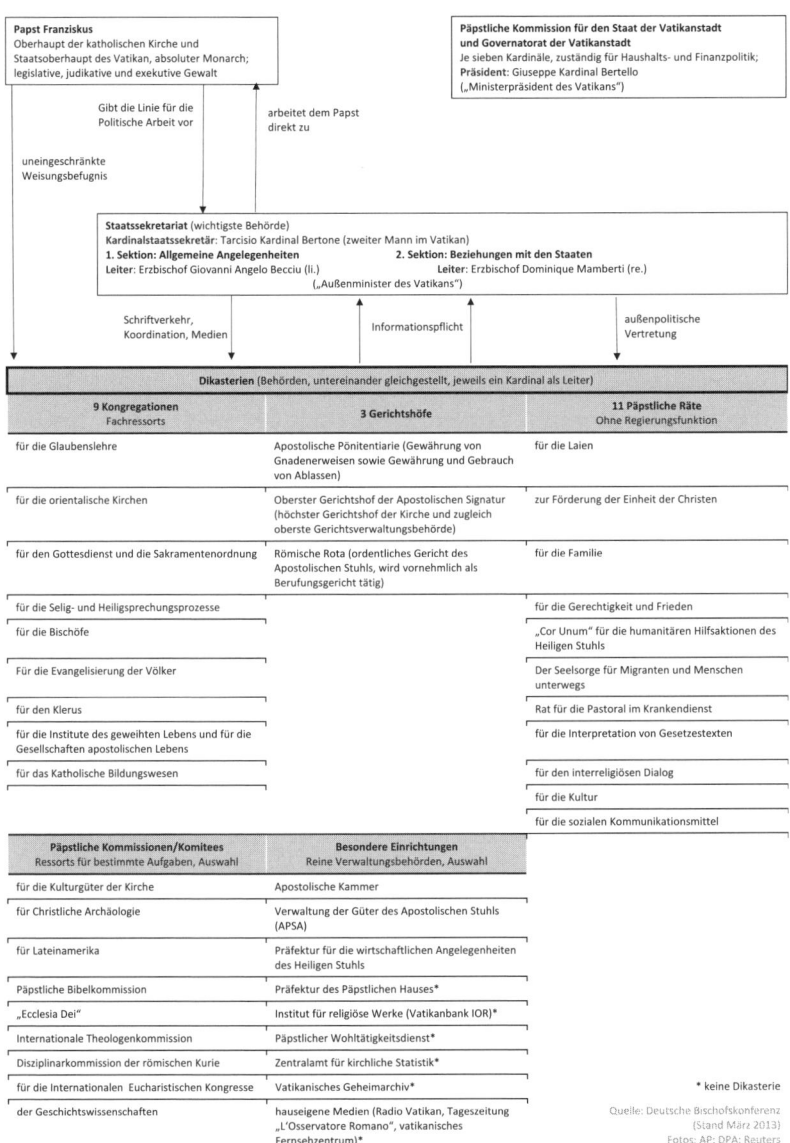

Abb. 2: Organigramm des päpstlichen Macht- und Verwaltungsapparats.
Quelle: Deutsche Bischofskonferenz (Stand März 2013)

- Päpstliches Sekretariat
- Neun Kongregationen
- Drei Gerichtshöfe
- Elf päpstliche Räte
- Drei Büros für wirtschaftliche Angelegenheiten

Das Staatssekretariat vollzieht die Weisungen des Papstes, es besitzt weitreichende Vollmachten. Der sogenannte Kardinalstaatssekretär steht dem Päpstlichen Sekretariat vor. Als Kanzler des Organs ist er zweiter Mann hinter dem Papst und Chef der vatikanischen Diplomatie. Der Kardinalstaatssekretär ist nicht nur der Außenminister, sondern auch der Regierungschef des Papstes und Koordinator der gesamten Kurie, die Schaltzentrale der Weltkirche. Das gesamte System steht und fällt mit der Person des Staatssekretärs. Ist er dieser gigantischen Aufgabe juristisch, verwaltungstechnisch, kommunikativ, theologisch, spirituell und menschlich gewachsen, dann kann das Konzept aufgehen. Ist er das nicht, funktioniert das System nicht. Die Kongregationen sind die Ministerien des Heiligen Stuhls mit unterschiedlichen Sachgebieten. Zu ihren Aufgaben gehören u. a. die Ernennung der Bischöfe und die Überwachung der Lehre der Weltkirche. So gibt es u. a. eine Kongregation für die Glaubenslehre, für das Bildungswesen und für die Selig- und Heiligsprechungsprozesse. Dazu kommen eigene Gerichtsbarkeiten und die Verwaltung des Staates Vatikan.

Mit-Auslöser für die wirtschaftliche Umstrukturierung im Vatikan war ein Revisionsbericht aus dem Jahr 2013 an den neuen Papst. Darin heißt es:»Der Rechnungslegung des Heiligen Stuhls mangelt es an jeglicher Transparenz. Die fehlende Transparenz macht es unmöglich, eine Aussage über die tatsächliche finanzielle Situation sowohl des Vatikans insgesamt als auch seiner einzelnen Teile zu treffen ... Die allgemeine Finanzverwaltung im Vatikan kann man bestenfalls als dürftig bezeichnen.« Und weiter schreiben die Revisoren in dem Papier, das unter das segreto pontificio fällt, also unter die höchste päpstliche Ge-

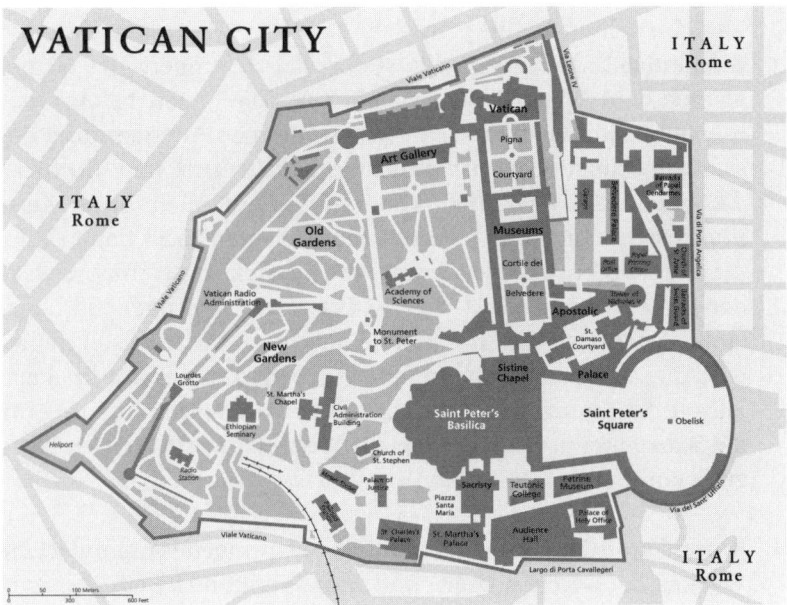

Abb. 3: Der Vatikan – der kleinste allgemein anerkannte Staat der Welt.
Quelle: Shutterstock

heimhaltungsstufe: »Die Kosten sind außer Kontrolle geraten.« Für den Bereich Wirtschaft wurde daraufhin von Franziskus ein neues Wirtschaftssekretariat installiert, ein »Päpstlicher Rat für Wirtschaft«. Die Leitung wurde dem Kardinal von Sydney, George Pell, übertragen. Der Päpstliche Rat für Wirtschaft hat Überwachungsfunktion, jedoch keine Durchgriffskompetenz auf das Finanzwesen des Heiligen Stuhls. Die frühere Vermögens- und Güterverwaltung ASPA wurde entmachtet, sie hat heute nur noch buchhalterische Funktion. Doch Kardinal Pell ist kaum im Amt, da sind über ihn im italienischen Nachrichtenmagazin L'Espresso unschöne Details zu lesen. Der Kardinal soll zwei Millionen Euro für einen neuen Dienstsitz, Kleidung und Reisen ausgegeben haben. Der Papst soll empört gewesen sein. Doch es sollte noch schlimmer kommen. Kardinal Prell, der vierte Mann in der Weltkirche und der Mann fürs Grobe im

Vatikan, schien bullig genug zu sein, die Widerstände in der Kirchenbehörde gegen die Reformbestrebungen des Papstes aus dem Weg räumen zu können. Die ersten Erfolge waren ansehnlich. Pell ordnete zur allgemeinen Anerkennung die skandalgeplagte Finanzverwaltung des Vatikans neu. So hätte das eigentlich weitergehen können. Wenn da nicht diese Missbrauchs-Geschichten gewesen wären. Schon 2008 hatten ihm mehrere Opfer sexuelle Gewalt vorgeworfen. Im Juni 2017 wurden neue Vorwürfe laut. Der Vatikan hat ihn umgehend beurlaubt. Doch selbst wenn sich seine Unschuld erweisen sollte, wird die Zahl derer wachsen, die glauben, dass der Kardinal der falsche Mann am falschen Platz ist. Papst Franziskus scheint die Baustellen in der Zentrale der Weltkirche nicht in den Griff zu bekommen.

5. **Kurienkardinäle:** Das Wort Kardinal entspringt dem lateinischen Wort cardo, welches Dreh- und Angelpunkt bedeutet. Die Kardinäle sind der Dreh- und Angelpunkt der Weltkirche. Sie halten sie zusammen und in Bewegung. Besonders gilt das für die Kurienkardinäle, die vom Vatikan aus die Weltkirche regieren. Der Papst hat während seines Pontifikats mit Blick auf die Finanzstrukturen im Vatikan zwar einiges in die Wege geleitet und Fortschritte in Bezug auf Transparenz erreicht. Doch einige generelle Probleme bleiben: Es mangelt beim Heiligen Stuhl an kompetentem Personal, bestehende Strukturen sind reformresistent und in den hierarchischen Strukturen grassiert die Bürokratie.

Vom Papst bis zum Diakon – die Personalstruktur der Weltkirche

Eigentlich gibt es in der Weltkirche nur drei Weihestufen – die Weihe zum Diakon, zum Priester und zum Bischof. Doch das reicht für die Funktionen der Geistlichen in der Weltkirche nicht aus:

Der **Papst**, auch Pontifex Maximus genannt, ist das Oberhaupt der Weltkirche und zugleich Bischof von Rom. Er ist gleichzeitig aber auch Staatsoberhaupt des Staates Vatikanstadt. Damit entsendet er auch Botschafter in andere Länder. Art. 1 des vatikanischen Grundgesetzes vom 22. Februar 2001 lässt keinen Zweifel über die Rolle des Papstes:

»Der Papst besitzt als Oberhaupt des Vatikanstaates die Fülle der gesetzgebenden, ausführenden und richterlichen Gewalt.«

Gegen ein Urteil oder Dekret des Papstes gibt es somit weder Berufung noch Beschwerde.

1. Die Stellvertreter des Papstes heißen **Apostolischer Nuntius**. Für die politischen und diplomatischen Aktivitäten des Heiligen Stuhls beauftragt der Papst den **Kardinalstaatssekretär**. Er leitet die wichtigste Behörde in der Weltkirche, das **Staatssekretariat**, und gilt deshalb als »Nummer 2« des Vatikans. **Kardinal** ist keine Amtsbezeichnung, es ist eine vom Papst verliehene Würde für geweihte Bischöfe.

2. Das **Kardinalsgremium** unterstützt den Papst bei seinen Aufgaben, an seiner Spitze steht der **Kardinaldekan**. Unterschieden werden die sogenannten **Kurienkardinäle**, die in der Leitung des Vatikans mitarbeiten, und solche **Kardinäle**, die **Diözesan(erz) bischöfe** sind.

3. Vom **Diözesan(erz)bischof** zu unterscheiden sind **Titular(erz)bischöfe**. Ein Titular(erz)bischof steht keiner (Erz)Diözese vor, er nimmt andere Aufgaben in der Weltkirche war. Da aber nach der Tradition der Weltkirche jedem geweihten Bischof ein Bistum zugeordnet werden muss, erhalten Titularbischöfe sogenannte **Titularbistümer**. Diözesen innerhalb der Weltkirche, die heute nicht mehr existieren.

4. Auch der **Weihbischof** ist ein Titularbischof. Seine Aufgabe ist es, einem Diözesan(erz)bischof bei der Ausübung des Amtes zu unterstützen. Doch nicht nur der Weihbischof arbeitet im Bistum dem Diözesan(erz)bischof zu, sondern viele weitere Priester.

5. Der örtliche Stellvertreter eines Bischofs wird **Generalvikar** genannt. Er ist für die Verwaltung eines Bistums zuständig. Er leitet die zentrale Verwaltungsbehörde, das **Generalvikariat** oder **Ordinariat**. Einzelne Aufgabenbereiche des Generalvikars werden an sogenannte Bischofsvikare vergeben.

6. Für die kirchliche Gerichtsbarkeit wird der Bischof vom **Offizial** oder **Gerichtsvikar** vertreten, der das **Offizialat** genannte **Diözesangericht** leitet.

7. Die Priesterausbildung einer Diözese leitet der **Regens** in einem **Priesterseminar**. Für die dortige geistliche Begleitung der Priesteranwärter ist der **Spiritual** zuständig.

8. Die administrative und liturgische Leistung der jeweiligen Bischofskirche in einer Diözese liegt beim **Domkapitel** mit einem **Dompropst** und **Domdechanten** an der Spitze.

9. Sollte ein Bischof aus dem Amt scheiden, wird er in seinen Aufgaben bis zur Neubesetzung des Bischofsstuhls von einem **Diözesanadministrator** – im Bistum – bzw. **Apostolischen Administrator** – vom Papst bestimmt – vertreten.

10. Ein **Bistum** als kirchliche Verwaltungseinheit besteht aus vielen **Pfarreien**. Einer **Pfarrei** bzw. **Pfarrgemeinde** steht der Pfarrer vor, der für die dortige Leitung der Gottesdienste, der Seelsorge und Verwaltungsaufgaben zuständig ist. In **Großgemeinden** arbeiten auch Priester, die keine Pfarrei leiten, aber in einer Pfarrgemeinde arbeiten. Sie werden **Pastor** genannt.

11. Mehrere Pfarreien können zu **Stadt-** bzw. **Kreisdekanaten** zusammengefasst werden. Ihnen steht ein **Dechant** oder **Dekan** vor. Manche Pfarrer tragen den Titel **Propst**. Sie stehen einer zentral gelegenen Pfarrei vor, deren Bedeutung durch die Verleihung des Titels **Propstei** hervorgehoben wird.

12. Ein **Pfarrvikar** oder **Vicarius cooperator** ist der rechtliche Stellvertreter des Pfarrers. Ein **Subsidiar** ist in einer Pfarrei zur Unterstützung in seelsorgerischen und liturgischen Belangen zugeordnet. Als **Rektor** werden Priester bezeichnet, die für eine einzelne Kirche zuständig sind, die nicht Pfarrkirche ist. In Deutschland wird für Hilfspriester eines Pfarrers in der Regel der Begriff **Kaplan** verwendet. Kirchenrechtlich meint die Bezeichnung eigentlich einen **Geistlichen in besonderen Diensten**: In Krankenhäusern, Gefängnissen, an Universitäten oder in der Militärseelsorge.

13. Die niedrigste Weihestufe in der Weltkirche bildet der **Diakonat**. Zu unterscheiden ist ein **Diakon**, der sich auf dem Weg zur Priesterweihe befindet, und das eigenständige Amt des **Ständigen Diakons**, der haupt- oder nebenberuflich arbeiten kann. Während **Diakone** dem **Zölibat** verpflichtet sind, sind **Ständige Diakone** davon freigestellt. Sie assistieren dem Priester bei der Messe, dürfen Taufen spenden sowie Trauungen und Begräbnisfeiern leiten.

14. **Vatikanische Farbenlehre:** Der Papst trägt weiß, ein Kardinal rot, ein Bischof violett. Die höheren Geistlichen, die Prälaten und Monsignori, dürfen am Saum ihres schwarzen Talars violett oder rot tragen.

Der tiefe Fall des Kurienkardinals Prell im Juni 2017 lässt fragen, wie ernst es die Weltkirche mit der schonungslosen Aufarbeitung des Missbrauchs meint, die vor sieben Jahren Franziskus' Vorgänger Benedikt XVI. auf dem Höhepunkt der Missbrauchskrise versprochen hat. Eine Rückkehr Prells ins alte Amt würden die Missbrauchsopfer mit einigem Recht als Affront ansehen. Effizientere Strukturen einzuführen, bleibt beim Heiligen Stuhl schwierig, Missbrauchsaufarbeitung auch.

WAS DIE WELTKIRCHE IN ORGANISATIONSFRAGEN VON WIRTSCHAFTSUNTERNEHMEN LERNEN KANN

Große Wirtschaftsunternehmen weisen hierarchische Strukturen auf. Verantwortlichkeiten sind als ein System von Funktionen organisiert, die einander über- bzw. untergeordnet sind. Was das betrifft, steht die Weltkirche auf den ersten Blick diesen Unternehmen in nichts nach. Doch es gibt einen wesentlichen Unterschied: Während bei Unternehmen die jeweiligen Leiter der einzelnen Hierarchiestufen leicht austauschbar sind und bei unternehmerischem Misserfolg auch sehr schnell ausgetauscht werden, sind in der Weltkirche Alter und Tod in der Regel die einzigen Gründe für einen Personalwechsel.

In Wirtschaftsunternehmen werden die einzelnen Hierarchie-Stufen über die Zuordnung bestimmter Entscheidungskompetenzen definiert, Verantwortung wird gezielt von oben nach unten verlagert, um dort vorhandene Kenntnisse effektiv zu nutzen. Unterstellt wird zudem, dass Abstimmungen zwischen organisatorischen Einheiten, die auf der gleichen Hierarchie-Ebene liegen, in der Regel einvernehmlich vorgenommen werden, ohne dass sich die nächsthöhere Hierarchie-Ebene damit befassen muss. Dabei ist sichergestellt, dass bei Streitfällen stets eine höhere Instanz angerufen werden kann. Im Gegensatz dazu, sind die Entscheidungskompetenzen in der Weltkirche nur vage definiert:

- Die ausgesprochen zentralistische Ausrichtung wehrt sich vehement gegen eine Verlagerung von Verantwortlichkeiten nach unten.

- Entscheidungen unterer Hierarchie-Stufen werden häufig ohne nachvollziehbare Begründung kassiert.

Doch nur eine Strukturreform mit klar definierten Verantwortlichkeiten kann sicherstellen, dass die Weltkirche in Zukunft den wechselnden spezifischen Situationen vor Ort gerecht werden kann.

In Wirtschaftsunternehmen können entscheidungsfähige Alternativen nur erarbeitet werden, wenn verbindlich eine Unternehmensphilosophie, ein Leitbild und klare Handlungsrichtlinien vorliegen – die Corporate Identity. Während die Unternehmensphilosophie das Selbstverständnis des Unternehmens wiedergibt und den Geschäftszweck definiert, legt das Leitbild fest, welche Regeln das Handeln im betrieblichen Alltag und den Umgang untereinander bestimmen. Daraus lassen sich Handlungsrichtlinien ableiten, die ein einheitliches Erscheinungsbild nach innen wie nach außen vermitteln. Global operierende Unternehmen haben erkannt, dass die Steuerung ihrer dezentralen internationalen Einheiten erst dann erfolgreich ist, wenn sie nicht auf Zentralismus und strikten Vorgaben beruht, sondern auf Rahmenrichtlinien, Zielen und Unternehmenswerten, die von allen geteilt werden, nach denen alle handeln. Schaut man sich jedoch die vorhandene Struktur der Weltkirche an, stellen sich Fragen:

- Ist der »Unternehmenszweck« als Philosophie des Unternehmens Weltkirche überhaupt sichtbar und für alle – auch Außenstehende – verständlich?

- Hat Verkündung und Seelsorge in der Weltkirche – wie von Papst Franziskus gefordert – wirklich die absolute Priorität oder geht es den Kirchenoberen nicht in erster Linie um die Sicherung und Bewahrung bestehender Strukturen und Machtverhältnisse?

Die Antwort ist ernüchternd:

Das Auftreten der Weltkirche nach außen zeigt, dass von ihr kein Leitbild vorliegt, aus dem Werte, Normen und Rollen, die für sie wichtig sind, abgeleitet werden können. Effiziente Hierarchie-Strukturen in Unternehmen erfordern eine offene Diskussions- und Streitkultur. Gefragt ist Kreativität, Denkverbote gibt es nicht, bei wichtigen Fragestellungen werden Fachleute hinzugezogen. In der Weltkirche ist jedoch »von einer Diskussions- und Streitkultur nichts zu erkennen. Stattdessen wird blinde Zustimmung und kein kritisches Hinterfragen erlebt«, stellt Barthel Schröder, Diakon im Erzbistum Köln, nach einer Analyse von Protokollen kirchlicher Beratungsgremien fest. Der Seelsorger fordert daher von den Kirchenoberen, »klare Handlungsrichtlinien zu erarbeiten, die die Verantwortlichkeiten der einzelnen Hierarchie-Ebenen, den Ablauf der Entscheidungsfindung, die Art und Weise der Erarbeitung von Alternativen und die Einbindung von Fachleuten beschreiben.«

Maßstab für effiziente Hierarchie-Stufen in Unternehmen sind Marktanteile. Gehen die verloren, läuten in den Chefetagen die Alarmglocken. Schaut man sich aber die Weltkirche an, lösen schrumpfende Mitgliederzahlen und eine schwindende gesellschaftliche Bedeutung in der Kirchenzentrale keine verstärkten Aktivitäten aus, bereiten den Kirchenoberen weder in der Zentrale in Rom noch in den Diözesen schlaflose Nächte. Dabei läuft die Weltkirche Gefahr, bei weiter sinkenden Mitgliederzahlen in einzelnen Ländern zur unbedeutenden Minderheit in einer säkularen Gesellschaft zu werden. Und damit Gefahr, ihrer selbst gestellten Aufgabe nicht mehr gerecht zu werden.

Höchste Zeit für die Kirchenoberen, die Strukturen innerhalb des Unternehmens Weltkirche zu reformieren.

> *»Ach, wie sehr möchte ich eine arme Kirche
> und eine Kirche für die Armen!«*
>
> Papst Franziskus, Rom, 16. 03. 2013

Mit dem Glauben kam die Gier

Als Jesus vor 2000 Jahren die Jünger mit dem Auftrag auf den Weg schickte, das Reich Gottes zu verkünden und zu heilen, geschah dies mit der ausdrücklichen Weisung, nicht Gold-, Silber- und Kupfermünzen in den Gürtel zu stecken, sondern vielmehr auf den Geldbeutel ganz zu verzichten. Doch keine andere Institution der Weltgeschichte hat es seitdem so gut verstanden, Besitz und Reichtum anzuhäufen wie der Heilige Stuhl. Zu allen Zeiten haben die Kirchenfürsten gewusst, sich Geldquellen zu beschaffen und Vermögenswerte einzuverleiben. Diese waren umso ergiebiger, je höher der Amtsträger in der Hierarchie der Kirche stand – bis hinauf zum Papst.

Ob Blutgelder aus Inquisition oder Hexenverbrennung, ob Stolgebühren oder Messstipendien, ob Ablasshandel oder Ämterverkauf, ob Amtseinführungs- oder Stillhaltegelder, ob Reliquien- oder Medaillenverkauf, ob Pilgerspenden oder Peterspfennig, ob Hurenzins oder Heiligsprechung – käuflich war und ist in der Weltkirche vieles. Ob in den Diözesen oder im Vatikan – Geld wurde und wird von den Verantwortlichen der Weltkirche immer gerne genommen. Die Geschichte der geldgierigen Würdenträger in der Kirche beginnt schon im 2. Jahrhundert, als die Bischöfe die Empfänger aller kirchlichen Einnahmen waren. Das Geld nutzten sie in der Regel zum Ausbau ihrer persönlichen Macht. Bereits im 3. Jahrhundert wurden die Kircheneinkünfte wie folgt verteilt:

Ein Viertel aller Einkünfte war für den Bischof, ein Viertel für den Klerus, ein Viertel diente dem Bau und der Instandhaltung von Kirchengebäuden, ein weiteres Viertel war für die Armen.

»Dieses Prinzip hat sich in der Kirchengeschichte wacker bewährt: 75 Prozent für Kircheneigenes, 25 Prozent für andere«, führt Horst Herrmann, emeritierter Professor für katholisches Kirchenrecht an der Universität Münster, dazu aus. »Die Zeit arbeitet von Beginn der Kirche an für die Bischöfe, für die Aufseher über das Geld aller«, fährt Herrmann fort. Und da man seit dem 4. Jahrhundert kaum Christ werden konnte, ohne dafür zu zahlen, war in der Kirche für finanziellen Nachschub dauerhaft gesorgt. Für finanziellen Nachschub sorgte Jahrhunderte später auch der Ablasshandel. Besonderes Geschick bewies Papst Sixtus IV., der 1467 verkündete, »die Wirkung kirchlicher Ablässe erstrecke sich nicht nur auf Lebende, sondern auch auf die armen Seelen im Fegefeuer«. Die Herde verstand. Jetzt sollte es noch leichter sein, auch denen da drüben Gutes zu tun, indem man Messen lesen ließ und Ablässe erwarb – und dafür zahlte. Sixtus IV. verkündete auch, dass »diejenigen, die nicht in der Lage sind, eine Romreise anzutreten, einen ebenso vollständigen Ablass erlangen, wenn sie lediglich den dritten Teil der Reisekosten an die päpstlichen Vertreter zahlen würden.« Es gab Tausende, die diesem Wahnwitz gefolgt sind.

> Durch den Ablasshandel sollen im Laufe der 600 Jahre seines Bestehens etwa eine Milliarde Gulden nach Rom geflossen sein.

Nicht weniger erträglich war der Verkauf von Ämtern. Bereits 473 n. Chr. musste Kaiser Glycerius feststellen, dass der klerikale Ämterkauf derart grassierte, dass »der größte Teil der Bistümer nicht durch Verdienste, sondern durch Geld erworben« wurde. Das wurde in der Folgezeit noch schlimmer. Papst Innozenz VII. soll gleich nach seinem Amtsantritt (1484) 52 neue Sekretariatsstellen geschaffen haben. Jede wurde zu einem Preis von 2 500 Gulden verkauft. Als Papst Leo X. 1522 stirbt, werden die von ihm geschaffenen Ämter von seinem Nachfolger Hadrian VI. mit einem Federstrich für vakant erklärt, sie mussten neu gekauft werden. Noch zu seinen Lebzeiten hatte Leo X. 39 neue Kardinalsämter geschaffen, wodurch ihm 511 000 Dukaten zugeflossen sind. Teuer waren auch die Lizenzen für die roten Hüte der Kardinäle. Der Preis lag zwischen 10 000 und 30 000 Goldgulden pro Exemplar.

Es versteht sich dabei von selbst, dass ein solches Schachern mit geistlichen Ämtern nur dem Papst zustand. Eine große Rolle in den Einnahmen der Kirche spielt im Mittelalter aber auch der Zehnt. Danach waren alle Grundbesitzer verpflichtet, ein Zehntel ihrer Gesamterzeugung oder ihres Einkommens an die Ortskirche abzuführen.

Während des gesamten Mittelalters beherrschte die Religion das Leben und Wirken der Menschen des Abendlandes. Keine andere Institution kann auf eine so machtvolle und erfolgreiche Entwicklung zurückblicken, wie die katholische Kirche. So entschieden die Päpste des Mittelalters über Krieg und Frieden, Freiheit und Verfolgung. Ein weiterer Grund für den Erfolg der Kirche und des Papsttums ist die sogenannte »Pippinische Schenkung« aus dem Jahr 754. Danach erhielt die Kirche territoriale Zugeständnisse in Italien im Austausch für ihre Unterstützung bei der Königswahl von Pippin II. . Diese Ländereien bildeten die Grundlage des künftiges Kirchenstaates. Mit dem Sieg der römischen Kaiseridee, dem Vorrecht der Kirche zur Verleihung dieses Titels, schuf sie sich einen weiteren machtpolitischen Vorteil gegenüber den weltlichen Herrschern.

Doch wie konnte sich diese große Organisation finanzieren? Neben Stiftungen und Spenden der Menschen etablierte sich im Mittelalter die Zahlung des sogenannten »Kirchenzehnt«. Diese frühe Variante der Kirchensteuer, anfangs oft in Naturalien gezahlt, trug ihren Teil dazu bei, den Bestand der Kirche finanziell zu sichern. Auch die Klöster in ihrer Funktion als Wirtschaftszentren konnten teilweise große Gewinne anhäufen.

Im 11. und 12. Jahrhundert brach ein neuer Konflikt zwischen Kirche und weltlicher Herrschaft aus: der Inventurstreit. Hierbei ging es um das Recht zur Besetzung von hohen kirchlichen Ämtern. Beide Parteien beanspruchten dieses Privileg für sich, denn damit konnte man loyale Gefolgsleute in wichtige Ämter schleusen.

Doch der Erfolg des Christentums liegt auch in der Fähigkeit der Kirche begründet, die Ängste und Hoffnungen, die Sorgen und Wünsche der Menschen für sich zu nutzen. Die Furcht vor Hölle und Fegefeuer war allgegenwärtig in den Köpfen der Menschen. Der Glaube an das Jüngste Gericht bestimmte ihr Denken und Handeln.

Kaiser wie Heinrich IV. beugten sich der Macht der Kirche und der gefürchtete Kirchenbann drohte allen Herrschern, die den Interessen Roms zuwiderliefen. Selbst die Kreuzzüge, der Heilige Krieg des Christentums gegen die »Ungläubigen«, waren ein Werk der katholischen Kirche.

Mitte des 13. Jahrhunderts gründete die Kirche die gefürchtetste Institution des Mittelalters: die Inquisition. Sie hatte den Auftrag, im Namen Christi all diejenigen zu finden und zu richten, welche der Ketzerei bezichtigt wurden. Sowohl Einzelpersonen als auch ganze Glaubensgemeinschaften, wie Katharer und Waldenser, wurden im Auftrag der katholischen Kirche hingerichtet. Anfangs noch durch verhältnismäßig faire Prozesse gekennzeichnet, entwickelte sich die Inquisition – insbesondere die spanische – zu einer brutalen und gefürchteten Einrichtung.

Der Kirche war also schon immer erlaubt, was sie anderen verbot. Dazu gehören auch Luxus und Verschwendung, wobei das den Gläubigen abgepresste Geld mit vollen Händen wieder ausgegeben wurde. Die Verschwendungssucht der Renaissance-Päpste war sprichwörtlich.

Zu Geldverschwendung, Unterschlagungen und Wuchergeschäften durch Priester, Bischöfe und Päpste kommt es bereits seit den ersten Jahrhunderten der Kirche. Kirchenobere missbrauchten von Beginn an bis ins letzte Jahrzehnt ihre hierarchische Stellung innerhalb der Weltkirche und die ihnen anvertrauten Gelder der Gläubigen. Das gilt vor allem für die Würdenträger im Vatikan in ihren Soutanen mit den breiten violetten oder roten Bauchbinden. Kein Gebäudekomplex in der Geschichte wurde mit einem größeren Maß an Gesetzlosigkeit, Machtwillen und »luxuria« – der Todsünde der Eitelkeit und Genussucht – erbaut als der Vatikan. Der Vatikan ist der Ort der Geschichte und der Geschichten schlechthin. Seine Wände haben im Laufe der Jahrhunderte alles gesehen, was man sehen kann, seine Türen alles gehört, was man hören kann, und seine Fußböden alles ertragen, was man ertragen kann. In seinen Archiven, die allesamt geheime Abteilungen haben, in denen es noch einmal geheime Kammern gibt, finden sich Momentaufnahmen bewegter Zeiten. Ein Teil der Archive ist nicht öffentlich, manche sind schwer zu nutzen, weil sie zu wenig aufgearbeitet sind. Ein anderer Teil der Archivalien ging im Laufe der Jahrhunderte verloren oder wurde bewusst vernichtet. Wer als Außenstehender an der Wahrheit statt an Skandalgeschichten interessiert ist, den wird bei der Sichtung der Unterlagen das Verständnis des Vatikans befähigen, bestimmte Spekulationen von vornherein auszuschließen, da sie nicht in die Logik und noch viel weniger im Interesse des Vatikans liegen. Und die weiß der Vatikan von jeher sehr genau zu definieren. Die Geschichte des Vatikans macht deutlich, dass wirtschaftliche Kraft und die Möglichkeit zur Gewaltanwendung zwar wichtige Quellen und Mittel der Macht sein können, dass Macht jedoch zuallererst der Legitimation bedarf, wenn sie Bestand haben soll. Legitimation besitzen aber nur zwei Formen von Macht: Jene, die von einer Theokratie, einem Gottesstaat, ausgehen oder aber von einer Demokratie. Die ausgeprägte Lebensfähigkeit des Vatikans ergibt sich aus der Kombination von beiden.

Dass es die Weltkirche letztlich immer wieder geschafft hat, Endlichkeit und Ewigkeit zu verbinden – Endlichkeit in den Taten, Ewigkeit im Anspruch –, hält sie als älteste Institution der Menschheit auch im 21. Jahrhundert ihres Bestehens am Leben. Immer wieder wurde sie getragen von den Menschen ihrer Zeit. Zuweilen standen dabei nicht die besten Priester an der Spitze, die Institution Kirche über die Zeiten hinweg zu heben. Doch auch in den Zeiten, in denen die Päpste in Skandalen versanken, bereitete sich immer wieder andernorts in der Kirche eine Erneuerung vor, woraus sie ihr Leben bezog. Selbst die skandalösesten Eminenzen in der Kurie vermochten die Treue der Gläubigen zum Heiligen Stuhl und seiner Zentrale Vatikan nicht ins Wanken zu bringen. Bis heute wird gerätselt, wofür genau sich Papst Franziskus am 14. Oktober 2015 entschuldigte, als er um Vergebung bat für die jüngsten Skandale im Vatikan. Die Auswahl der möglichen Gründe ist üppig. Denn das Böse und die Korruption sind dem Vatikan über die Jahrhunderte wie ein böses Geschwür ans Bein gewachsen. Kriminelle Machenschaften, Mafia-Aktivitäten, Geldwäsche, Mord, Betrug – alles keine Begriffe aus dem Kirchenlexikon und doch wohl vertraut in den Heiligen Hallen rund um den Petersdom.

Trat sein Vorgänger Papst Benedikt XVI. 2013 etwa ab, weil er sich inmitten der Korruptions-Skandale im Vatikan überfordert fühlte? Wurde er gar von geheimnisvollen Hintermännern gedrängt, seine Aufklärungs-Versuche der Skandale mit seinem eigenen Rücktritt spektakulär zu beenden? Und welche Rolle könnte dabei die vatikanische Finanz-Mafia gespielt haben? Der Papst aus Deutschland galt als ideologischer Hardliner und als gemäßigter Kapitalismus-Kritiker. Vor allem aber war er gründlich. Und daher störte ihn die Lage der Kirchenfinanzen nachhaltig.

Durch die Kinderschänder-Skandale war die Kirche in den vergangenen Jahren schwer unter Druck geraten. Die Spendengelder aus aller Welt flossen nicht mehr so reichlich. Viele Geschäfte liefen nicht mehr. Wie alle Finanzjongleure auf der Welt riskierten auch die päpstlichen Kämmerer immer mehr. So ist bis heute unklar, wie groß die Risiken sind, die der Vatikan aus seinen zahlreichen internationalen Spekulationen und Immobiliengeschäften vor sich herschiebt.

Denkbar ist, dass hochrangige Vertreter der kirchlichen Finanz-Elite auf den wegen seiner Transparenz-Bemühungen mit Argwohn verfolgten Benedikt XVI. tatsächlich direkten Druck ausgeübt haben, um ihn zum Rückzug zu bewegen. Vorstellbar ist auch, dass der deutsche Papst ob der immer undurchsichtigeren Geschäfte selbst das Handtuch geworfen hat und sich zur Kontemplation der Schlechtigkeit der Welt in ein Kloster im Vatikan zurückgezogen hat. Möglich ist aber auch, dass in den kirchlichen Finanz-, Beteiligungs- und Immobiliengeschäften heute noch einige

Bomben schlummern, die die gesamten Finanzen des Vatikans gefährden. Die Leonischen Mauern fördern nun mal das Spekulieren. Klar ist nur, dass im Vatikan wohl eine Zerreißprobe um die Zukunft der Kirche im Gange ist. Es ist auch ein Gerangel um Macht und Geld – keine schöne Geschichte. Und keine heilige.

Finanzielle Verfehlungen gab es bis ins letzte Jahrzehnt nicht nur beim Heiligen Stuhl im Vatikan. Auch in den Diözesen verprassten Kirchenfürsten immer wieder die Gelder ihrer Schäflein und ließen es sich gutgehen: Der 31 Millionen Bau-Skandal um den ehemaligen Limburger Protz-Bischof Franz-Peter Tebartz-van Elst im Jahr 2013 steht beispielhaft dafür.

Doch eine kleine Truppe im Vatikan sagt, wo es langgeht. Wer dazugehört, wird verteidigt, egal wie er sich verhält. Bequeme Bischöfe werden mit bequemen Posten belohnt, während sie die weniger angenehmen auf trostlosen Außenposten irgendwo auf der Welt verbannen und kalt stellen.

Über Geld und Abmachungen dringt wenig nach außen. Es ist genau dieser Starrsinn, der das Überleben der Kirche auf so lange Zeit garantiert hat. Der Vatikan hat so bislang zwar alle Widrigkeiten auch der neueren Geschichte überstanden. Doch genügt das für die Zukunft? Sind der Papst und die ihn umgebende Kurie auf künftige Unwetter vorbereitet? Nicht nur in der Kirche, auch im Unternehmen Kirche. Einem Konzern, der die Weltkirche heute von Tag zu Tag reicher macht.

Widerspricht das nicht den Worten von Papst Franziskus, wenn er »eine arme Kirche für die Armen« wünscht? Und was sagt der Herr im Himmel dazu? In der Bibel steht nirgends, dass man Schätze auf der Erde anhäufen soll.

> »*Armut fürchte ich nicht und Reichtum begehre ich nicht.*«
> Johannes Chrysostomos († 407), Bischof u. Kirchenlehrer

GOTT UND GELD

Wo von Gott die Rede ist, wird eine erhöhte Glaubwürdigkeit vorausgesetzt. Eine solche Glaubwürdigkeit wird an den Umgang der Kirche mit Geld und darin zugleich an die Kirche selbst als Institution angelegt. Im Umgang mit Geld muss sich die Kirche öffentlich bewähren, sie muss ihre Glaubwürdigkeit unter Beweis stellen. Wo die Kirche durch Fehltritte ihrer Verantwortlichen diese Glaubwürdigkeitserwartungen ihrer Gläubigen enttäuscht, kommt es zu einer Infragestellung der Institution selbst. »Die Kirche predigt Wasser und trinkt Wein«, so der Vorwurf.

Die Begriffe Gott und Geld scheinen auf den ersten Blick weit auseinander zu liegen. Tatsächlich aber weist dieses Begriffspaar historisch eine intime Beziehung auf. Die Entstehung des Geldes – so eine Geldtheorie – hängt demnach unmittelbar mit den Opfergaben für Gott oder die Götter im kultischen Kontext zusammen. Geld tritt dort auf, wo es in der Opferpraxis am Tempel die Naturalabgabe ersetzt. Aber auch als Wertmesser löste das Geld damit vorangehende Rechnungseinheiten ab, die zumindest teilweise ebenfalls religiös legitimiert waren. Die Münze symbolisiert und ersetzt das Opfertier.

Wenn auch umstritten ist, ob Geld allein diesen sakralen Ursprung hat, so kann man doch festhalten, dass Gott und Geld in diesem kultischen Rahmen eine sehr enge Verbindung eingegangen sind. Das wird auch daran deutlich, dass der unsichere Geldwert der Münzen später durch geprägte Götterbilder und ihre Attribute quasi metaphysisch abgesichert werden sollte. Wertvolle Metallstücke, in die man Vertrauen setzte. Der Zusammenhang von Geld und Kult wird noch heute in den Gottesdiensten deutlich, wenn dort die Kollekte als Dankesopfer bezeichnet wird.

Doch spricht man von Gott und Geld, kann man das nicht allein an den Münzen der Antike festmachen. Man muss es auch auf ein komplexes System von Schuldverschreibungen mit Zins und Zinseszins beziehen, mit Wucher und Entrechtung.

Das Münzgeld entsteht zwischen 600 bis 500 v. Chr., fast gleichzeitig in China, Indien und Lydien. Es sollte nicht lange dauern, dass es aus den Tempeln der Götter in die Hände der Menschen wanderte, um dann auf Staatsebene sehr schnell monopolisiert zu werden. Statt Götter wurden schon bald Kaiser auf die Münzen geprägt. Und die Tempel für die Gläubigen mutierten zu Tempeln der wirtschaftlichen Macht – so wie der Tempel in Jerusalem, der sich von einem Gotteshaus zu einer Großstaatsbank entwickelte. Hier wurden die Tempelsteuer, Spendeneinnahmen und private Gelder aufbewahrt und Wechselkurse festgeschrieben. Der oberste Schatzmeister stand in der Hierarchie der Amtsträger am Tempel gleich neben dem Hohepriester.

Wenn Jesus diesen Tempel als »Räuberhöhle« bezeichnet, geht es nicht alleine um die Frage des persönlichen Umgangs mit Geld. Es geht auch darum, welche soziale Funktion das Geld im wirtschaftlich-religiösen Sozialleben im Ganzen einnimmt.

Eine Frage, der sich heute auch die Kirche als Großinstitution stellen muss. Aus der radikalen Entgegensetzung Gott und Geld folgt für sie, dass Geld niemals Zweck, sondern immer nur Mittel sein darf. Und zwar Mittel zum Dienst am Schwächsten der Gesellschaft. Wie ernst es das Führungspersonal der Kirche damit aber meint, zeigen die vielen Finanzskandale im Umgang mit dem Geld der Gläubigen.

Die Glaubwürdigkeit der Kirche hängt daran, dass sie in unserer geldbestimmten Gesellschaft, in der es längst nicht mehr als unehrenhaft gilt, Geld als Zweck zu betrachten, einen anderen Umgang mit dem Geld zu pflegen. Einen Umgang mit Geld, der Mittel zu einem höheren Zweck ist. An ihrem Umgang mit Geld entscheidet es sich, ob es sich um Mammon- oder Gottesdienst handelt.

Für die Kirche sollte daher ausschließlich Gottes- und Nächstenliebe der Maßstab ihres Umgangs mit dem Geld sein.

Geld ist nicht des Teufels, es ist aber auch keineswegs harmlos, weil es Wichtigeres verdrängen kann.

Unter den Bedingungen des modernen Finanzmarktkapitalismus hat sich das Geld von seiner dienenden Funktion weit entfernt – es ist zum Selbstzweck geworden. Es steht nicht mehr im Dienste von Wirtschaft und Kirche – es hat die Herrschaft über sie angetreten.

»Die Gestaltung der Dollarnote gewinnt in diesem Zusammenhang symbolische Bedeutung«, stellt dazu Wolfgang Huber, von 2003 bis 2009 Vorsitzender des Rates der Evangelischen Kirche in Deutschland, fest. »Sie nimmt – durch die Aufschrift ›In God we trust‹ – nicht nur das Gottvertrauen als Unterpfand des Währungsvertrauens in Anspruch. Sondern das Dollarzeichen ($) elementarisiert zugleich die Buchstabenfolge IHS – In Hoc Signo. Die geht auf den römischen Kaiser Konstantin zurück, der vor seinem Sieg über Maxentius an der Milvischen Brücke im Jahr 312 eine Kreuzesvision hatte, die mit der Zusage verbunden war: ›In diesem Zeichen wirst du siegen‹. Die darin begründete Verbindung von Religion und politischer Macht transformierte sich im Zeichen für den Dollar in die Verbindung von Religion und wirtschaftlicher Macht: ›In diesem Zeichen‹«

Geld ist also eine höchst ambivalente Wirklichkeit. Entscheidend ist, wie die Kirche es erwirbt, wie sie es verwaltet und wofür sie es ausgibt.

Doch wie geht die Kirche im Vatikan und den Diözesen mit ihrem Reichtum um? Transparenz, Offenheit, Bescheidenheit und ein kontrollierter Umgang mit dem Kirchenvermögen lassen am Heiligen Stuhl und im Kirchenreich mehr als zu wünschen übrig. Das ist sicherlich nicht im Sinne des Herrn.

Die Kirche, die im Papst, der Kurie und den Bischöfen ein klares Leitungsamt hat, ist eine Glaubensgemeinschaft. Die Einheit im Glauben hat aber nicht automatisch zur Folge, dass die kirchlichen Vermögen sehr unterschiedlicher Träger – wie im Folgenden dokumentiert – auch wirtschaftlich zusammengerechnet werden können. Hier würde eine Einheit vorgetäuscht, die es trotz Leitungsamt tatsächlich nicht gibt. Das macht es für Außenstehende auch so schwer, den Reichtum der Kirche insgesamt zu erfassen und darzustellen. Die Kirche weiß selbst nicht, wie reich sie ist und über welche Vermögens-, Beteiligungs- und Immobilienwerte sie in ihrem Reich verfügt.

Wir werden versuchen, uns im Folgenden diesem Reichtum der Kirche in seiner Gesamtheit zu nähern. Das eindrucksvolle Ergebnis wird alle überraschen. Es wird aber auch zeigen, wie wichtig es für die zentralen und großen kirchlichen Institutionen ist, künftig ihre Vermögen offenzulegen. Dazu gehören neben den Institutionen im Vatikan auch die Bistümer, die großen Orden und Stiftungen sowie die Gesellschaften und Vereine, die innerhalb und außerhalb des Kirchenreichs soziale oder Bildungsaufgaben erfüllen. Dazu gehört aber auch die Offenlegung der unternehmerischen Beteiligungen und des in manchen Ländern gewaltigen kirchlichen Immobilienbesitzes.

Ausgelöst durch die Finanzskandale im letzten Jahrzehnt gibt es in den vergangenen Jahren zwar erste zaghafte Bemühungen zur Offenlegung kirchlicher Vermögenswerte – beispielsweise bei der Vatikanbank oder in einzelnen Bistümern. Das sind aber nur einige wenige Steine im globalen Vermögens-Mosaik der Kirche. Doch wer den Gläubigen von der Kanzel herunter Glaubwürdigkeit verspricht, sollte dies auch mit der Offenlegung seiner kompletten Vermögensverhältnisse unter Beweis stellen. Auch wenn das zugegebener Maßen nicht einfach ist. Denn hier muss man schon von Reichtum sprechen. Der Wunsch von Papst Franziskus nach einer armen Kirche für die Armen ist ernst zu nehmen. Die glaubwürdige Verwendung kirchlicher Finanzmittel ist nicht mit einer einmaligen Veröffentlichung belegt. Der Papst fordert »eine dauerhafte, institutionelle Gewissenserforschung«. Das Vermögen der Kirche darf aus seiner Sicht nur zur Erfüllung kirchlicher Aufgaben eingesetzt werden. Es darf nicht zum Selbstzweck werden und nicht zu einer von der Aufgabenerfüllung losgelösten Anhäufung von Reichtümern führen.»Doch die vom Papst geforderte Entweltlichung kann für die Kirche nicht bedeuten, einfach zu verarmen und auf sämtliche Finanzmittel zu verzichten. Das gelingt nicht und würde auch nichts bringen. Seelsorge, Verkündung und soziale Aufgaben sind ohne Geld nicht zu verwirklichen. Das gilt auch für die Mission. Allerdings sollte sich die Kirche der versucherischen Kräfte des Geldes bewusst sein. »Sie sollte transparent und kontrolliert mit ihren Finanzmitteln umgehen, um nicht jegliche Glaubwürdigkeit zu verlieren«, sagt Norbert Feldhoff, ehemaliger Generalvikar und Dompropst im Erzbistum Köln. Und welche Kirche wünschen sich die Armen selbst? Als die Nürnberger Jesuitenmission Arme im In- und Ausland, Projektpartner sowie Freiwillige in armen Ländern bat, ihre Meinung zum Papst-Wunsch zu äußern, waren die Antworten eindeutig: »Die Armen wünschen sich keine materiell arme Kirche. Sie wollen eine Kirche, die glaubwürdig an ihrer Seite steht, materiell ihre Armut lindert und ihnen darüber hinaus hilft, dass sie sich aus der Armut befreien können. Also eine Kirche, die Hilfswerke, Krankenhäuser und Schulen unterhält und effektive Anwaltschaft für die Armen betreibt.«

Dazu braucht die Kirche Geld, viel Geld. Dabei darf sie durch das angehäufte Geld aber nicht ihre Glaubwürdigkeit verlieren.

»Die Kirche kann man nicht mit
Ave Marias führen – Geld gehört dazu.«

Paul Casimir Marcinkus, Erzbischof,
von 1971 bis 1989 Chef der Vatikanbank

DUBIOSE FINANZGESCHÄFTE IM VATIKAN

So reich wie heute war die Kirche nicht immer. 1831 muss beispielsweise der Bankier Rothschild dem Vatikan ein Darlehen geben, um dessen Überleben zu garantieren. 65 Prozent Zins lässt sich der Heilige Stuhl die Finanzspritze kosten. Der Vatikan schreibt damals tiefrote Zahlen, es droht der Bankrott. Als dann auch noch im September 1870 die Infanterietruppen des vereinigten Italien bei der Porta Nigra eine Bresche in die Aurelianische Mauer schlagen und in die vom Papst beherrschte Ewige Stadt eindringen, hört der Kirchenstaat auf zu existieren.

Papstname	Amtszeit	weltlicher Name
Pius IX.	1846–1878	Giovanni Maria Mastai-Ferretti
Leo XIII.	1878–1903	Vincenzo Gioacchino Pecci
Pius X.	1903–1914	Guiseppe Sarto
Benedikt XV.	1914–1922	Giacomo della Chiesa
Pius XI.	1922–1939	Achille Ratti
Pius XII.	1939–1958	Eugenio Pacelli
Johannes XXIII.	1958–1963	Angelo Giuseppe Roncalli
Paul VI.	1963–1978	Giovanni Battista Montini
Johannes Paul I.	1978–1978	Albino Luciani
Johannes Paul II.	1978–2005	Karol Józef Wojtyla
Benedikt XVI.	**2005–2013**	**Joseph Alois Ratzinger**
Franziskus	**2013–heute**	**Jorge Mario Bergoglio**

Die Päpste seit Ende des Kirchenstaates 1870

Der Albtraum eines finanziellen Debakels war damit zwar abgewendet, es drohte jedoch neues Unheil. Papst Pius IX. befürchtete die Beschlagnahme des Kirchenvermögens durch den italienischen Staat. Die Befürchtung war zwar unbegründet, der im Vatikan ausgelöste Alarm führt jedoch zu einer Flut von Spendengeldern, die die leere Papst-Kasse füllte. Die Einnahmen aus dem sogenannten Peterspfennig werden gewinnbringend bei einer italienischen Bank angelegt, um dem Papst ein Einkommen zu sichern. Hieraus entwickelte sich der Plan seines Nachfolgers Leo XII., die Kirchenfinanzen grundlegend zu sanieren, kircheneigene Vermögenswerte gewinnbringend anzulegen und eine Vatikanbank zu gründen. Mit anderen Worten: zu spekulieren. Nach erneuten Finanzskandalen gründet Papst Leo XII. 1887 die Verwaltung für die Werke der Religion, die Amministrazione per le Opere di Religione. Sie ist die

Vorläuferin des Instituts für die Werke der Religion (Istituto per le Opere di Religione, IOR.), der erst Jahre später (1942) ins Leben gerufenen Vatikanbank. Bis zu deren Gründung werden die Finanzen des Vatikans von der Verwaltung Für Fromme Zwecke, der Ad Pias Causas, verwaltet. Um ordentliche Renditen zu erzielen, engagiert sich der Heilige Stuhl gleichzeitig auch an den Börsen in London, Paris und Berlin. Für umfassende Finanzaktivitäten fehlt jedoch eine richtige Bank. Die findet Papst Leo XII. in der Banca di Roma, die zu 50 Prozent vom Heiligen Stuhl übernommen wird. Die enge Verbindung des Heiligen Stuhls zur Banca di Roma und die Gründung der Verwaltung Ad Pias Causas markierten eine Revolution in der Beziehung des Vatikans zum Bankensektor, zu den Aktienmärkten und vor allem zu Finanzfachleuten. Die werden von den zu verwaltenden kirchlichen Vermögenswerten und der Macht des Vatikans geradezu magisch angezogen. In den folgenden Jahrzehnten kann keine Börsenkrise den Wunsch der Kirchenmänner zu spekulieren dämpfen. Dabei muten die schlichten Finanzoperationen, wie sie zu jener Zeit getätigt werden, heute wie eine romantische Reminiszenz an. Mit vielfältigen Investitionen wächst in den Folgejahren der Umfang der kirchlichen Finanzen. Bernadino Nogara, der Leiter der neu gegründeten Vermögensverwaltung des Heiligen Stuhls (APSA), hatte die Entschädigungssummen des italienischen Staates im Zuge des 1929 geschlossenen Lateranvertrages gewinnbringend investiert. An seinen Nachfolger kann er Beteiligungen im Wert von über 2 Milliarden Dollar übergeben. Auch hat sich der Vatikan zwischenzeitlich zu einem wichtigen Akteur der globalen Finanzwelt gemausert. Das führt schließlich zur Entstehung der Vatikanbank, dem IOR.

Um das prekäre Verhältnis der Theokratie zum Geld zu schützen, betreibt der Vatikan seine Finanzgeschäfte seitdem mit absoluter Diskretion. Die Finanzaktivitäten des Heiligen Stuhls zählen zu den bestgehüteten Geheimnissen der Welt. Diese Verschwiegenheit hat System und sie wird um jeden Preis gewahrt. Und obwohl das Schweigen die Gerüchteküche in und außerhalb des Vatikans immer wieder brodeln lässt, ist die Verschwiegenheit der

Banker in Soutanen eine goldene Regel. Die Kirchenbanker sind noch viel diskreter als ihre weltlichen Kollegen. Die Finanzaktivitäten und die Mitarbeiter des IOR sind durch die Immunität des Vatikanstaats geschützt, sie haben freie Hand bei allen Finanztransaktionen und Straffreiheit bei Verfehlungen sowieso. Die Vatikanbank ist bis Ende 2009 völlig autonom, sie unterliegt keiner Kontrolle, kann weder von italienischen Steuer- oder Polizeibeamten durchsucht, noch können Mitarbeiter vernommen oder Telefonate abgehört werden. Bilaterale Abkommen mit Italien oder anderen Ländern gibt es nicht. Damit mutiert der Vatikan mitten in Rom auf exterritorialem Gebiet zu einer klassischen Steueroase. Mit der Folge, dass hier in der Vatikanbank ungehindert Finanzmissbrauch in jeglicher Form getrieben werden kann. Dazu gehört bei der Vatikanbank auch der Aufbau eines Offshore-Systems mit Scheingesellschaften bis hin in die Karibik und Scheinstiftungen, mit Konten auf den Namen fiktiver oder häufig nicht existenter Stiftungen. Höchste kirchliche Würdenträger sind zeichnungsberechtigt, tatsächlich gehören die Konten aber Mafiabossen, korrupten Politikern oder dubiosen Unternehmern. Und es gibt Konten, die auf kirchliche Würdenträger laufen, die jedoch für Bestechung, Geldwäsche, Devisenvergehen und andere Zwecke missbraucht werden.

Möglich machen das die Statuten der Vatikanbank. Danach können bis Ende 2009 auch Ausländer – vorrangig Italiener –, die keine direkten Verbindungen zum Vatikan haben, Kunden der Bank werden. Dazu müssen sie nur bereit sein, einen Teil ihrer Zinsen für »gute Zwecke« zu spenden. Für Ausländer ist das allemal günstiger, als auf die Erträge der Vatikanbank in der Heimat Steuern zu zahlen – oder gar Gefahr zu laufen, dort mit ihrem im Vatikan gebunkerten Schwarzgeld aufzufliegen. Gleichzeitig sind die Kontoinhaber bzw. deren Hintermänner mit ihrem Geld beim IOR gegenüber ihren Finanzbehörden in der Heimat oder gegen Kontrollen italienischer Finanz- und Steuerbehörden geschützt.

In der Vatikanbank entwickelt sich so innerhalb kurzer Zeit eine Scheinbank, über die in den folgenden Jahrzehnten riesige Bargeldmengen gegen gute Provisionen gewaschen und Schmiergelder geschleust werden. Leicht erwirtschaftetes Geld für die Kirchenbank und ihre Führungsriege, denn die kassierte bei den Provisionszahlungen kräftig mit. Die abendlichen Gebete allein reichten den Würdenträgern wohl nicht zum irdischen Glücklichsein.

Ob beim Schmiergeldkomplott Enimont, bei dem über die Vatikanbank rund 90 Milliarden Lire gewaschen wurden, bei der Parteienfinanzierung um den damaligen italienischen Ministerpräsidenten Giulio Andreotti durch die Mafia, den Bankenskandalen um die Banca Privata Italiana und die Banco Ambrosiano, den Tod des Bankers Roberto Calvi in London, dem Milliardenschwindel der Spellmann-Stiftung, den skrupellosen Finanzgeschäften des Michele Sindona oder anderer Betrugs- und Erpressungsfälle – immer führen die Spuren hinter die Leonische Mauer zum Wehrturm St. Niccolò. Der beherbergt das IOR, eine Institution, wie es sie kein zweites Mal auf der Welt gibt. Doch seit es die Vatikanbank gibt, ist sie Ort dunkler Machenschaften. Diskretion ist dort zur Obsession geworden. Dabei muss man wissen, dass das IOR – also die Vatikanbank – nicht die Zentralbank des Vatikans ist. Diese Funktion obliegt der Vermögensverwaltung des Heiligen Stuhls, der Ammistrazione del Patrimonio della Sede Apostolica (APSA). Ihr gegenüber führt die Vatikanbank ihr Dasein offiziell als Stiftung. Juristisch betrachtet gehört die Bank niemandem. Verfügungsgewalt über das Institut im juristischen Sinne hat nur der Papst persönlich. Dabei weiß der Papst wohl nicht, was in diesem seinen Institut genau vor sich geht:

Das operative Geschäft wird zwar von einem Generaldirektor geleitet und ein Aufsichtsrat verwaltet die Geschäfte der Bank. Doch die Banker hatten in der Vergangenheit Ehrlichkeit und Transparenz nie im Sinn. Betrug, Geldwäsche und Steuerhinterziehung waren – mit oder ohne Wissen des jeweiligen Papstes – ihr Geschäftsmodell.

Tatsächlich hat die Vatikanbank im Kirchenrecht eine eigene Rechtspersönlichkeit, mit dramatischen Auswirkungen: Der Papst, der die Verfügungsgewalt über das Institut hat, kann es zwar schließen oder dessen Aufsichtsrat und Verwaltung entlassen. Er darf ihm als juristische Person aber sein Geld nicht qua Amt wegnehmen – sofern es legitim erlangt ist. Im Haftungsverhältnis gegenüber Dritten ist nur noch das Institut zuständig, nicht der Vatikan.

Damit wird der Anschein erweckt, der Papst habe mit der Vatikanbank nur am Rande zu tun. Immer, wenn das IOR in Skandale verwickelt ist, wird diese rechtliche Trennung seitens des Vatikans ins Feld geführt. Auf das Image des Papstes darf durch die Geschäfte der Vatikanbanker kein Schatten fallen. Die Befugnisse des Papstes bei der Vatikanbank kommen denen eines Eigentümers nahe:

- Er besetzt Aufsichtsrat und Management der Bank,
- er kann die Bank umstrukturieren,
- die Statuten ändern oder sie sogar abschaffen.

Der Papst beziehungsweise der päpstliche Haushalt haben ein Anrecht auf die Überschüsse, die das IOR erzielt. 2006 beauftragt der Heilige Stuhl sogar einen Gutachter, der der Vatikanbank bescheinigt, sie dürfe »ihre Gewinne gar nicht einbehalten«. Der Papst hat damit alle Befugnisse, die einem Eigentümer zustehen.

Mit der Gründung der Vatikanbank gibt es nun eine Institution, die den Wünschen der Kardinäle weitgehend entspricht: Sie ist nicht Teil der Vermögensverwaltung des Heiligen Stuhls beziehungsweise seiner Sonderverwaltung, sondern hat eine weitgehende Autonomie. Das Institut eignet sich somit dafür, im Verborgenen und ohne den Ruf des Papstes zu beeinträchtigen das zu tun, was es tun soll: Geld verdienen.

Richtig Fahrt nimmt das IOR Anfang der 1970er-Jahre auf, als der amerikanische Priester Paul Casimir Marcinkus 1971 zum Leiter der Vatikanbank berufen wird. Ein Jahr zuvor war er zum Erzbischof berufen worden. Paul Casimir Marcinkus hatte mit Bravour die Päpstliche Kirchenakademie, die Kaderschmiede für die Diplomaten des Heiligen Stuhls, durchlaufen. Ein Geistlicher mit imponierender Erscheinung, der in Roms Gesellschaftssalons verkehrt und den Golfplatz der Sakristei vorzieht. Während in den USA bereits erste Verdächtigungen wegen Geldwäsche gegen den italienischen Finanzier Michele Sindona die Runde machen, beauftragt der mit Sindona befreundete Marcinkus ihn, die gesamten Unternehmensbeteiligungen des Vatikans ins Ausland zu transferieren. Gleichzeitig werden die Gelder des Heiligen Stuhls in die Tresore der Swiss Bank ins Schweizerische Lugano geschafft, die sich auf die Vermögensverwaltung spezialisiert hat. Der größte Kapitalexport zu jener Zeit. Es ist der Beginn einer endlosen Folge von Finanzmanövern mit vatikanischen Vermögensmassen, die in immer neue Kanäle im Ausland fließen, um sie so dem Zugriff italienischer Steuerbehörden zu entziehen. Und um dabei mit jeder Transaktion auch für Sindona und Marcinkus kräftige Provisionen abzuwerfen. Das war auch bei der Übernahme der amerikanischen Franklin National Bank durch Sindona so. Diese Übernahme wurde mit milliardenschweren Bürgschaften des Vatikans abgesichert. So wie in diesem Fall kam es im Vatikan und bei der Vatikanbank zu regelrechten Vermögensplünderungen. Dazu bedient man sich der Finanzgesellschaften, an denen der Vatikan beteiligt ist, sowie der Konten des Heiligen Stuhls bei der Banca Privata Italiana, die Sindona gehört. Uns als ob das nicht schon reicht, werden nebenbei auch noch Unmengen an Mafiageldern verschoben.

Schützenhilfe bietet dabei die Banco Ambrosiano, die enge Geschäftsverbindungen zum Vatikan und zu Marcinkus unterhält. Über 200 Briefkastenbanken werden gegründet, Geldinstitute, die nur in den Büchern der Bank existieren. Dabei ist eine echte Bank, die Cisalpina auf den Bahamas, die von Marcinkus und dem Ambrosiano-Banker Roberto Calvi verwaltet wird, tief darin verstrickt, über eben diese Briefkastenbanken Kokaingelder aus Südamerika zu waschen. Die Führungsriege beim IOR träumt davon, mit diesen und anderen fragwürdigen Finanzgeschäften aus der unscheinbaren Vatikanbank eine Weltbank zu schaffen.

Doch die Wirtschaftskrise von 1973/1974 lässt die Träume von einer Weltbank platzen: Die Banca Privata Italiana und die Franklin National Bank kollabieren. Schnell summieren sich die Verluste des Vatikans aus Geschäften und Bürgschaften mit diesen Banken auf rund 350 Millionen Dollar. Über 242 Millionen Dollar aus dem Zusammenbruch der Ambrosiano-Bank kommen hinzu. Viel Geld, vor allem für ein relativ kleines Institut wie die Vatikanbank. Wie sie an die 242 Millionen Dollar kommt, ist umstritten. Aus der Bank heißt es, sie habe es »am Markt aufgenommen«. Immer wieder heißt es aber auch, das Opus Dei sei eingesprungen und habe damit seinen Einfluss auf die Bank vergrößert. Es kursiert aber auch die Version, die Deutsche Bank habe die Beschaffung des Geldes organisiert. Wahrscheinlicher ist, dass der Verkauf von 50 Prozent der Banco di() Roma per la Svizzera in Lugano an die Schweizer Großbank UBS es der Vatikanbank ermöglicht hat, den Betrag zu überweisen.

Die Vatikanbank vegetiert danach vor sich hin, Marcinkus bleibt noch einige Jahre im Amt. Erst als eine erneute Prozesslawine den Vatikan und seine Bank überrollt, gerät deren Chef zunehmend unter Druck und nimmt schließlich seinen Hut. Allein der vatikanische Diplomatenpass rettet Marcinkus vor dem Haftbefehl der Mailänder Staatsanwaltschaft.

In der Vatikanbank und am Heiligen Stuhl wird in den 1970er- und 1980er-Jahren viel verschwiegen, übergangen und erlogen. Nicht nur die Gewährung von Krediten ohne Sicherheiten, Bürgschaften für dubiose Finanztransaktionen, Geldwäsche für die Mafia oder Schmiergeldzahlungen für korrupte Politiker kommen ans Licht. Auch handfeste Betrügereien von Würdenträgern der Kurie scheinen an der Tagesordnung zu sein. Daraus ziehen die Verantwortlichen hinter den Leonischen Mauern keine Konsequenzen. Für sie ist der Oberganove Marcinkus weg, und auch sein Bruder im Geiste und Strippenzieher bei vielen Finanztransaktionen, Michele Sindona, ist zwischenzeitlich an die USA ausgeliefert worden. Da kann es beim IOR und in der vatikanischen Finanzwelt aus Sicht der Kurie doch nur besser werden.

Weit gefehlt. Dem Heiligen Stuhl steht eine Zeit schwierigster Probleme bevor. Denn Marcinkus' System der Macht, der Transaktionen und Allianzen bleibt trotz seines Abgangs und aller Erschütterungen erhalten. Damit kann die Vatikanbank weiter in aller Diskretion operieren. Damit das möglich wird, hat Marcinkus bereits 1987 die richtigen Weichen gestellt: Er sucht sich seinen Nachfolger selbst aus. Seine Wahl fällt auf Donato de Bonis. Der war seit 1954 im IOR zuerst als Privatsekretär des IOR-Präsidenten Kardinal Alberto di Jorio, dann ab 1970 als Generalsekretär der Bank tätig. 17 Jahre hat de Bonis dabei die Finanztransaktionen seines Chefs Marcinkus (verfolgt) begleitet.

Dabei versucht er nach außen hin, sich von Marcinkus abzusetzen. Ein geschicktes Scheinmanöver, denn tatsächlich ist er bei allen Geschäften ein treuer Schatten seines Herrn. Mit ihm organisiert er unter anderem den Verkauf von 51 Prozent IOR-Beteiligung an die Banca di Roma Suisse, die für über 100 Millionen Dollar an die Union de Banques Suisses, der heutigen UBS, verkauft wird. Unter seiner Regie steigt die Vatikanbank auch aus seiner Beteiligung an der Holding Italmobil aus. Gleiches gilt für die Beteiligung an der Zürcher Gotthard Bank. Und gemeinsam mit Marcinkus unterzeichnet er 1984 den Scheck über 242 Millionen Dollar, der den Streit mit den Insolvenzverwaltern der kollabierten Banco Ambrosiano beendet. De Bonis ist nicht nur mit Weihwasser, er ist mit allen Wassern gewaschen.

Die Stafetten-Übergabe von Marcinkus auf de Bonis vollzieht sich, wie im Vatikan üblich, lautlos. De Bonis hat sich in den vergangenen Monaten des angeschlagenen Marcinkus gründlich auf sein neues Amt vorbereitet. »Wir haben gelitten«, sagt de Bonis nach dem Ambrosiano-Crash, »aber wir haben unsere Lektion gelernt. Bestimmte Fehler dürfen sich nicht wiederholen.« Längst hat er zu diesem Zeitpunkt bereits ein Netz für umfangreiche Geldwäscheaktivitäten über ein verfeinertes Offshore-System mit Nummernkonten gespannt.

Mit seiner Ernennung zum IOR-Präsidenten steht ein bestens vorbereiteter de Bonis auf dem Zenit seiner Karriere. »Die Kirche muss sich entscheiden, ob sie auf der Seite des heiligen Franziskus oder der des Geschäftslebens steht«, pflegt er zu sagen. In seinem Büro liegt auf dem Lesepult zwar stets ein aufgeschlagenes Evangelium, doch sein Idealismus misst sich an großen Zahlen. Er ist ein geschickter Strippenzieher. Mit ihm als Chef der Vatikanbank nimmt das Offshore-System in den 1990er-Jahren so richtig Fahrt auf. Während sich der Stadtstaat zu einer der blühendsten Null-Steueroasen in Europa entwickelt, häufen sich gleichzeitig die Finanzskandale. Erstmals in der Kirchengeschichte befürchtet der Heilige Stuhl nicht nur Milliardenverluste beim Kirchenvermögen, er fürchtet auch um die Reputation der Weltkirche. Mit der Wahl Benedikts XVI. zum Papst soll deshalb mit Misswirtschaft und Machenschaften hinter den Leonischen Mauern endlich Schluss sein. Mit dem neuen Papst kommt in der Finanzverwaltung der Kirchenzentrale auch eine neue Generation von Klerikern und Laien an die Macht, sie sogenannten »Ratzi-Banker«. Damit gehen Veränderungen in allen Abteilungen mit wirtschaftlichen Aufgaben einher, auch bei der Vatikanbank.

Beim IOR kommt es zu einem epochalen Wandel. Eine Kommission wird eingesetzt, um gründlich aufzuräumen. Dazu gehören neben einer radikalen Kontensäuberung auch strengere Regeln im Kampf gegen Geldwäsche. Eine große internationale Anwaltskanzlei soll die juristischen Risiken untersuchen. Sie kommt zu dem Ergebnis, dass es neben Geldwäsche auch Steuerhinterziehung gibt:

Einerseits betrifft das die Konten von Geistlichen. Priester, Kardinäle und andere Würdenträger sollen ihre Habenzinsen nicht in ihren jeweiligen Heimatländern versteuert haben. Andererseits aber, und dies ist wohl deutlich schwerwiegender, finden die Berater von KPMG und von der US-Unternehmensberatung Promontory mehr als 1 000 Kunden, die nach den Statuten der Vatikanbank gar kein Konto dort haben dürften. Auf ihren Konten lagern aber deutlich über 300 Millionen Euro. Nach Ansicht von Insidern handelt es sich dabei überwiegend um Schwarzgeld.

Zu ihnen gehören gleich mehrere Anwälte, die Seligsprechungen betreuen und dafür Konten bei der Vatikanbank unterhalten. Der gängige Tarif, so heißt es in der Kirchenzentrale, beläuft sich für eine Seligsprechung auf 150 000 Dollar. Diese müssen in Form von Spenden an die richtigen Stellen verteilt werden, um Erfolg zu

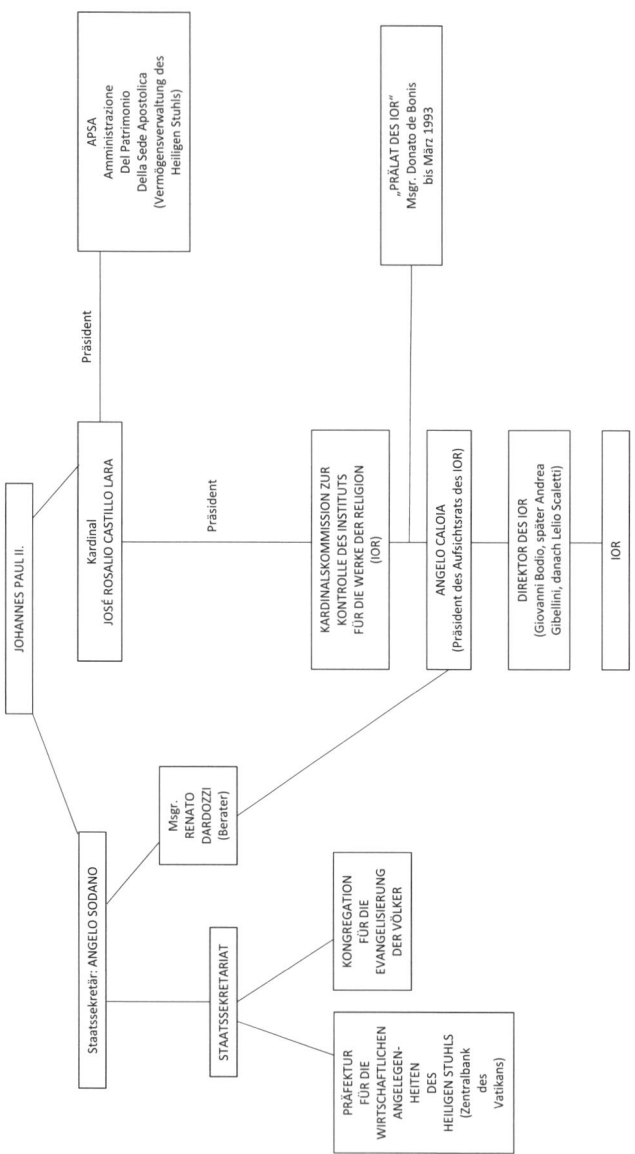

Abb. 4: Die Finanzverwaltung des Vatikans in den 1990er-Jahren, Quelle: L'Ossevatore Romano

haben. Das es sich dabei tatsächlich aber um Schmiergelder für Mitglieder der Seligsprechungs-Kommission handelt, liegt auf der Hand.

Eine der letzten Amtshandlungen des scheidenden Papstes Benedikt XVI. war, den deutschen Bankier Ernst von Freyberg zum Präsidenten, also zum Aufsichtsratschef der Vatikanbank zu berufen. Nur vier Tage nachdem Benedikt XVI. seinen Rücktritt bekannt gegeben hatte, installierte er beim IOR damit einen Mann, der bis dahin zwar in kirchlichen Kreisen einigermaßen bekannt, unter Bankern aber kaum aufgefallen war. Zuvor war er Schatzmeister der deutschen Sektion des Malteserordens und Mitorganisator der jährlichen Lourdes-Pilgerfahrten. Ein »No-Name«, hieß es dazu in Finanzkreisen über den Juristen.

Als von Freyberg die Leitung des Finanzinstituts übernimmt, soll er vor allem für mehr Transparenz sorgen. Mit von Freyberg steht erstmals jemand an der Spitze der Vatikanbank, der nicht tief im Beziehungsgeflecht aus geistlichen Würdenträgern und italienischer Wirtschaft verankert war. Ein No-Name, aber vielleicht einer mit Mut. Im Juli beschließt der Aufsichtsrat der Bank eine radikale Kontensäuberung. Wer nicht aus dem Vatikan oder den Institutionen der Weltkirche kommt, dessen Konten werden aufgelöst.

Schon nach eineinhalb Jahren gibt von Freyberg sein Amt wieder ab. Mit dem Vatikan gibt es inhaltliche Dissonanzen über die richtige Geschwindigkeit der in Angriff genommenen Reformen. Der weitere Kurs der Vatikanbank hängt nun von Papst Franziskus ab.

Der scheint der Vatikanbank alles andere als zugetan. »Die Übel, die sich im Laufe der Zeit in den kirchlichen Institutionen entwickeln, haben ihre Wurzel in dieser Selbstbezogenheit«, hatte er schon während des Vorkonklaves in Rom gesagt. Während der Zusammenkünfte im Vorfeld der Papstwahl hatte sich auch eine Bewegung unter den Kardinälen herauskristallisiert, die der Vatikanbank nun endgültig das Handwerk legen wollte. Tarcisio Bertone, der Kardinalstaatssekretär, musste in einer Versammlung des Vorkonklaves zu deren Aktivitäten Stellung beziehen.

Öffentlich dazu bekannt hat sich kaum einer der Purpurträger. Klar Stellung bezogen und schon Monate zuvor Luft gemacht hatte nur der damalige Berliner und heutige Kölner Kardinal Maria Woelki. Es sei »umso ärgerlicher, wenn im Raum der Kirche eine Bank schlecht agiert oder sogar Geldwäsche passiert und finanzielle Unregelmäßigkeiten geschehen.«

Etwa zur gleichen Zeit schließt der Vatikan mit der Europäischen Währungsunion ein Währungs- und Informationsaustausch-Abkommen. Darin verpflichtet sich der Vatikanstaat,»durch direkte Umsetzung oder gleichwertige Schritte alle zweckdienlichen Maßnahmen zu treffen, damit alle einschlägigen gemeinschaftlichen Rechtsvorschriften zur Verhinderung von Geldwäsche, Betrug und Fälschung anwendbar werden.« Weiterhin verpflichtet sich der Heilige Stuhl,»alle gemeinschaftlichen Rechtsvorschriften im Banken- und Finanzsektor umzusetzen, wenn und insofern im Staat der Vatikanstadt ein Bankensektor geschaffen wird.«

Die Steueroase Vatikanstadt hört damit auf zu existieren. Und um ihren Transparenzwillen zu dokumentieren, legt die Vatikanbank 2013 erstmals in ihrer unrühmlichen Geschichte auch eine Bilanz vor.

Während innerhalb der Leonischen Mauern die Gerüchteküche über den Rücktritt von Benedikt XVI. kocht, ober er nun wegen Vatileaks, wegen des Schwulennetzwerks oder wegen der Situation in der Vatikanbank zurückgetreten ist, schafft der neue Papst Franziskus Fakten:

- Die vatikanische Finanzverwaltung wird neu strukturiert
- und gleichzeitig wird ein »Päpstlicher Rat für die Wirtschaft« installiert.

Diese Institution soll künftig Haushaltspläne sowohl für den Vatikan als auch für die päpstlichen Aufgaben in der Weltkirche aufstellen und jeweils zum Jahresende auch bilanzieren. Die bisherige Güterverwaltung des Heiligen Stuhls, die Administratio Patrimonii Sedis Apostolicae (APSA), wird entmachtet.

Es scheint, als wolle Papst Franziskus in der Bank Gottes endlich Ordnung schaffen und sie gründlich durchlüften. Einfach wird das nicht. Bankier von Freyberg hat sich nie Illusionen über seine Aufgaben als Chef der Bank gemacht. Bei Amtsantritt bat er befreundete Geschäftsleute, »betet für mich«.

In den folgenden Monaten hält sich Papst Franziskus von der Bank und allem, was damit zu tun hat, fern. Bis er schließlich einen Vertrauten, Battista Mario Salvatore Ricca, auf die Position des Prälaten setzt, der die Verbindung zwischen Aufsichtsrat und Geistlichkeiten herstellen soll. Von Freyberg empfängt er nicht. Die beiden sehen sich nur im Gästehaus Domus Sanctae Marthae, wo der Papst sein Zimmer bewohnt und wo von Freyberg übernachtet, wenn er in Rom ist.

Unter seiner Regie übernehmen die Unternehmensberater von Promontery faktisch die Kontrolle über die Vatikanbank. Sie durchleuchten jedes Konto auf seine Geldströme, seine wahren Besitzer und alle Geldwäscherisiken. Dabei kommen sie Nunzio Scarano, dem Chefbuchhalter der päpstlichen Vermögensverwaltung auf die Spur. Der war zuvor schon der Vatikanischen Finanzaufsichtsbehörde ins Visier geraten und diskret versetzt worden. Doch nun ließ sich der Skandal nicht mehr verheimlichen:

Scarano hatte mithilfe eines Geheimagenten 20 Millionen Euro in bar aus der Schweiz nach Italien einfliegen lassen. »Don 500«, wie er im Vatikan wegen seiner Vorliebe für große Geldscheine genannt wurde, unterhält mehrere Konten bei der Vatikanbank, die es in sich haben: Die interne Überprüfung seiner Konten ergibt, dass Scarano damit niemals Altenheime oder andere wohltätige Zwecke im Sinne hatte, vielmehr verschob er große Summen. Teilweise flossen die Gelder an ein und demselben Tag von einem Offshore-Paradies in die Vatikanbank und sofort weiter in eine andere Steueroase. Insgesamt laufen mehr als fünf Millionen Euro über diesen Kanal. Dem Papst schreibt er, er sei das Opfer von Verschwörungen, er habe Leuten nur helfen wollen. »Don 500« wird wegen seiner Beteiligung an dem 20 Millionen Euro-Schmuggel von der italienischen Justiz verhaftet, gleichzeitig friert die Vatikanbank seine Konten ein. Es ist das erste Mal in der Geschichte der Vatikanbank, dass sie sich dazu hinreißen lässt.

Damit einhergehende telefonische Überwachungen der italienischen Staatsanwaltschaft ergeben zudem belastende Informationen über die beiden Generaldirektoren der Vatikanbank ans Licht. Paolo Cipriani und Massimo Tulli müssen gehen. Dazu stellt der Aufsichtsratsvorsitzende von Freyberg fest: »Ein glaubwürdiger Neuanfang ist nicht ohne Wechsel des Führungspersonals möglich.«

2017 wird der Vatikan auf die weiße Liste der Länder aufgenommen, die internationalen Transparenzkriterien entsprechen. »Der Beschluss bestätigt, dass der Reformprozess im vatikanischen Finanzsystem weitergeht. Wir sind ein transparentes Land, das mit anderen Ländern Informationen zu Steuerthematiken austauscht«, kommentiert Papst-Sprecher Greg Burke.

Ob es aber auch einen Pakt für die Ewigkeit ist, wird sich erst noch zeigen. Denn viele Bischöfe und Kardinäle glauben auch im Jahr 2017 noch, die Weltkirche mit ihren über 1,3 Milliarden Mitgliedern mit »Ave Marias« weiter führen zu können. Die Veränderungen in der Welt um sie herum, die sehen sie nicht.

Dabei ist ihnen wohl auch entgangen, dass die Vatikanbank mit ihrer filmreifen Geschichte mittlerweile 75 Jahre geworden ist und – im Gegensatz zu ihnen – wohl endlich in der Wirklichkeit angekommen zu sein scheint.

75 Jahre Vatikanbank – von frommen Werken und krummen Dingern

1942: Papst Pius XII. gründet am 27. Juni das »Institut für die religiösen Werke« (IOR). Erklärtes Ziel ist die Sicherung und Verwaltung von Geldern kirchlicher Stiftungen. Ein weiteres Motiv ist die Verwaltung der aus den Lateranverträgen resultierenden Entschädigungszahlungen. Das Institut untersteht weder dem Heiligen Stuhl noch dem Vatikanstaat, sondern direkt dem Papst als Alleineigentümer.

1971: Papst Paul VI. macht den litauischstämmigen US-Priester Paul Casimir Marcinkus zum Leiter des IOR. Unter seiner Ägide gerät das Institut wegen krimineller Machenschaften in finanzielle Schieflage.

1982: Zusammenbruch des Mailänder Bankhauses Banco Ambrosiano. Dessen ehemaliger Leiter Roberto Calvi wird am 18. Juni erhängt unter der Londoner Blackfriars Bridge gefunden. Der Vatikan, der bei der Bank Konten unterhält, gerät in einen Strudel von Spekulationen. Viele Fragen sind bis heute offen.

1984: Nach dem Skandal verneint der Vatikan jegliche Mitschuld, zahlt aber als Anteilseigner an 1,6 Prozent des Aktienkapitals des Banco Ambrosiano den Gläubigerbanken rund 240 Millionen US-Dollar Entschädigung.

1987: Italien stellt einen internationalen Haftbefehl gegen Marcinkus und zwei weitere IOR-Banker aus. Diese entziehen sich im Vatikan dem Zugriff der Justiz, bis der Haftbefehl nach diplomatischen Verhandlungen aufgehoben wird.

1989: Kurienerzbischof Marcinkus tritt nach 18 Dienstjahren als IOR-Präsident in den Ruhestand. 1991 zieht er als Seelsorger nach Sun City in Arizona, wo er 2006 stirbt.

1990: Papst Johannes Paul II. , der das IOR für Überweisungen an die polnische Opposition nutzt, reformiert das Institut. Es soll nun nach internationalen Regeln arbeiten und erstmals Rechenschaftsberichte vorlegen. Das neue Statut sieht eine Kontrolle durch fünf internationale Finanzexperten vor. Ein aus fünf Kardinälen bestehendes Gremium kontrolliert diesen Aufsichtsrat.

1995: Das Schweizer Treuhandbüro Revisuisse überprüft den Rechenschaftsbericht des IOR und findet keinen Hinweis auf Unregelmäßigkeiten.

2009: Auf Vorschlag von Kardinalstaatssekretär Tarcisio Bertone ernennt Benedikt XVI. Den italienischen Bankier Ettore Gotti Tedeschi zum Leiter des IOR. Er kündigt weitere Reformen des Instituts an.

2010: Die italienische Staatsanwaltschaft friert bei der italienischen Bank Credito Artigiano 23 Millionen Euro auf einem Konto ein, das vom IOR genutzt wird, und ermittelt gegen Gotti Tedeschi. Grund sind mutmaßliche Verstöße gegen EU-Transparenzregeln. Der Vatikan weist den Vorwurf der Geldwäsche zurück.

Benedikt XVI. Ordnet am 30. Dezember die Regeln für Finanzgeschäfte im Vatikan durch päpstliches Dekret und passt sie den EU-Richtlinien an. Er richtet das Kontrollgremium AIF ein, das außer dem IOR auch die Vermögensangelegenheiten anderer Vatikan-Institutionen wie etwa der vatikanischen Güterverwaltung APSA kontrollieren soll.

2011: Der Europarat nimmt am 6. April den Vatikan auf dessen Anfrage in das Prüfverfahren Moneyval auf, das die Einhaltung von Normen gegen Geldwäsche und Terrorismusfinanzierung überwacht. Der Vatikan erklärt am 26. November, dass eine solche Evaluierung stattfindet.

2012: Der Vatikan erscheint im März in einem Bericht des US-Außenministeriums auf einer Liste der Staaten, die wegen Verdachts auf Geldwäsche beobachtet werden.

2013: Die Vatikanbank veröffentlicht erstmals ihren Jahresbericht.

2014: Papst Franziskus teilt im April mit, an der Vatikanbank festhalten zu wollen. Neuer Chef wird am 9. Juli der Franzose Jean-Baptiste de Franssu. Er löst den Deutschen Ernst von Freyberg ab, der tiefgreifende Reformen einleitete.

2017: Ein italienisches Gericht verurteilt zwei ehemalige Führungskräfte der Vatikanbank wegen des Verstoßes gegen Anti-Geldwäsche-Vorschriften.

> »*Die Welt ist voll von Leuten,*
> *die Wasser predigen und Wein trinken.*«
> Giovanni Guareschi, ital. Publizist, 1908–1968

OH GOTT – DAS REICH DES HERRN
IST NICHT ALLEIN

Vor über 2000 Jahren zog Jesus Christus als jüdischer Wanderprediger durch Galiläa. Nach seiner Hinrichtung um das Jahr 30 in Jerusalem verbreitete sich das Christentum im Römischen Reich. Kaiser Theodosius erklärte den neuen Glauben im Jahr 380 zur Staatsreligion. Eroberer und Missionare trugen das Christentum in alle Welt. Während des Mittelalters kam es zum Schisma zwischen lateinischer und orthodoxer Richtung. Im 16. Jahrhundert spaltete sich die lateinische Richtung durch die Reformation in die evangelische und die katholische Kirche auf. Heute zählen weltweit rund 2 Milliarden Menschen zur Christenheit – neben Katholiken, Protestanten und Orthodoxen auch kleinere Kirchen.

Wenn hier von der Weltkirche gesprochen wird, ist die katholische Kirche mit ihren weltweit rund 1,3 Milliarden Mitgliedern gemeint. Ihr derzeitiges Oberhaupt ist Jorge Mario Bergoglio, seit dem 13. März 2013 als Franziskus der erste jesuitische und erste lateinamerikanische Papst der Kirchengeschichte. Er residiert im Vatikan, einem völkerrechtlich eigenständigen 0,44 Quadratkilometer großen Zwergstaat mitten in Rom. Das Menschenrecht auf Religionsfreiheit gibt es hier nicht, das Schutzalter für Kinder liegt seit dem 19. Jahrhundert bei nur 12 Jahren.

Die Begriffe Vatikan, Heiliger Stuhl und Katholische Kirche werden häufig verwechselt. Diese Konfusion wird durch eine gewisse Uneindeutigkeit begünstigt, die von der Weltkirche selbst bewirkt ist. Sie vermischt nur zu gern Doktrin und irdische Angelegenheiten, Spiritualität und Politik. Die Bezeichnung Heiliger Stuhl bedeutet die Körperschaft, die die volle Souveränität einschließlich des Eigentumsrechts über den Staat der Vatikanstadt ausübt. So sind denn auch die ausländischen Botschafter nicht beim Vatikanstaat, sondern beim Heiligen Stuhl akkreditiert. Es ist der Heilige Stuhl, der in der Weltkirche die Hoheit über die internationalen Beziehungen innehat.

»Zentrale«	Vatikan			
Mitglieder	1,284 Mrd.			
Anteil an Weltbevölkerung	17,72			
Anteil nach Erdteilen				
Amerika 48,8 %	Europa 23,5 %	Afrika 16 %	Asien 10,9 %	Ozeanien 0,8 %
Kirchliches Oberhaupt	Papst Franziskus			
Kardinäle	219 / 120 wahlberechtigt			
Bischöfe	5 237			
Priester	415 792			
Diakone	44 566			
Ordensbrüder	54 229			
Ordensschwestern	670 330			
Laienmissionare	368 520			
Diakone	45 255			
Diözesen	2 900			
Größte Diözese	Bistum Kopenhagen mit Dänemark, Färöer u. Grönland			
Reichste Diözesen	Chicago, Los Angeles, New York, München			
Einrichtungen				
Kindergärten	10 932			
Vorschulen	73 580			
Grundschulen	96 283			
Schulen Sekundarstufe	46 339			
Sonderschulen	3 782			
Krankenhäuser	5 158			
Krankenstationen	16 523			

Lepra-Stationen	648
Alters-/Pflege-/Behindertenheime	15 679
Waisenhäuser	10 163
Weitere Einrichtungen	37 601

Die Weltkirche im Überblick

Die Stellung der Weltkirche im globalen Vergleich

Aktuell lebt ein Viertel der 1,3 Milliarden Mitglieder der Weltkirche in Europa, vorwiegend in Mittel- und Südeuropa. Während hier die Zahl der Mitglieder zurückgeht und die Kirche zunehmend mit Priestermangel zu kämpfen hat, wächst sie in Afrika und Asien. In Lateinamerika hat die Kirche in den vergangenen Jahrzehnten viele ihrer Mitglieder an die sogenannten Pfingstkirchen verloren, die protestantischen Sekten wachsen enorm.

	2000	2025
Christen	1 999,6	2 616,7
Moslems	1 188,2	1 784,9
Unreligiöse	768,2	875,1
Hindus	811,3	1 049,2
Buddhisten	360,0	418,3
Atheisten	150,1	159,5
Neue Religionen	102,4	114,7
Ethnische Religionen	228,4	277,2
Sikhs	23,3	31,4
Juden	14,4	16,1

Übersicht: Entwicklung der Weltreligionen im globalen Vergleich 2000–2025 in Millionen, Quelle: Global Evangelization Movement

Jeder dritte Erdenbürger bekennt sich heute zum christlichen Glauben, jeder zweite Christ ist Katholik und Mitglied der Weltkirche. Die Länder mit der größten christlichen Bevölkerung sind die USA, Brasilien, Mexiko, Russland und die Philippinen.

In Europa (inklusive Russland) leben rund 588 Millionen Christen, davon gehören 278 Millionen Menschen der katholischen Kirche an. Mit rund 200 Millionen Mitgliedern stellt die orthodoxe Kirche die zweitgrößte christliche Gruppe. Etwa 69 Millionen sind protestantisch, 26 Millionen anglikanischen Glaubens.

In Nordamerika ist knapp ein Drittel der 275 kanadischen und US-amerikanischen Christen katholisch.

In Mexiko, Mittel- und Südamerika leben mit 488 Millionen Gläubigen über 40 Prozent aller Katholiken. In Lateinamerika ist keine andere Religionsgemeinschaft nur annähernd so bedeutend wie die katholische Kirche. Die manövrierte auf dem Subkontinent über Jahrzehnte zwischen Widerstand und Komplizenschaft. Das Verhältnis zur eigenen Vergangenheit ist auch heute noch nicht aufgearbeitet, wie die Diskussion um mögliche Verstrickungen des ehemaligen Erzbischofs von Buenos Aires, Jorge Mario Bergoglio, und heutigen Papstes Franziskus in die argentinische Militärjunta zeigt.

Der Subkontinent ist aber auch die Heimat der Befreiungstheologie. Einer Bewegung in der Weltkirche, die seit den 1970er-Jahren den radikalen Einsatz für die Armen und Entrechteten zum Maßstab für eine glaubwürdige Theologie macht. Maßgebliche Stimme dieser Bewegung ist der brasilianische Theologe und ehemalige Franziskaner Leonardo Boffo, der sich für eine kritische Neubestimmung der Institution Kirche mit mehr globaler Perspektive einsetzt. Für ihn ist die Weltkirche »zu machistisch, zu patriarchal und zölibatär«.

Als zur Zeit der Militärdiktatur Joseph Ratzinger, damals noch Kurienkardinal, ein chilenisches Armenviertel besuchte, zeigte man ihm die Not der Menschen und die Spuren der militärischen Gewalt. Nach dem Rundgang hielt er noch eine Messe in der Kapelle der Slums. Doch in seiner Predigt ging er weder auf Hunger noch auf politische Willkür ein. Stattdessen dozierte der spätere Papst über »die Frömmigkeit des mittelalterlichen Kaisers Heinrich II.«. Da braucht sich die Weltkirche nicht wundern, wenn ihre Mitglieder in Südamerika ihr Heil in Scharen bei den Befreiungstheologen und den Pfingstkirchen suchen.

In Afrika bilden Christen mit knapp 500 Millionen Anhängern vor den Muslimen die größte Glaubensgemeinschaft, davon gehören 183 Millionen der römisch-katholischen Kirche an. Mitgliederschwund und Priestermangel sind auf dem Schwarzen Kontinent Fremdworte, die Zahl der Gläubigen wächst rasant. Dennoch gibt es Probleme, das größte heißt Aids. Viele Kleriker tragen Roms regiden Kurs gegen Verhütung nicht mit. Sie fühlen sich von der Weltkirche allein gelassen. Für den südafrikanischen Bischof Kevin Dowling ist die Zentrale in Rom »blind gegenüber der Lebenswirklichkeit von Millionen von Armen. Sie leben, leiden und sterben wegen dieser Krankheit«. Besonders aktiv sind hier die protestantischen Pfingstler, die mehr Wert auf Erweckung und Ekstase als auf religiöse Dogmatik legen.

In Asien stellen Katholiken mit 140 Millionen Mitgliedern hinter Muslimen, Hindus, Anhängern von Volks- und ethnischen Religionen sowie Buddhisten nur einen kleinen Teil unter den asiatischen Gläubigen. In vielen Ländern sind sie nicht mehr als eine Randerscheinung. Einzig die Philippinen und Osttimor sind katholisch geprägt. Häufig gelten die Mitglieder der Weltkirche als Fremde oder gar als eine exotische Sekte aus Europa. Dennoch ist die Wachstumsrate der Weltkirche weltweit nirgends so groß wie hier. Dabei stellen die rund 140 Millionen Katholiken nur etwa drei Prozent der Milliardenbevölkerung in Asien.

Zu den Hauptproblemen der Weltkirche in Asien gehören stärker werdende fundamentalistische Strömungen im Islam, etwa in Malaysia, Indonesien oder Pakistan, sowie staatliche Repressionen in Indien, China oder Vietnam. Einzig in Südkorea und auf den Philippinen ist das Wachstum der Weltkirche eine Erfolgsgeschichte.

In der Inselwelt Ozeaniens leben rund neun Millionen Katholiken.

Die Zahl der Konfessionsfreien wird bis 2050 weltweit auf 1,23 Milliarden steigen, knapp 100 Millionen mehr als 2010. Ein Großteil dieser Konfessionsfreien wird dann in den asiatischen Ländern China, Japan, Vietnam sowie Nord- und Südkorea leben. Die Zuwächse der Konfessionsfreien gehen vor allem zu Lasten der Christen.

Innerhalb der globalen Population wird der Anteil der Muslime in den kommenden Jahrzehnten am stärksten zunehmen. 2050 wird es auf der Erde fast so viele Muslime gebe wie Christen. Den zahlenmäßigen Gleichstand zwischen Christen und Muslimen erwarten Wissenschaftler vom Washingtoner Pew-Research-Center mit je knapp einem Drittel Anteil (32,3 Prozent) an der Weltbevölkerung für das Jahr 2070. Das Christentum und damit auch die Weltkirche zieht nach Afrika und Asien um. Während es sich dort rasant ausbreitet, wenden sich die Mitglieder der Weltkirche auf ihrem Stammkontinent Europa von ihr ab. In Europa ist der Anteil der Christen im Sinkflug.

Der Anteil der Christen in der europäischen Bevölkerung wird in den kommenden Jahrzehnten deutlich sinken, ohne dass sich dabei das religiöse Profil des Kontinents radikal wandelt. Das geht aus einer Analyse des Washingtoner Pew Research Centers hervor. Demnach wird erwartet, dass der Anteil der Christen europaweit von 74,5 Prozent im Jahr 2010 auf 65,2 Prozent im Jahr 2050 sinkt. Im gleichen Zeitraum legt der Anteil der Muslime von 5,9 auf 10,2 Prozent zu. Seit 2010 hat ihre Zahl in Europa um 6,3 Millionen zugenommen. Zweitgrößte Gruppe bleiben nach der Analyse Religionslose, die ihren Anteil von 18,8 auf 23,3 Prozent ausbauen. Das Judentum verliert in Europa weiter an Bedeutung.

»Derzeit erlebt Europa eine forcierte Entchristlichung«, stellt der ehemalige Präfekt der Glaubenskongregation Kardinal Ludwig Müller fest. »Ein Prozess, der weit über die einfache Säkularisierung hinausgeht.« Müller warnt die Kirche davor, ihre Kräfte in inneren Kämpfen aufzureiben. Er spricht von »sogenannten Progressiven, die den Sieg suchen, indem sie alle sogenannten Konservativen jagen«.

Ein Grund für den Rückgang des Christenanteils liegt laut Analyse des Pew Research Centers in der Altersstruktur der Religionen: 2010 betrug das Durchschnittsalter europäischer Christen 42 Jahre, das der Muslime 32 Jahre. Als weiteren Grund werden die zunehmenden Kirchenaustritte genannt. Die Kirche in Westeuropa befindet sich zudem in einem epochalen Umbruch: Zum ersten Mal in der Geschichte hat sie es mit Menschen zu tun, die nicht zur Religion gezwungen wurden. Die Folge: Die Zahl der Konfessionsfreien wächst bis 2050 stetig: In Deutschland werden es dann bereits knapp 21 Millionen oder 30 Prozent der Bevölkerung sein, in Frankreich sogar 44 Prozent. Weltweit wird die Zahl der Konfessionsfreien bis dahin um 100 Millionen Menschen gewachsen sein.

Dieser epochale Umbruch führt in der Kirche zu einem Nachwuchsproblem. Nicht nur bei den hauptamtlichen Mitarbeitern, auch unter den Gläubigen. Doch wie man »Christ zu sein« für Menschen anbietet, die auch in religiöser Hinsicht machen, was sie wollen, das weiß die Kirche bisher nicht.

Es spricht wenig für das Verschwinden der Religion aus Europa und viel dafür, dass derzeit Religiosität und Säkularität ein neues Verhältnis suchen. Wohin das führen wird, ist schwer zu sagen: Mit einiger Sicherheit werden die Christen schon in der nächsten Generation nicht mehr die Mehrheit auf dem europäischen Kontinent sein. Man wird sich daran gewöhnen müssen, dass Kirchen verkauft, umgewidmet oder gar abgerissen werden.

Mit großer Sicherheit aber werden die christlichen Kirchen die mit Abstand größten Institutionen jenseits der Staaten bleiben, die wichtigsten Träger der Zivilgesellschaft und auch des kulturellen Erbes. Das Abendland wird auch dann christlich bleiben, selbst wenn die Hälfte seiner Bewohner konfessionslos sein sollte und jeder zehnte ein Muslim. Nur wird es anders christlich sein, als man es heute kennt: vielfältiger, weniger stabil, sicher auch konfliktreicher.

Für Staaten und Politik in Europa wird das heißen, ein neues Verhältnis zu den Religionen zu finden. Für die Kirchen wird es heißen, dass immer weniger ihre institutionelle Macht zählt, sondern das, was sie sagen, wie sie auftreten, wie glaubwürdig sie sind. Das gilt vor allem für die Weltkirche.

Die Weltkirche in Deutschland, Österreich und der Schweiz

Deutschland

Der Gesamtanteil der Christen lag 2016 bei rund 60 Prozent der Gesamtbevölkerung. Davon entfallen auf die römisch-katholische Kirche 28,9 Prozent (23,76 Millionen Mitglieder) und auf die Evangelische Kirche 27,1 Prozent (22,27 Millionen Mitglieder). Während sich in Nord- und Ostdeutschland nur eine Minderheit zur Weltkirche bekennt, liegt der Anteil in Süd- und Westdeutschland deutlich höher. Der restliche Bevölkerungsanteil von knapp 35 Prozent ist mehrheitlich konfessionsfrei.

»Religion wird die Angelegenheit einer kleinen Gruppe«, sagt dazu der Essener Bischof Franz-Josef Overbeck. Und er fährt fort: »In Essen kann man studieren, wie sich eine einst katholische Region durch den Wegfall von Industrien und Berufen dramatisch entchristianisiert. Das gilt auch für die Militärseelsorge, für die ich als Militärbischof zuständig bin. Hier hat inzwischen die Hälfte aller Soldatinnen und Soldaten kein religiöses Bekenntnis mehr. Wir sind von einer traditionellen Kirche hin zu einer Kirche im Volk. Wir werden uns nicht mehr an den Gegebenheiten des 19. und 20. Jahrhunderts orientieren können. Wir werden nicht mehr für eine Mehrheit moralisch oder gar rechtlich bindend sein können.«[*]

---

[*] Wir sind eben nicht die Moralagentur« Interview mit Matthias Drobinski, SZ, 19. 09. 2017

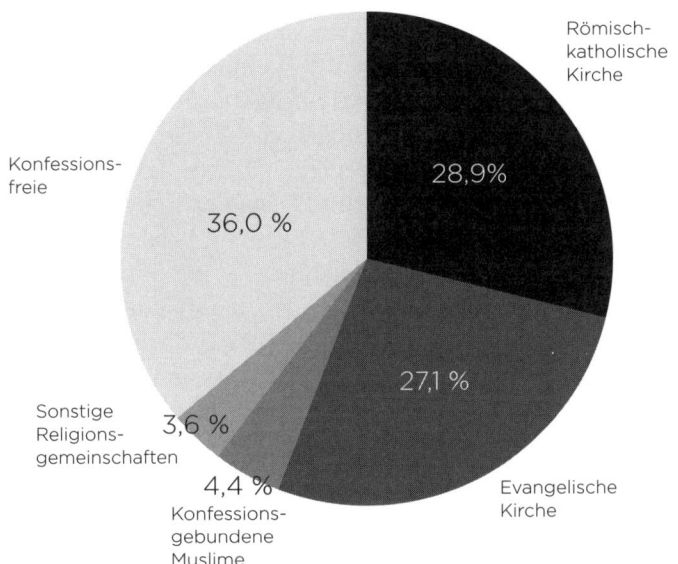

Abb. 5: Religionen und Konfessionen in Deutschland, Quelle: Eigene Darstellung lt. Daten von EKD, DBK und REMID

Juristisch gibt es in Deutschland nicht die Weltkirche, sondern 27 (Erz-)Bistümer der katholischen Kirche. Nach deutschem Recht ist jedes Bistum rechtlich und finanziell unabhängig von der Kirchenzentrale im Vatikan. So hat jede Bistumsverwaltung nicht nur eine eigene Finanzhoheit, sondern zum Beispiel auch einen eigenen »Außenminister«. Entsprechend hat der Dachverband auch nicht die Bezeichnung, die die Weltkirche verheißt, sondern nennt sich zutreffend Deutsche Bischofskonferenz. Die weitere Untergliederung der Bistümer beinhaltet 13 300 Pfarreien, die wiederum alle eigenständige Körperschaften des öffentlichen Rechts sind. Dazu kommen unterschiedlichste »Rechtsträger« in verschiedensten Rechtsformen. So gehören Klöster beispielsweise offiziell nicht zur Weltkirche. Die Folge: Selbst innerhalb ihrer regionalen Kirche wissen die Kirchenoberen nicht, was bei ihren einzelnen Rechtsträgern so alles passiert. Auch nicht, was im Einzelfall deren wirtschaftliche Aktivitäten betrifft.

Das macht es im Einzelfall auch so schwierig, die tatsächliche finanzielle Daten- und Besitzlage der Weltkirche in Deutschland – aber auch in anderen Ländern – zu erfassen. Festzustellen, wie es mit den Finanzen und den Vermögen der Weltkirche in Deutschland tatsächlich bestellt ist, in welchen Wirtschaftsbereichen sie über ihre Werke, Trägerschaften und Organisationen aktiv ist.

Für beide Kirchen gilt: Grundsätzlich sind Staat und Kirche getrennt, de facto aber eng verbunden. So zieht der Staat die Kirchensteuer ein, Religion ist an den Schulen ein Unterrichtsfach, bestimmte Lehrstühle an Bayerns Universitäten durften bislang nur mit Einverständnis der Weltkirche besetzt werden, Bischofsgehälter werden aus der Staatskasse finanziert, rund eine halbe Milliarde Euro zahlen die Bundesländer jährlich für kircheninterne Personalkosten und Sachleistungen.

Schmerzlich ist die seit Jahren hohe Zahl an Kirchenaustritten. Während die Kirchensteuereinnahmen von Jahr zu Jahr steigen, nimmt die Zahl der Mitglieder kontinuierlich ab. So sehr sich die Kirche bemüht, dem Zeitgeist nachzulaufen, den Abwärtstrend hat sie bislang nicht stoppen können. Allein seit der Jahrtausendwende haben beide Kirchen in Deutschland acht Millionen Mitglieder verloren. Und mit jedem Austritt gehen den Kirchen Einnahmen verloren. Bei einem jungen Erwachsenen summieren sich die Ausfälle über die Jahrzehnte locker zu einem fünfstelligen Betrag. Bei 160 000 Austritten jährlich bei der Weltkirche geht das in die Milliarden. Auf Dauer hält das keine Organisation aus. Die Kirche spielt im Alltag vieler Deutschen eine immer geringere werdende Rolle. Immer mehr Deutsche denken bei Kirche nicht an Befreiung, sondern an Bevormundung. Und kaum einer will noch Priester werden.

Dabei ist es nicht so, dass die Deutschen nicht nach Sinn und Orientierung für ihr Leben suchen würden. Im Gegenteil. Esoterik-, Fitness-, Ernährungs-, Lifestyle- und Wellnessangebote laufen der Kirche den Rang ab. Die Deutschen finden ihr Heil heute offenbar leichter im achtsamen Lebensstil, in Yoga-Retreats oder im Ultramarathon. Die Weltkirche ist in Deutschland zwar immer noch eine Institution, sie ist aber keine Volkskirche mehr.

Papst Franziskus hat den deutschen Bischöfen sein »Entsetzen über die Erosion des Glaubens in Deutschland« mitgeteilt und sie aufgefordert, »die lähmende Resignation zu überwinden. Die deutschen Bischöfe setzen zu großes Vertrauen auf die Verwaltung, auf den perfekten Apparat.« Auch sein Vorgänger Benedikt XVI. meldete sich aus seiner Klause im Vatikan zu Wort und warnte vor einem »Überhang an ungeistlicher Bürokratie«.

Zentrale	Deutsche Bischofskonferenz
Mitglieder	23,6 Mio.
Bevölkerungsanteil	28,5 %
Kirchenprovinzen	7
Bistümer	27
Mitgliederstärkstes Bistum	Köln (2,2 Mio. Mitglieder)
kleinstes Bistum	Görlitz (32 000 Mitglieder)
Kirchengemeinden	10 280
Kirchen	24 189
Priester	13 856
Kirchenaustritte	162 000
Ständige Diakone	2 071
Klöster / Brudergemeinschaften	2 890
Ordensmänner	4 029
Ordensfrauen	15 923
Hauptamtliche Mitarbeiter	600 000
Ehrenamtliche Mitarbeiter	1 000 000
Kindertagesstätten	9 370
Schulen	904
Hochschulen	54
Stiftungen	19 327
Kirchenbanken	5
Öffentl. Büchereien	3 300
Museen	43

Gottesdienstbesucher in Prozent	10,2
Wohlfahrtsverband Caritas	
Einrichtungen	26 063
Plätze	1 238 491
Mitarbeiter hauptberufl.	617 000
Mitarbeiter ehrenamtl.	500 000
Beteiligungen und Besitz	
an / von Unternehmen	50 000
Mitarbeiter	1,2 Millionen
Grundeigentum	350 000 ha
Immobilien	150 000
Kirchensteuereinnahmen	6,1 Mrd. EUR
Staatsleistung p. a.	300 Mio. EUR

Die Weltkirche in Deutschland, Quelle: Deutsche Bischofskonferenz

Die katholische Kirche in Deutschland ist als juristische Person und Religionsgesellschaft nach deutschem Recht ebenso wie als Steuerverband rechtlich und finanziell unabhängig vom Vatikan. Die formelle Untergliederung umfasst 27 Bistümer und 13 000 Kirchengemeinden, die alle eigenständige Körperschaften des öffentlichen Rechts sind.

Mit einem Vermögen von über 6 Milliarden Euro (2016) ist das Erzbistum München das reichste Bistum in Deutschland, gefolgt von Paderborn mit rund 4 Milliarden und Köln mit 3,4 Milliarden Euro. Die Münchner können jetzt mit den Schwestern und Brüdern in Chicago / USA wetteifern, wer nun im reichsten Bistum der Welt in die Kirche geht. Die Weltkirche und ihre Bistümer sind in Deutschland wohlhabend und gut abgesichert. Alle ihre Werke und Einrichtungen sind steuerbefreit.

»Das größte Problem der Kirche in Deutschland ist, dass sie zu viel Geld hat«, stellte dazu Ex-Papst Joseph Ratzinger fest. ... Und die Gläubigen zahlen munter weiter Kirchensteuer. Um ihre Macht braucht die Weltkirche in Deutschland nicht zu bangen. Ihr Sonderstatus ist vertraglich und gesetzlich gesichert. Als öffentlich-rechtliche Körperschaft ist sie Partner des Staates im Bildungs-, Gesundheits- und Sozialwesen. Sie erhält jedes Jahr rund 300 Millionen Euro an öffentlichen Personalkostenzuschüssen und ihre Vertreter sitzen in den Gremien der Rundfunk- und Fernsehanstalten.

Vermögensart	Köln	München	Paderborn
Anlagevermögen	3 328,0	2 809,1	4 182,1
- Sachanlagen	629,9	1 278,4	288,4
- Finanzanlagen	2 698,1	1 579,1	3 892,6
Eigenkapital	2 561,0	2 505,1	3 594,8
- Bistumskapital	822,7	400,0	780,6
- Rücklagen	1 738,3	2 205,1	544,9
Stiftungsvermögen	k. A.	2 089,0	k. A.
Kirchensteuereinnahmen	630,1	589,8	391,4
Öffentliche Zuschüsse	121,1	115,8	57,3

So reich sind Deutschlands reichste Bistümer (Stand Ende 2016, in Mio. Euro), Quellen: Jahresberichte der Bistümer

Will sich die Weltkirche in Deutschland gegen die Konkurrenz durchsetzen, muss sie sich ihres Wertes bewusst werden – und sie darf sich nicht mehr so viel um sich selbst drehen.

Österreich

Wie in Deutschland sind auch in Österreich die Mitgliederzahlen bei der Weltkirche seit den 1970er-Jahren rückläufig. Bekannten sich 2001 noch 89,0 Prozent der österreichischen Bevölkerung zur Weltkirche, sind es aktuell nur noch etwas über 58 Prozent. Hält der Trend an, wird sie 2016 die 5 Millionen Mitglieder unterschreiten und bis 2025 unter 50 Prozent Anteil der Gesamtbevölkerung fallen. Rund 2,5 Millionen Österreicher (29,3 Prozent) sind konfessionsfrei.

Die Weltkirche in Österreich besteht aus neun Diözesen, davon zwei Erzdiözesen (Wien, Salzburg) sowie einem Militärordinariat.

Das seelsorgerische Netz umfasst rund 3 000 Pfarreien mit etwa 8 000 Kirchen und Kapellen, 4 200 Priestern sowie 540 ständigen Diakonen. Jede Diözese, jedes Stift, jede Pfarrei ist eine selbstständige Rechts- und Wirtschaftseinheit – auch im Steuerrecht. Im »vermögensrechtlichen Sinne« gibt es »die Kirche« also nicht, sondern einige tausend kirchliche Rechtsträger. Das Vermögen dient kirchlichen, wohltätigen und kulturellen Zwecken. Der Großteil der Einnahmen dafür stammt aus dem Kirchenbeitrag der Mitglieder. 2015 waren das rund 445 Millionen Euro.

Mitglieder	5,16 Mio.	
Diözesen	9	
Größte Diözese	Wien	
Pfarrgemeinden	3 053	
Kirchen	8 022	
Priester	3 715	
Diakone	688	
Frauen- und Männerorden	200	
Ordensbrüder	1 962	
Ordensschwestern	4 073	
Mitarbeiter hauptberuflich	60 000	
Kindertagesstätten	690	
Schulen	335	
Betreute Kinder	39 000	
Betreute Schüler	71 000	
Krankenhäuser	32	
Spitalbetten	47 000	
Kirchenaustritte	56 000	
Kirchenbeiträge	435 Mio. EUR	
Kirchensteuer	445 Mio. EUR	
Öffentl. Zuschüsse	130 Mio. EUR	
Caritas-Mitarbeiter	10 255 hauptberuflich	28 000 ehrenamtlich

Grund- und Boden-Besitz	250 000 Hektar, davon 121 400 Hektar Wald
Größter land- u. forstwirtschaftlicher Betrieb	Stift Admont
Denkmalgeschützte Objekte	13 500
In Salzburg und Wien	ist die kath. Kirche größter Hausbesitzer
Mitarbeiter in kath. Unternehmen	60 000, rund 1,5 Prozent der Gesamtbevölkerung

Die Weltkirche in Österreich, Zentrale Österreichische Bischofskonferenz

Die Weltkirche ist heute einer der wichtigsten Kulturträger des Landes und bedeutender Wirtschaftsfaktor. Die Kirche gehört zu den Großgrundbesitzern, sie besitzt eine Viertelmillion Hektar Boden. In Wien und Salzburg sind die jeweiligen kirchlichen Organisationen zudem die größten Hausbesitzer. Das vorhandene Kunstvermögen ist gewaltig. Von unschätzbarem wissenschaftlichen Wert sind neben den Bibliotheken der Stifte Admont und Kremsmünster die umfangreichen kirchlichen Archivalien, die sich heute meist in den Diözesanmuseen befinden. Von den Denkmalschutzobjekten in Österreich befinden sich etwa 15 000 im Besitz von Diözesen, Klöstern und anderen kirchlichen Organisationen.

Doch wie lässt sich beispielsweise der »Wert« des Wiener Stephansdoms ermitteln?

Weltkirche am Beispiel: Erzdiözese Wien

Mitglieder	1,2 Mio.
Dekanate	54
Pfarren	657
Kirchl. Gebäude	1 600
Priester	1 000
Diakone	170

Mitarbeiter hauptberufl.		1 700	
Erträge 2016 in Mio. Euro		Aufwendungen 2016 in Mio. Euro	
Kirchenbeiträge	107,02	Pfarren gesamt	67,0
Staatl. Wiedergutmachung	10,40	Pastorale Aufgaben	24,8
Miet- u. Pachterträge	7,19	Organisation	22,95
aus kirchl. Tätigkeit	3,23	Bildung, Kunst Kultur	13,17
Sonstige	4,24	Schule, karitat. Aufgaben	3,07
		Weltkirche, Entwicklungshilfe	1,24
Summe Erträge	129,43	Summe Aufwendungen	132,31

Quelle: Haushaltsbericht Erzdiözese Wien

Schweiz

Die Weltkirche zeichnet sich in der Schweiz durch ein duales System aus: Auf der einen Seite stehen kirchenrechtliche Einheiten wie die sechs Bistümer und die zwei Gebietsabteien Kloster Einsiedeln und die Abtei Saint-Maurice, das älteste noch existierende Kloster des Abendlandes. Auf der anderen Seite staatsrechtliche Einheiten wie Kantonalkirchen und Kirchengemeinden. Nur der staatsrechtlichen Seite ist es erlaubt, Kirchensteuer zu erheben. Aus diesem Grund existiert in der Eidgenossenschaft, neben der streng hierarchischen Kirchenstruktur, eine zweite, demokratisch organisierte. Fast jeder Kanton hat eine übergreifende kirchliche Organisation, eine öffentlich-rechtliche Körperschaft. Nur im Wallis und im Tessin existieren keine Kantonalkirchen. Dort übernehmen das Bistum Sitten und die Diözese Lugano die Aufgaben. Die Weltkirche zählt in der Schweiz etwa 3,1 Millionen Mitglieder, 38,6 Prozent der Gesamtbevölkerung. Auch hier hat man mit Kirchenaustritten und Priestermangel zu kämpfen. Die gesellschaftliche Verankerung nimmt ab, der Funktionsverlust der Institution Kirche ist spürbar. Der Anteil der Konfessionsfreien liegt bei 23,9 Prozent der Gesamtbevölkerung.

Die Einnahmen der Weltkirche stammen zu 90 Prozent aus Kirchensteuern natürlicher und juristischer Personen. Dabei variieren die der Kirchensteuern stark, von 37 Franken pro Kopf und Jahr im Kanton Genf – dort sind die Kirchenbeiträge freiwillig – bis zu über 600 Franken in Zug. Kirchgemeinden und teilweise Kantonalkirchen fordern die Steuern ein. Über den Steuerfluss und das Budget entscheiden die Kirchenmitglieder in den Kirchengemeinden. Bischöfe und Diözesen haben keinen direkten Zugriff auf die Kirchenfinanzen. Eine zentrale kirchliche Stelle, die die Finanz-Angaben von Kantonen und Gemeinden sammelt und auswertet, gibt es nicht. Die Weltkirche in der Schweiz ist reich, die Mittel sind jedoch innerhalb der Diözesen sehr ungleich verteilt.

Bistümer	6 sowie Kloster Einsiedeln u. St.-Maurice
Mitglieder	2,576 Mio.
Bevölkerungsanteil	37,3 %
Pfarreien	1 599
Priester	2 480
Diakone	250
Ordensmänner	1 343
Ordensfrauen	4 677
Kirchenaustritte	40 000
Gesamteinnahmen	950 Mio. CHF
Kirchensteuer	845 Mio. CHF
Öffentliche Zuschüsse	110 Mio. CHF

Weltkirche in der Schweiz, Zentrale Schweizer Bischofskonferenz

Die Bilanzen oder Geschäftsberichte der Bistümer werden nicht veröffentlicht. Entscheidender als Mitgliederzahlen und Finanzkraft ist auch für die Kirche in der Schweiz, ob sie wieder Leuchtkraft gewinnt.

Brasilien – Weltkirche und pfingstkirchliche Bewegungen

Brasilien, die katholische Hochburg des südamerikanischen Kontinents, eine Gesellschaft zwischen Armut und Reichtum, Favela-Hütten und Wolkenkratzern – wie geschaffen für Religiosität – wird immer protestantischer. Die religiöse Landschaft im Land hat sich in den vergangenen 40 Jahren stark verändert. Der Bevölkerungsanteil der Weltkirche ist von 92 auf 65 Prozent gesunken, der Anteil der Protestanten von fünf auf 22 Prozent gestiegen. Waren 1991 erst sechs Prozent der Bevölkerung Mitglieder von Pfingstkirchen, sind es heute bereits 15 Prozent. Wie eine Studie des Washingtoner Pew Research Institute zeigt, verliert die Weltkirche überdurchschnittlich viele Mitglieder in der jüngeren Generation und in Großstädten. Die zahlreichen charismatischen Gruppen profitieren in Brasilien und anderen lateinamerikanischen Ländern von der personellen Schwäche und der geringen institutionellen Flexibilität katholischer Bistümer. Singend und predigend zeigen sie auf den Straßen missionarische Präsenz.

	1970	1980	1990	2000	2010
Weltkirche	91,8	89,0	83,3	73,9	65,0
Pfingstkirchen	k. A.	3,2	6,0	10,6	22,0

Erfolgreiche Missionsarbeit der Pfingstkirchen in Brasilien: Mitgliederentwicklung in Prozent der Bevölkerung im Vergleich, Quelle: Pew-Research-Center

Die Weltkirche sieht besonders das Wachstum pfingstkirchlicher Gruppen mit Besorgnis. Manche seien Sekten, die mit unlauteren Methoden arbeiteten, oder »mafiöse Glaubensunternehmen«, berichtet das Hilfswerk der Weltkirche Kirche in Not. Den gewaltigen Zulauf erklärt sich Bischof Joaquin Pertinez Fernandez aus Rio Branco mit der verbreiteten Wundergläubigkeit und dem Wunsch nach materiellem Reichtum. »Die Sekten versprechen den Menschen Wunder, Heilung und Wohlstand«, so Bischof Fernandez.

Dabei häuften die Leiter dieser Pfingstkirchen selbst durch Spenden ihrer Mitglieder große Summen für sich an. Und sie machen Kirche zum Geschäft. Pfingstkirchen werden wie eine Aktiengesellschaft auf Gewinnmaximierung getrimmt. Gläubige sind für sie nur zahlungskräftige Mitglieder – die aufstrebende Mittelschicht. Die Bedürftigen überlassen sie lieber der Weltkirche. Fürsorge ist für sie ein Minusgeschäft. Bei der Priesterweihe wird das lästige Zölibat über Bord geworfen, die Ausbildung zum Priester häufig auf drei Monate beschränkt. Ein paar Lieder sollen die frisch geweihten »pastores« ja schon singen können. Viel wichtiger ist für die Pfingstkirchen, dass die »pastores« Geld eintreiben können.

Immer wieder rechnen die »pastores« den Versammelten vor, wie viel jeder einzelne Gläubige zu geben hat, um auch Gottes Segen zu empfangen. Solange, bis es auch die Gläubigen in den letzten Reihen verstanden haben. Dann schwärmen uniformierte Frauen aus, um die geräumigen Briefumschläge der Gläubigen einzusammeln. Die Pfingstkirchen machen den Glauben zum Geschäft. Viele ihrer Kirchenoberen sind Millionäre, manche sogar Multimillionäre. Als reichster Bischof gilt Edir Macebo mit einem Vermögen von umgerechnet über 700 Millionen Euro.

Mit Marketingmethoden aus der Wirtschaft ködert sie (er seitdem) die Teenies. Gegen diese Entertainer im Dienst des Herrn ist die Weltkirche derzeit chancenlos. Ihr Abwärtstrend gilt mittlerweile für ganz Lateinamerika. Von Mexiko bis Argentinien sind die Katholiken auf dem Rückzug. In Guatemala und El Salvador wird schon bald die Hälfte der Bevölkerung Anhänger der Pfingstkirchen sein. Luz del Mundo ist eine der größten Pfingstgemeinden Lateinamerikas. Sie hat ihren Sitz in Venezuela, doch ihre Filialen erstrecken sich über ganz Amerika.

Vorbei sind die Zeiten, als die meisten lateinamerikanischen Pfingstkirchen von Bibelpredigern aus den USA gesteuert wurden. Heute kommen die Missionare aus Brasilien, Venezuela und Puerto Rico. In Lateinamerika, Afrika und Osteuropa strömen jede Woche Zehntausende zu ihren Gottesdiensten. Auch in Deutschland haben die Pfingstkirchen Fuß gefasst. »Doch hier gibt es noch keinen Markt,« erklärt Andreas Kamischke, Sektenbeauftragter des Erzbistums Berlin. Noch nicht!

Denn die Pfingstkirchen sind erfinderisch. Sie versprechen neuerdings auch schon den Himmel auf Erden. Wer auf sie hört, bleibt gesund und wird reich – so ist ihre Botschaft. Beispielsweise von der Predigerin und Teleevangelistin Paula White, der persönlichen Seelsorgerin des amerikanischen Präsidenten Donald Trump. Sie betreibt nicht nur eine Kirche in Florida, sie verkündet vor allem über das Medium Fernsehen die frohe Botschaft.

Im Fall von Paula White ist es eine besonders frohe Botschaft: Sie ist Anhängerin der »Wohlstandstheologie«, die von fast allen christlichen Konfessionen entschieden abgelehnt wird. Diese Glaubenslehre verspricht nicht nur himmlischen, sondern auch irdischen Lohn. Erfolg, Karriere, Gesundheit, Ansehen, Geld – all das sind in der Logik der »Wohlstandstheologie« ganz unmittelbar die Ergebnisse eines gläubigen Lebens, kräftigen Gottvertrauens und vieler Gebete.

Diese Versprechen sind nichts anderes als das religiöse Unterfutter des amerikanischen Traums.

»Diese Glaubensrichtung stellt Amerikas ›Selfmademan‹ nicht nur die maßgeschneiderte Religion zur Verfügung, sie gibt auch den ökonomischen Institutionen ihren Segen«, sagt die US-Theologin Kate Bowler.

In pfingstlich geprägten Freikirchen wie der von Paula White, gibt es keine moralische oder dogmatische Autorität, die über der Pastorin oder den pastores selbst steht oder ihre Lehre oder Arbeit kontrollieren würde. Humbug zu predigen, ist schließlich kein Strafbestand und an der Freiwilligkeit der ihr zufließenden Spenden gibt es keine Zweifel. Tausende kommen Woche für Woche in Paula Whites Kirche, auf Twitter folgen ihren stündlichen Botschaften eine halbe Million Menschen. Paula White erscheint ihren Anhängern wie das lebende Beispiel für ihre eigene These: Sie sieht mit 50 Jahren blendend aus, sie hat ein Dutzend Bestseller geschrieben und ist Multimillionärin.

Präsident Trump sympathisiert seit langem mit der »Wohlstandstheologie«. In seinem Fall, sagt er, habe Gott ihn mit dem »Geist eines Geschäftsmannes gesegnet«. Nicht überraschend also, dass er Milliardär wurde.

Sein Reichtum und sein Erfolg werden von den Wohlstandsevangelisten als Ausweis göttlicher Gnade angesehen. Sein Reichtum ist nur das Erfolgsstadium auf einem Weg, den alle Gläubigen selbst beschreiten können. Diese Sichtweise verharrt nicht im Arm-Reich-Schema, sie teilt die Welt eher in Millionäre und Noch-nicht Millionäre.

Auch ist für sie die Staatsgründung Israel sein erstes Zeichen für die Erfüllung eines göttlichen Versprechens an Abraham, ihm und seinen Abkömmlingen das ganze Land Kanaan in Besitz zu geben. Evangelikale, die dieser Deutung folgen, sind damit verpflichtet, Israel zu segnen. »Und in den USA bedeutet Israel segnen, seinen Anspruch auch auf das ganze Jerusalem anzuerkennen«, sagt der evangelikale Theologe David Burge in der Zeitschrift »Atlantic Monthley«. Wer für Israel betet, wird reich, lautet die Botschaft.

Pfingstkirchen gelten als Aufsteiger-Kirchen. Sie vertrösten die Gläubigen nicht wie die Weltkirche auf das Jenseits, sie predigen Wohlstand hier und jetzt. Und im Kampf gegen Alkohol und Drogen bieten sie konkrete Lebenshilfe. Kein Wunder, dass die Pfingstkirchen auf dem Vormarsch sind. Lag ihr Anteil an der weltweiten Verteilung der Religionen im Jahr 1900 bei nur 0,06 Prozent, wird sich dieser nach Berechnungen des Pew Research Institutes bis 2025 auf weltweit 10,37 Prozent erhöhen.

Doch in Europa und in anderen Teilen der Welt wartet noch viel Arbeit auf die Pfingstkirchen, Dämonen gibt es schließlich überall.

Besondere Orte des Glaubens in der Weltkirche

Im Heiligen Jahr 2016 sollten Katholiken vor allem nach Rom / Italien pilgern. Rund 18 Millionen kamen zum vermuteten Grab des Apostels Petrus, des ersten Bischofs von Rom. Doch die über

40 Millionen Wallfahrer zog es rund um den Globus auch in andere für die Weltkirche wichtige Orte:

- **Lourdes / Frankreich – 6 Millionen:** Die 14-jährige Bernadette Soubirous entdeckte 1858 während einer Marienerscheinung eine Quelle, der Heilkräfte zugeschrieben werden.

- **Fátima / Portugal – 6 Millionen:** 1917 soll Maria drei Hirtenkindern erschienen sein. Deren Visionen werden als die drei Geheimnisse von Fátima überliefert. Zwei der Kinder wurden im Mai 2017 durch Papst Franziskus als erste Kinder in den Kreis der Heiligen aufgenommen.

- **Tschenstochau / Polen – 5 Millionen:** Im Pauliner-Kloster auf dem Jasna Góra befindet sich die Schwarze Madonna. Sie soll vom Evangelisten Lukas auf dem Brett des Tisches gemalt worden sein, an dem die Heilige Familie betete und speiste. Wer nach Jasna Góra pilgert, dem präsentiert sich nicht nur ein beliebter Wallfahrtsort. Jasna Góra ist auch so etwas wie ein professionell geführtes und weitverzweigtes Unternehmen im Besitz der Kirche – mit Immobilien und Geschäften, mit Restaurants und einer Radiostation. Und die Priester führen die Pilger in kircheneigene Geschäfte, um dort für teures Geld häufig in China produzierte Devotionalien an den Mann oder die Frau zu bringen. Und während die freien Devotionalienhändler jeden Zloty, den sie einnehmen, dem Finanzamt melden müssen, müssen die kircheneigenen Geschäfte keine Steuern zahlen.

- **Santiago de Compostela / Spanien – 3 Millionen:** Viele Gläubige pilgern über den Jakobsweg in die spanische Stadt zum Grab des heiligen Apostels Jakobus.

- **Altötting / Deutschland – 1 Million:** 1489 fiel ein Junge in den Mörnbach und ertrank beinahe, überlebte aber nach Gebeten seiner Mutter in einer der Muttergottes geweihten Kapelle.

- **Jerusalem / Israel – 500 000:** Christliche Wallfahrer pilgern den Kreuzweg bis zur Grabeskirche, die sich an der Stelle der Kreuzigung und des Grabes Jesu befinden soll. Die Grabeskirche ist der heiligste Ort der Christen.

- **Kibebo / Ruanda – 30 000:** Am einzigen anerkannten Wallfahrtsort auf dem afrikanischen Kontinent, Lourdes von Rouanda genannt, soll die Jungfrau Maria drei Mädchen erschienen sein.

- **Guadelupe / Mexiko – 20 Millionen:** Am Stadtrand von Mexiko-Stadt soll die Muttergottes einem Indio erschienen sein.

- **Aparecida / Brasilien – 8 Millionen:** 1717 soll die Jungfrau Maria drei Fischern erschienen sein. Sie fanden eine Marienstatue, die heute in der Basilika steht.

Doch in welchen Wallfahrtsorten auch immer – es geht dort nicht nur um den Glauben, sondern auch immer um das Geschäft. Mit jedem Souvenir, jedem Holzkreuz und Metallanhänger, mit jeder Kerze verkaufen die Andenkenhändler auch eine Hoffnung: Greif zu, packe dein Glück, vertraue auf Gott! Milliardenumsätze für die Weltkirche. Wer Wunder sehen will, wird sie sehen.

> *»Gott ist das einzige Wesen, das,*
> *um zu herrschen,*
> *nicht selbst existieren braucht.«*
> Charles Baudelaire, frz. Schriftsteller, 1821–1867

GOTT UND MACHT – STAAT UND KIRCHE

Das Verhältnis von Kirche und Staat, von Religion und Politik prägt die Geschichte des Menschen. Es ist eine konfliktreiche Beziehung, die weit zurück reicht, bis in biblische Zeiten. Sie wirft Themen auf, die irdisches und jenseitiges Heil verquicken mit Machtansprüchen von Päpsten und Herrschern. Doch die Welt im Diesseits ist das eine, das Reich Gottes das andere.

Im jahrhundertelangen Ringen zwischen göttlich unterlegenem Machtanspruch und laizistisch-säkularem Staatsverständnis haben sich die Rivalen in den westlichen Gesellschaften auseinandergelebt. In unseren freiheitlich-demokratischen Rechtsstaaten ist es nicht mehr Sache der Weltkirche und ihrer Institutionen, auch die weltlich-politischen Belange der Gesellschaft vorzugeben und zu regulieren. Mit diesem Prozess der Befreiung von den Dogmen und Satzungen der Weltkirche waren blutige Kriege um Rechtgläubigkeit und heftige emanzipatorische Kämpfe verbunden. Der einzigartige europäische Sonderweg verlief über viele Stationen: Vom Investiturstreit zwischen Kaiser und Papst über die Renaissance, die Reformation Luthers, die Glaubenskriege, die Aufklärung und schließlich die großen Revolutionen des 18. Jahrhunderts, deren politische und gesellschaftliche Nachbeben auch heute noch nicht verhallt sind.

Dennoch ist das sogenannte aufgeklärte Denken in der westlichen Hemisphäre heute gängige Norm. Die Freiheiten von Handel und Gewerbe, jene der Meinungsäußerung und des Lebensstils, der Parteinahme in der Politik und des künstlerischen Ausdrucks werden nicht mehr durch Dogmen der Weltkirche niedergedrückt. Der moderne und säkulare Verfassungsstaat ist gegenüber Letztbegründungen durch das Religiöse neutral. Staatliche Herrschaft bezieht ihre Legitimation nicht mehr aus dem Segen des Papstes.

Das darf nicht darüber hinwegtäuschen, dass dieses Modell und seine Realitäten keineswegs selbstverständlich sind. Der islamische Fundamentalismus beispielsweise führt uns aktuell drastisch vor Augen, dass die Trennung von Kirche und Staat, wie wir sie kennen, einen privilegierten Status darstellt. Vielleicht sogar einen in unserer Welt historisch einmaligen Sonderfall. Die unübersehbare Rückkehr politischer Theologie mitsamt der Militanz ihrer Gläubigen bis hin zum religiös motivierten Terrorismus zeigt, dass das

Konzept einer aufgeklärt-freien Gesellschaftsordnung vielerorts entschieden verworfen wird.

Wenn Migranten sich in unseren staatlichen Ordnungen nicht zurechtfinden, sich unserem scheinbar gottlosen Selbstverständnis verweigern, es anfeinden und sich an tradierten angeblich göttlichen Normen orientieren, so erinnert das an den langen und schmerzvollen Weg, den unsere abendländische Zivilisation heute hinter sich hat. Ein Jahrtausend mit Kriegen und Kämpfen, deren es bedurfte, den christlichen Werten und freien Lebensformen zum Durchbruch zu verhelfen. Und dabei gleichzeitig das Regime der Weltkirche abzuschütteln.

> *»Das aktuelle ökonomische System*
> *ist an der Wurzel ungerecht.*
> *Es tötet, denn in ihm herrscht das Gesetz des Stärkeren.«*
> Papst Franziskus in seinem ersten apostolischen
> Lehrschreiben, November 2013

Papst Franziskus und die Wirtschaft

Immer wieder kritisiert Papst Franziskus unser Wirtschaftssystem, es sei »an der Wurzel ungerecht«. Ein System, das in den vergangenen Jahrzehnten immerhin Milliarden Menschen aus der Armut befreit und vielen Menschen großen Wohlstand gebracht hat. Nahrungsmittel, Wohnungen, Medikamente, Kommunikationsgeräte – all das wird fast überall auf Märkten geschaffen und in Ländern, in denen die Produktionsmittel in Privatbesitz sind und das Eigentum vom Staat garantiert wird. Die Ungerechtigkeit besteht für Franziskus darin, dass »das System an der Wurzel ungerecht ist und einen Teil der Menschen, die Armen, sich selbst überlässt«.

Der Papst zeigt wenig Verständnis für das, was in der Wirtschaft wirklich vorgeht und was sie ausmacht. Er zeichnet ein Bild der Wirtschaft, die von Kampf geprägt ist. »Heute spielt sich alles nach den Kriterien der Konkurrenzfähigkeit und nach dem Gesetz des Stärkeren ab, wo der Mächtigere den Schwächeren zunichtemacht.« Doch wenn sich Wirtschaft nach einem Gesetz abspielt, ist es das Gesetz des Besseren. Dabei ist evident, dass es wirtschaftliche Macht gibt. Und Wirtschaft ist ein evolutionärer Prozess, mit dem sich die Weltkirche schon immer schwer getan hat.

Franziskus nennt es ein »Gift«, wenn Arbeitsplätze abgeschafft werden, um die Ertragsfähigkeit zu steigern. Doch das, was einzelne Arbeitsplätze immer wieder bedroht, ist der Anstieg der Produktivität. Das Bemühen, mit weniger Mitteln mehr zu erreichen. Ein Unternehmen, das besser wird, seinen Absatz aber nicht steigern kann, braucht weniger Mitarbeiter. In den reichen Ländern kam der Reichtum nicht zuletzt dadurch zustande, dass viele Millionen Arbeitsplätze in der Landwirtschaft abgeschafft wurden.

»Die Ungleichverteilung der Einkünfte ist die Wurzel des sozialen Übels«, dekretiert der Papst. Ist die gerechte Welt für ihn also die, in der jeder das Gleiche hat? Unabhängig von der Lebensweise, der Leistung, der Qualifikation, dem Nutzen für andere und die Gesellschaft? Und was soll der Maßstab sein? Die Meinung einer Kommission, die der jeweiligen politischen Mehrheit, oder die der Weltkirche? Plausibler ist, dass die Ungleichverteilung von Einkommen ein Antriebsmotor des wirtschaftlichen Fortschritts und der Zivilisation ist, dass dieser Prozess nicht gleichmäßig vonstattengeht. Was nicht ausschließt, dass Gesellschaften mit weniger großen Einkommensunterschieden friedlicher sind. Ohne Ungleichheit müssten wir auf Fortschritt und Wohlstand verzichten.

Franziskus wendet sich gegen eine »Vergötterung des Geldes« und gegen einen »vergötterten Markt«. Verständlich, denn bei einem Kirchenoberhaupt darf es neben seinem Gott keine anderen Götter geben. »Geld müsse dienen, statt zu regieren«, sagt er und mahnt die Menschen zur »uneigennützigen Solidarität«. Das ist christlich, aber nicht realistisch. Tatsächlich regiert das Prinzip der Reziprozität: Ich gebe, damit du gibst, damit ich gebe. Menschen helfen einander, weil sie wissen, dass sie auf Hilfe angewiesen sind. Als Problem erweist sich dabei in arbeitsteiligen Großgesellschaften, in denen Fremde zusammenarbeiten müssen, das Misstrauen. Woher weiß ich, dass es der andere ehrlich meint? Auch um dieses Hindernis zu überwinden, entstand das Geld. Es ersetzt Vertrauen und macht Menschen kooperativ.

Ein zentrales Thema von Franziskus ist die Armut. »Der ganze Weg unserer Erlösung ist von den Armen geprägt«, sagt er. Franziskus prangert die Gleichgültigkeit an. Wir im Norden verlören die Ruhe nur noch, »wenn der Markt etwas anbietet, was wir noch nicht gekauft haben«, während uns das »Drama der anderen in keiner Weise erschüttere«. Tatsächlich aber gibt es ein weltweites Bemühen, die Armut zu bekämpfen. Aktuell leben auf der Erde 1,2 Milliarden Menschen in extremer Armut. Das ist schlimm. Das sind aber 700 Millionen weniger als vor 30 Jahren. Eingedämmt wurde die Armut vor allem in China, Indien und Brasilien. Diese Länder stehen beispielhaft dafür, wie Armut zurückgeht, wenn die Koordination der Wirtschaft über Märkte läuft.

Die armen Länder auf den Lebensstandard der Industriestaaten zu bringen, hält Franziskus »für verfehlt, für unvereinbar mit dem Schutz unseres Planeten.« Noch sind die armen Länder selbst vom untersten Konsumniveau der Industrieländer weit entfernt. Und würden sie die Gelegenheit des ökonomischen Aufstiegs erhalten, wer hätte das Recht, ihnen das Streben nach Mehr zu verwehren? Auch die vom Papst geäußerte Vorstellung, dass »sich Wachstum einfach umverteilen« ließe – er spricht von einer »gewissen Rezession in einigen Teilen der Welt«, damit in anderen »ein gesunder Aufschwung stattfinden kann« –, verwundert viele Ökonomen.

Für Papst Franziskus ist die Wirtschaft etwas Statisches, er nennt das griechische Wort »oikonomia« und spricht von der »angemessenen Verwaltung des gemeinsamen Hauses«. Dabei blendet er aus, dass wir auf der Erde eine historisch beispiellose Menschenvermehrung erleben, vor allem in den unterentwickelten Ländern. Heute sind es fast 7,2 Milliarden, fast dreimal so viel wie 1950. Tendenz steigend. Dieses Bevölkerungswachstum muss wirtschaftlich bewältigt werden:

Die Zahl der Menschen, die an Hunger und chronischer Unterernährung leiden, lag Ende 2015 bei 815 Millionen. Und die Zahl der Kinder, die wegen ungenügender Ernährung an Wachstums- und Entwicklungsstörungen leiden, liegt weltweit noch immer bei 155 Millionen. Das sind die Herausforderungen, denen sich auch die Weltkirche stellen muss. Franziskus erwähnt dies jedoch mit keinem Wort.

Eine Ursache der Überbevölkerung sind Geburten, die von den Eltern nicht gewollt sind. Und eines der größten Hindernisse dafür, dass Frauen, die keinen Kinderwunsch haben, Verhütungsmittel einsetzen, ist vielerorts die Weltkirche. Darüber spricht Papst Franziskus auch nicht. Wichtig ist ihm dagegen, die kirchliche »Verteidigung des Lebens der Ungeborenen« zu predigen.

Wenn Franziskus verkündet,»diese Wirtschaft tötet«, gegen die Reichen polemisiert und sich auf die Seite der Armen stellt, ist das allzu verständlich. Die Sorge der Weltkirche um die Armen hat eine lange Tradition. Doch wozu der Papst aufruft, hilft den Armen nicht, es verschlimmert sogar ihre Situation. Man muss seine Haltung gegenüber der Wirtschaft wohl mit seinen Erfahrungen in Argentinien verstehen. Dort prägte ihn die »Theologie des Volkes«, die argentinische Variante der »Befreiungstheologie«. Von da übernahm er die Auffassung, dass die Kirche auf der Seite der Armen zu stehen und solidarisch deren Rechte und Teilhabe in der Gesellschaft einzufordern habe.

Dort hält man den Liberalismus für eine Quelle von Klientelismus und Korruption, die den Staat heruntergewirtschaftet haben. Dort herrscht die Vorstellung, Armut sei eine Folge des Reichtums der Reichen, und die Reichen müssten deshalb ihren Reichtum mit den Armen teilen. Wohl eine Fehlanalyse, denn Kapitalismus und Marktwirtschaft sind die Quellen des Wohlstands. Sie töten nicht, wie sonntags von den Kanzeln zu hören ist, sie machen frei und schaffen Wohlstand.

Papst Franziskus ist für solche ökonomischen Analysen eigentlich gar nicht zuständig. Stattdessen bietet er mit seinen Verlautbarungen für viele eine willkommene Gelegenheit, die Marktwirtschaft mit Berufung auf ihn zu verteufeln. Doch ob der Papst tatsächlich eine Vorstellung hat, was freies Unternehmertum leisten kann, muss bezweifelt werden.

Die Weltkirche hatte in den zurückliegenden Jahrhunderten noch nie ein positives Verhältnis zum Unternehmertum. Sie ehrt den heiligen Martin, der seinen Mantel teilt und den Mangel verwaltet, aber nicht den Mantelfabrikanten. Papst Franziskus sieht durch seine argentinische Brille nicht, dass Gewinnstreben an sich gut ist und in einer freien und rechtlich geordneten Marktwirtschaft Wohlstand für alle schafft.

Dabei verachtete sein Namenspatron, der Bettelmönch Franziskus, zwar die Reichen und gründete im Mittelalter eine Armutsbewegung, doch gleichzeitig war er Patron der Kaufleute. Die Franziskanermönche haben Banken gegründet und Kredite an Bedürftige gegen Zinsen vergeben. Die Franziskanermönche waren in der Kirchengeschichte auch immer erfolgreiche Immobilienbesitzer und -verwalter. Schon in der antiken Weltkirche hieß es, »Reiche sind wichtig«. Denn »wenn es keinen Reichtum gibt, dann gibt es auch keine Almosen«. Doch während der Reichtum der Reichen in der Antike unglaublich groß war, waren alle anderen arm. Da kann man schon verstehen, dass die Weltkirche damals vor allem auf die richtige Verwendung des Reichtums durch Almosengeber bestand.

Papst Franziskus verdammt die »absolute Autonomie der Märkte« und preist »staatliche Eingriffe und Sozialprogramme«. Sein Heimatland Argentinien zeigt: Das ist eine Sackgasse. Kirchenleute und Sozialisten glauben dort auch heute noch, dass die dortige Armut eine Folge des Reichtums ist. Dabei vergessen sie, dass Armut über viele Jahrhunderte der natürliche Zustand der Menschheit war – und zum Teil heute noch ist.

Ein Blick zurück in die Geschichte zeigt, wie Reichtum und Massenwohlstand entstanden sind:

Der präzedenzlose Massenwohlstand des Westens kam durch den Kapitalismus zustande. Durch Marktwirtschaft, freies Unternehmertum, staatlich garantierte Rechtssicherheit und, vor allem, durch die Sicherung von Eigentumsrechten. Nur so konnten sich unternehmerisches Handeln und technologischer Fortschritt entfalten und Wohlstand schaffen. Hier gibt es scheinbar einen blinden Fleck in der katholischen Soziallehre.

Die neuere katholische Soziallehre ist auf die Idee fixiert, dass Privateigentum nicht die Lösung, sondern das Problem ist. »Auf privatem Eigentum«, lehrt sie, laste eine »soziale Hypothek«. So richtig das ist, so falsch ist jedoch die Schlussfolgerung daraus, dass der Staat deshalb das Recht habe, »Reichtum zwecks Umverteilung besonders kräftig zu besteuern«. Nach dieser »argentinischen« Logik erhält Privateigentum seine soziale und gemeinwohlfördernde Funktion erst dadurch, dass es besteuert und umverteilt wird. Nicht aber dadurch, dass es – wie in der kapitalistischen Wirtschaft – investiert und produktiv wird.

Die ökonomischen und moralischen Folgen dieses Irrtums sind verheerend. Wer ihn, wie Franziskus und seine kirchlichen Mitstreiter, verbreitet, trägt Mitverantwortung für die Folgen. Damit wird nicht nur die wohlstandsschaffende Dynamik der Marktwirtschaft gebremst. Es wird auch unterschlagen, dass Unternehmer durch das Investieren ihres Eigentums andere Menschen in Lohn und Brot bringen, dass ihr Eigentum so eine eminent soziale und gemeinwohlfördernde Verwendung findet. Treffen die Statistiken beispielsweise von Oxfam zu, so sind es weltweit 70 Millionen Personen – das vielzitierte reichste Prozent der Weltbevölkerung in puncto Vermögen –, dem die großen und mittleren Unternehmen der Welt gehören, die dem Großteil der restlichen 99 Prozent der Weltbevölkerung Arbeit, Einkommen und Konsum ermöglichen. Kein »Skandal sozialer Ungerechtigkeit«, sondern ein historisch beispielloses System der Wohlstandserzeugung. Und ein Prozess, der, je mehr er fortschreitet, nicht nur die Vermögensbildung breiterer Bevölkerungsschichten ermöglicht, sondern auch das Wohlstandsgefälle zwischen armen und reichen Ländern verringert.

Wenn der Staat hingegen – angeblich »im Dienst sozialer Gerechtigkeit« – mit zu hoher Besteuerung eingreift und damit konsumtive Ausgaben finanziert, macht er tendenziell das Gegenteil. Er erschwert die Wohlstandsmehrung, nährt aber gleichzeitig ein zunehmendes Anspruchsverhalten der Bürger, was zum schuldenfinanzierten Ausbau der Sozialsysteme führt. Vor den verheerenden Folgen der Schuldenlast kann der Staat nur noch durch geldpolitische Manipulationen – billiges Geld und Niedrigzinspolitik – geschützt werden. Was die Verschuldungsspirale der Sparer und nachfolgender Generationen weiter antreibt. Das aktuelle Schicksal Argentiniens sollte mahnendes Beispiel sein.

Der Schutz des Privateigentums und die dadurch ermöglichte wirtschaftliche Freiheit sind auf allen Entwicklungsstufen Voraussetzung des Wohlstands, gerade in unterentwickelten Ländern. »Die Armen sind«, so der peruanische Wirtschaftswissenschaftler Hernando de Soto, »nicht das Problem, sondern die Lösung. Vorausgesetzt, ihre Eigentumsrechte können wirksam geschützt und die Hürden überdimensionierter korrupter staatlicher Bürokratien abgebaut werden«. Dabei kommt der Schutz des Privateigentums den Ärmsten in zweifacher Hinsicht zugute:

- »Es ermöglicht ihnen, selbst auf nachhaltige Weise unternehmerisch und gewinnorientiert tätig zu sein, und

- das Erwirtschaftete an ihre Nachkommen weiterzugeben«.

»Sicherung von Eigentumsrechten bedeutet somit Überwindung der Subsistenzwirtschaft, welche die Armut perpetuiert. Zum anderen sind Rechtssicherheit und Schutz der Eigentumsrechte die Voraussetzung dafür, dass ausländische Investitionen kommen, die Technologietransfer, Integration in den Welthandel und rascheres Produktivitätswachstum fördern und damit Wohlstand für alle schaffen. Das sollte man den Ärmsten dieser Welt auch seitens der Weltkirche schon gönnen. Gerade aus christlicher Sicht wäre es angezeigt, für Kapitalismus und freie Märkte einzustehen«, so Martin Rhonheimer, Professor für Ethik an der Päpstlichen Universität Santa Croce in Rom. »Wer sie« – wie Franziskus und Mitglieder des Heiligen Stuhls – »verteufelt, schadet den Armen«. Bei so viel Fehlverständnis von Wirtschaft ist es nicht verwunderlich, dass sich Papst Franziskus des finanziellen Reichtums und der wirtschaftlichen Macht der Weltkirche überhaupt nicht bewusst ist. »Er weiß gar nicht, wie reich seine eigene Kirche ist«, stellt dazu der ehemalige Generalvikar der Erzdiözese Köln, Norbert Feldhoff, ernüchternd fest. Papst und Wirtschaft – Mitglieder der Weltkirche sind gut beraten, Franziskus in Wirtschaftsfragen nicht im blindem Glauben zu folgen!

Was das Kirchenrecht zum Kirchenvermögen sagt

Die Weltkirche hat das Recht, Vermögen zur Verwirklichung der ihr eigenen Zwecke zu erwerben, zu besitzen und zu verwalten. Als eigene Zwecke werden vor allem genannt: »Die geordnete Durchführung der Gottesdienste, die Sicherstellung des angemessenen Unterhalts des Klerus und anderer Kirchenbediensteter, die Ausübung der Werke des Apostolats und der Caritas, vor allem gegenüber den Armen.« Hier wird nicht von einer armen Kirche gesprochen, sondern von einer vermögenden Kirche. Das Vermögen darf aber nur zur Erfüllung kirchlicher Aufgaben eingesetzt werden.

Das Kirchenrecht hat moderne ausreichende Rahmenregelungen für den Erwerb und die Verwaltung des Kirchenvermögens. Es gibt ausreichende Kontrollorgane. Es gibt aber eine durchaus verständliche Kritik an der Unabhängigkeit dieser Gremien, denn die Mitglieder auf Diözesanebene werden vom Diözesanbischof berufen. Bei den vom Bischof Berufenen muss man fragen, ob sie überhaupt sachlich, kritisch und persönlich unabhängig die Vorgaben des Bischofs in finanziellen Fragen beraten oder gar ablehnen können. Natürlich dürfen sie das. Ob sie es aber tun, hängt von der Persönlichkeit eines jeden Einzelnen ab.

Bedenken muss man auch, dass die auf allen öffentlichen Ebenen tätigen gewählten Gremien aus sehr unterschiedlichen Gründen häufig nicht ihrer Verantwortung in Finanz- und Kontrollfragen gerecht werden. Das belegen in vielen Ländern die Berichte der Rechnungshöfe. Die Weltkirche sollte sich der versucherischen

Kräfte des Geldes immer bewusst sein. Sie sollte mit ihren Geld- und Vermögenswerten transparent und kontrolliert umgehen. Dazu gehört, die Kontrollen im Finanz- und Vermögensbereich besser und effizienter zu gestalten und an die Verantwortung und das Gewissen der handelnden Personen zu appellieren.

»Geld ist Macht. Sollte es jemand leugnen, müsste man prüfen, ob er wegen mangelnder Eignung und Heuchelei zu entlassen ist.«

Norbert Feldhoff, ehemaliger Generalvikar der Erzdiözese Köln

WIE STELLT SICH DIE VERMÖGENSFRAGE IN DER WELTKIRCHE?

Grundsätzlich dürfen die Kirchenhaushalte keinen Gewinn ausweisen. Bis auf wenige Ausnahmen werden die Haushalte daher in der Logik einer einfachen Einnahme- / Überschussrechnung geführt. Ganz so, wie es jeder kleine Selbständige auch tut. Was allerdings bei der Weltkirche verwunderlich ist, wenn man sich allein die Vermögenswerte und Zahl der Beschäftigten ansieht.

Wie viel die Weltkirche und ihre Institutionen aber sozusagen »in der Kasse« haben, wie »flüssig« sie sind, beschreibt jedoch nur den vordergründigen Aspekt der Frage nach dem Reichtum der Weltkirche und ihrer Institutionen. Im Kern zielt die Frage nach dem Vermögen darauf, wie viel die Weltkirche und ihre Institutionen besitzen: Auf welchem Eigentum sie sitzen und was ihnen nicht als laufende Einnahmen und Ausgaben so »durch die Finger rinnt«. Der »Besitz« der Weltkirche sollte dabei nicht mit dem sogenannten »Kirchengut« verwechselt werden, das aus Kirchen, alten Gebäuden und Kunstschätzen besteht. Die Kunstschätze der Weltkirche umfassen Tausende von Meisterwerken: Gemälde, Skulpturen, Wandteppiche, Handschriften, Landkarten etc. – ihren Wert kann man nicht in Geldbeträgen messen.

Besitz der Weltkirche bedeutet jenes Geld, das die Weltkirche, ihre Diözesen und Institutionen mit Geschäften verdienen. Er umschreibt die Profite, die die Weltkirche, ihre Diözesen und Institutionen mit allen Mitteln einzubringen und zu schützen entschlossen sind. Es ist jene geheimnisvolle Wirtschaftsmacht, die selbst fromme Römer »la bottega del Papa« nennen – den Laden des Papstes.

Es ist also die Frage nach dem Kapitalvermögen, dem Grund- und Immobilienbesitz, nach Aktien, Firmenbeteiligungen, Schenkungen etc. und allem, worüber die Weltkirche und ihre Institutionen als Besitz oder Eigentum verfügen können, was sie aber als Substanz behalten und nicht für ihre laufenden Haushalte verwenden. Es könnte also sein, dass die Weltkirche oder einzelne ihrer Institutionen im Sinne von Vermögen sehr reich, aber nicht »flüssig« sind, da ihre Vermögen festliegen und sie es nicht veräußern wollen oder können. Aufgrund der Datenlage wird im Folgenden nur das »Bruttovermögen« der Weltkirche und ihrer Institutionen erfasst und unter die Lupe genommen. Mögliche Verschuldungen, Abschreibungen etc. werden nicht berücksichtigt.

Vermögen hat aber auch eine politische und soziale Bedeutung. Welchen Einfluss die Weltkirche besitzt (Einflussvermögen), im Sinne von Machtausübung oder Potenz, um Entscheidungen oder Menschen zum eigenen Vorteil beeinflussen zu können. Auch wenn sich diese Untersuchung auf das wirtschaftliche Vermögen der Weltkirche und ihrer Institutionen bezieht, wird der politische Aspekt im Einzelfall eine Rolle spielen.

Betrachtet man das Gesamtunternehmen Weltkirche, so unterteilt sich das in unterschiedlichste Rechtsträger in verschiedenen nationalen Rechtsformen. Ob aber je nach Land eingetragener Verein, Aktiengesellschaft, GmbH, Genossenschaft, Kapitalanlagegesellschaft oder Stiftung, für unsere Untersuchung ist das ohne Bedeutung. Aus diesen unübersichtlichen Rechtsträgerschaften folgt jedoch nicht nur für den Vatikan, sondern auch für die jeweils nationalen Kirchenleitungen, dass noch nicht einmal sie selbst übersehen oder gar beziffern können, was innerhalb der

Weltkirche und ihrer regionalen (Erz)Diözesen im wirtschaftlichen Bereich so alles passiert und verwaltet wird. Denn fragt man Beteiligte, kann jeder einzelne Rechtsträger nur über seinen eigenen Bereich Auskunft geben, da national übergreifend alle Rechtsträger ihre finanziellen Informationen gegenüber jedem anderen Rechtsträger fest unter Verschluss halten. Wenn also beispielsweise die reichste deutsche Diözese, das Erzbistum München, ihr Vermögen bilanziell 2016 mit rund 6,1 Milliarden Euro ausweist, so sind darin die Vermögenswerte der einzelnen zum Bistum gehörenden 757 Pfarreien und deren Pfarrstiftungen noch gar nicht erfasst. Schenkungen von Grund und Immobilien gehören dazu.

Das sollte uns nachfolgend aber nicht irritieren, da wir die Weltkirche so betrachten, wie sie sich selbst auch sieht und inhaltlich darstellt: Als Gesamtheit aller ihrer mit ihnen verbundenen Einrichtungen, Werke und Organisationen. Immer mehr von ihnen veröffentlichen in den vergangenen Jahren Zahlen zur Finanz- und Vermögenslage. Wirtschaft im Bereich der Weltkirche bezieht sich auf Organisationen, deren wirtschaftliche Tätigkeit sich auf kirchliche Körperschaften oder Mitarbeiter begrenzt (Banken, Versicherungen) oder die sich im kirchlichen Eigentum befinden, ohne dass dies offenkundig ist (Siedlungsgesellschaften, Handelsunternehmen etc.). Zudem sind es die Wirtschaftsunternehmen, die weder mit Seelsorge noch mit Caritas etwas zu tun haben, sich aber entweder im kirchlichen Besitz oder Eigentum befinden oder im kirchlichen Umfeld agieren (Brauereien, Weingüter, Medien- und Touristikunternehmen). Dazu kommen das milliardenschwere Kapitalvermögen und der in einzelnen Ländern immense Grund- und Immobilienbesitz.

Die nachfolgenden Ausführungen geben einen Überblick, wie es mit den Finanzen und dem Vermögen der Weltkirche in ihrer Zentrale und in einzelnen Diözesen bestellt ist und in welchen Wirtschaftsbereichen die Weltkirche, ihre Werke und Organisationen aktiv sind.

Im Gegensatz zur »normalen« Wirtschaft, die stolz ihre Zahlen präsentiert und die sozialen Probleme, mit denen diese Erfolge häufig verbunden sind, verschweigt, ist es in der Weltkirche genau umgekehrt: Immer wird das Sorgende, Helfende, das Miteinander herausgestellt, die finanzielle Seite jedoch möglichst verborgen gehalten. Da ist es nur verständlich, wenn die nachfolgenden Ausführungen nicht immer ganz wertfrei sind.

> *»Mancher stellt sich reich und hat nichts,*
> *und mancher stellt sich arm und hat großes Gut.«*
>
> Die Bibel, Sprüche 13,7

Im Namen des Herrn und des Profits

Trotz aller Finanzskandale und fragwürdigen Finanztransaktionen vor allem in den vergangenen Jahrzehnten ist die Weltkirche heute eine solide wirtschaftliche Einheit. Sie ist fest in der Geschäfts- und Finanzwelt verwurzelt. Bei dem Versuch, den Konflikt zu lösen, »Gott zu geben, was Gottes ist, und dem Kaiser, was des Kaisers ist«, hat die Weltkirche ihren ureigenen Modus vivendi zwischen dem Heiligen und dem Weltlichen entwickelt. Dabei fällt dem Papst im Unternehmen Weltkirche heute die Rolle eines Aufsichtsratsvorsitzenden zu. Für Gläubige mag das schockierend sein. Doch die Weltkirche ist eine jahrhundertealte Institution, die es in Finanzfragen immer verstanden hat, im Einklang mit dem Geist der Zeit zu gehen.

Als älteste Körperschaft der Erde mit einer Erfahrung von über zwei Jahrtausenden denkt die Weltkirche nicht in Abschnitten von Jahren, sondern von Jahrhunderten. Auch glaubt sie nicht, dass ihr Besitz und der des päpstlichen Throns vergänglich, sondern ewig ist. Diese Haltung hat schon Napoleon verärgert. In einem Gespräch mit dem damaligen päpstlichen Staatssekretär Ercole Kardinal Consalvi machte er seine ganze Verärgerung deutlich: »Begreifen Sie, dass ich imstande bin, ihre Kirche zu zerstören«, rief der Korse erbittert. Worauf ihm Kardinal Consalvi lächelnd entgegnete: »Sire, nicht einmal wir Priester haben das in achtzehn Jahrhunderten zustande gebracht.« So verwurzelt wie die Weltkirche heute in der Finanz- und Wirtschaftswelt ist, so wird sie das wohl auch in Zukunft sein. Einnahmen und Ausgaben, Gewinne und Verluste gehören dazu.

Fest steht, die Weltkirche schwimmt nicht nur im Geld, sie gehört auch zu den größten Immobilienbesitzern der Welt. Über Jahrhunderte hat sie trotz Milliardenverluste durch Finanzskandale, Veruntreuung und Betrug ein stattliches Vermögen angehäuft. Dazu kommen nicht nur für den Vatikan in Italien, sondern auch für die Weltkirche in anderen Ländern wie etwa Deutschland milliardenschwere Privilegien und Steuerfreiheiten, Subventionen und Vergünstigungen. Häufig wird dort das Führungspersonal der Weltkirche sogar komplett vom Staat bezahlt.

Selbst im hochverschuldeten und von der EU subventionierten Griechenland werden die monatlichen Gehälter für die 10 300 Priester der griechisch orthodoxen Kirche noch immer komplett vom Staat übernommen. 200 Millionen Euro im Jahr. Von den staatlichen Sparvorschlägen, die Kirche möge doch bitte 50 Prozent der Gehaltssumme selbst zahlen, will das Oberhaupt Erzbischof Hieronymos nichts wissen. Dabei ist das Kirchenvermögen immens, die Kirche ist der größte Grundbesitzer des Landes (20 Prozent).

Und so wie die griechisch-orthodoxe Kirche in Griechenland größter Grundbesitzer ist, so nimmt die Weltkirche diese Stellung in der westlichen Welt ein.

Immer wieder kauft die Weltkirche über ihre Unternehmen, Organisationen und Stiftungen in Ländern wie Italien, Portugal, Spanien oder Österreich den Besitz verschuldeter Bauern auf.

Doch die Weltkirche ist nicht nur an Grundflächen und Immobilien reich, in vielen Ländern ist sie heute auch ein wichtiger Wirtschaftsfaktor. Weltweit arbeiten Millionen Menschen für den Herrn. Sie helfen der Kirche Immobilien zu verwalten, Wohnungen zu vermieten, Wälder zu bewirtschaften, Bier zu brauen, Wein

zu keltern, Reisen zu organisieren, Kredite zu vergeben, Bücher zu drucken, Filme zu produzieren, Kinder zu erziehen, Kranke zu pflegen und vieles mehr.
Mit im Geschäft die großen Klöster. Ob in Österreich die Stifte Admont und Kremsmünster, die Klöster Heiligenkreuz und Melk oder die Benediktinerinnenabtei Nonnberg, ob in der Schweiz die Klöster Einsiedeln, Engelberg und Rheinau, das Stift St. Gallen und die Benediktinnerabtei St. Gallenberg, ob in Deutschland die Klöster Andechs, Benediktbeuern und Ettal, die Abteien Maria Laach und Weltenburg oder die Benediktinerinnenabtei St. Hildegard im Rheingau – über 800 Jahre waren diese Klöster und Abteien nicht nur Europas Drehscheiben des religiösen und weltlichen Lebens. Als Eigentum von Königen, Adligen oder Bischöfen waren sie auch eng mit dem politischen Geschehen verknüpft.

- Als Großkonzerne in einer wirtschaftlich kaum entwickelten Umwelt versorgten sie ganze Regionen mit Nahrung und Gütern. Sie waren Konzentrationspunkte für Handel und Wirtschaft.

- Als Kultur- und Bildungszentren bewahrten und vermittelten sie das Wissen der Antike, trieben selbst Forschung und schufen Handschriften und Kunstwerke, die noch heute staunen lassen.

- Abteien, Stifte und Klöster, die heute zwar keinen politischen Einfluss wie in den Jahrhunderten zuvor haben, die aber im Schein des Herrn heute wieder erfolgreich wirtschaften.

»Klöster sind«, laut Anselm Bilgri, »lange die größten Wirtschaftsbetriebe gewesen, wie die heutigen Konzerne mit verschiedensten Aktivitäten unter einem Dach. Bilgri weiß, wovon er spricht, als Prior und Cellarer, also Wirtschaftsleiter, führte er erfolgreich das Kloster Andechs, das für sein Bier weltberühmt ist.

Die Weltkirche ist in vielen westlichen Ländern längst mehr als eine bloße Glaubensgemeinschaft, sie ist ein weltumspannendes Unternehmen. Allein in Deutschland sind in den rund 50 000 Unternehmen der Kirche mit einem konsolidierten Jahresumsatz von 125 Milliarden Euro über 1 Millionen Menschen beschäftigt. Die Weltkirche ist damit hierzulande nach dem Staat der zweitgrößte Arbeitgeber.

Wie in Deutschland, ist die Weltkirche auch in anderen Ländern eine nicht zu unterschätzende Wirtschaftsmacht, mit zigtausend Organen. Dennoch fehlen der Weltkirche die beiden wichtigsten Eigenschaften eines Konzerns: Die Gewinnerzielungsabsicht und die zentrale Steuerung. So gibt es beim Wirtschaften im Schein des Herrn wie im »normalen« Wirtschaftsleben auch Hochs und Tiefs – und so manches schwarze Schaf.

Doch wenn es um Unternehmens- und Organisations-Ethik geht, dann entgleitet der Weltkirche die Moral, die sie von ihren Mitgliedern fordert:

- Ihre Krankenhäuser verweigern vergewaltigten Frauen die »Pille danach«,

- Kindergartenmitarbeitern wird gekündigt, weil sie geschieden sind und mit neuen Männern zusammenleben,

- und wer als geschiedener Katholik keine Probleme mit seiner Kirche bekommen will, kann mithilfe einer sogenannten Ehenichtigkeitserklärung so tun, als hätte es die frühere Liebe nie gegeben.

II.
Wie sich die Weltkirche finanziert – Spenden, Steuern, Staatszuschüsse

»*Eine von materiellen Lasten und Privilegien befreite Kirche kann sich besser und auf wahrhaft christliche Weise der ganzen Welt zuwenden, wirklich weltoffen sein.*«
Papst Benedikt XVI. , Freiburger Rede, 25. 09. 2010

Wenn es also beim Wirtschaften im Schein des Herrn keine Gewinnerzielungsabsicht gibt, wie finanziert sich die Weltkirche dann? Die offiziell veröffentlichten Haushaltspläne enthalten zwar detaillierte Angaben über Ausgaben. Die Einnahmequellen werden dagegen sträflich vernachlässigt. Doch wo Kirche drauf steht, stecken in vielen Ländern Steuern oder Staatszuschüsse drin:

- Krankenhäuser heißen Sankt Marien, aber den Großteil der Kosten bringen in Deutschland die Krankenkassen auf.

- Kindergärten sind in katholischer Trägerschaft, der Staat fördert sie jedoch mit 3,9 Milliarden Euro im Jahr.

- Für das Bischöfliche Hilfswerk Misereor bringt die Weltkirche nur 5 Prozent (!) auf. Die restlichen 95 Prozent sind Spenden und Staatszuschüsse.

Kirche und Staat sind häufig finanziell eng verwoben. Neben direkten Finanzzuschüssen auch durch viele indirekte Zuwendungen und durch den Verzicht des Staates auf Einnahmen.

Die Art der Kirchenfinanzierung hängt in den einzelnen Ländern wesentlich vom Staat-Kirche-Verhältnis des jeweiligen Landes und dem Staatsverständnis seiner Verfassung ab:

- In Ländern mit einer strikten Trennung von Staat und Kirche (z. B. Frankreich, USA) und in Ländern, in denen sich die Kirche in einer Minderheitensituation befindet, finanziert die Kirche ihre Aufgaben durch Spenden und Kollekten.

- In Ländern, in denen trotz organisatorischer und institutioneller Trennung von Staat und Kirche eine vielfältige Kooperation zwischen beiden besteht, ist die Finanzierung kirchlicher Aufgaben durch ein Steuer- und Abgabensystem etabliert (z. B. Österreich, Italien, Spanien, Schweiz).

Insgesamt lässt sich ein Trend zugunsten einer Entflechtung des Staates von der Kirchenfinanzierung feststellen. Doch ehe die Weltkirche an ihre eigene Vermögensmasse geht, lässt sie sich lieber von anderen aushalten. Erst Papst Franziskus erkannte, dass »die Weltkirche nur mit erheblichem Imageschaden so fortfahren kann, während andere bezahlen.«

Beginnen wir unsere Erkundungsreise zu ausgewählten Ländern im Zentrum der Weltkirche, im Vatikan: Wenn es um Geld geht, ist der Vatikan bis heute verschwiegen. Auch ist der Vatikan ein haushaltspolitischer Exot:

Steuereinnahmen, die wichtigste Geldquelle vieler Staaten, hat er nicht. Der kleinste Staat der Welt kennt weder Einkommens- noch Mehrwert- oder Kirchensteuer. Haupteinnahmequellen sind laut Informationen aus dem Wirtschaftssekretariat Erträge aus Geldanlagen in nichtgenannter Höhe sowie aktuell eine Überweisung von 50 Millionen Euro der Vatikanbank IOR. Die Bistümer der Weltkirche steuerten im vergangenen Jahr 24 Millionen Euro bei. Größte Geldgeber sind traditionell deutsche und amerikanische Bistümer. Der Haushalt des Vatikanstaats profitiert vor allem von den Vatikanischen Museen mit 90 bis 100 Millionen Euro.

Weitere Einnahmequellen sind Spenden – auch der Peterspfennig (70–80 Mio. Euro), den viele Kirchenmitglieder voluntarisch entrichten –, Abgaben der nationalen Bischofskonferenzen, Teile der italienische Kirchensteuer, Verpachtungs- und Mieteinnahmen, religiöser Tourismus mit Wallfahrten, Briefmarken- und Münzenverkauf, Foto- und Filmrechteveräußerungen und Einnahmen aus Finanzgeschäften, u. a. die Gewinne der Vatikanbank, Einnahmen aus Sponsering, etwa für Drehgenehmigungen bei der Glaubenskongregation oder die TV-Übertragungen der Osterfeierlichkeiten. Dazu kommen die Erlöse aus dem Duty-Free-Shop im päpstlichen Bahnhof Città del Vaticano.

Wie lukrativ beispielsweise der Münzverkauf für den Vatikan sein kann, soll am Tod Johannes Pauls II. gezeigt werden: Der Vatikan ließ für die beiden Aprilwochen 2005 zwischen dem Tod und der Wahl Joseph Ratzingers zu Papst Benedikt XVI. neue Euro-Münzen prägen. Nicht nur eine Sondermünze, sondern einen ganzen Satz für die Sedisvakanz – den »leeren Stuhl«. Das Kalkül dahinter: Solche Münzen sind ausgesprochen selten, und sie lassen sich natürlich mit einem noch viel größeren Aufschlag verkaufen, als der Vatikan dies ohnehin mit seinen Sammlerstücken über ein weltweites Netzwerk von Münzhändlern tut.

Schon für einen gewöhnlichen Satz Sondermünzen im Nennwert von 3,88 Euro streicht die Weltkirche mehr als 30 Euro ein. Bei jährlich geprägten Münzen im Wert von rund 1 Million Euro ergibt das einen durchschnittlichen Reingewinn von über 26 Millionen Euro. Die Münzen aus der Zeit der Sedisvakanz dürften ein Vielfaches in die Kirchenkasse gespült haben. Jeder andere Staat der Eurozone gibt seine Münzen und Scheine zum Nennwert heraus, der Vatikan genießt das Privileg, an seinen Münzen kräftig zu verdienen.

Der Satz Sondermünzen zur Sedisvakanz stieß in Brüssel auf keine Gegenliebe. Das Ziel, eine hübsche Zusatzsumme einzustreichen, war zu offenkundig. Zum Jahreswechsel 2008 auf 2009 wurde für die Euroländer eine neue Regel eingeführt, die es den Ländern nur noch erlaubt, Euromünzen zum Nennwert herauszugeben. Das Abkommen lässt dem Vatikan aber das Privileg, seine Münzen gewinnbringend loszuschlagen. Der Kirchenstaat muss zwar 51 Prozent seiner von ihm geprägten Münzen zum Nennwert ausgeben. Er darf aber mit jährlich 2,3 Millionen Euro auch doppelt so viele Münzen prägen wie zuvor.

Das Reinvermögen des IOR belief sich Ende 2016 damit auf 636,6 Millionen Euro.

Wie groß das Gesamtvolumen der beiden vatikanischen Haushalte ist, teilt der Vatikan nicht mit. Das Budget des Heiligen Stuhls lag 2006 bei 228 Millionen Euro, das für den Vatikanstaat bei 150 Millionen Euro.

Papst Franziskus hatte wiederholt mehr Transparenz in wirtschaftlichen und finanziellen Belangen angekündigt. In den aktuellen Verlautbarungen aus dem Vatikan zum Wirtschaftsjahr 2016 spiegelt sich das nicht wieder.

In Italien, Norwegen, Spanien und Ungarn wird die Kirche direkt vom Staat finanziert. In Italien und Spanien können sich die Steuerzahler entscheiden, ob 0,8 Prozent (Italien) oder 0,5 Prozent (Spanien) der Lohn- bzw. Einkommensteuer kirchlichen oder anderen sozialen oder kulturellen Zwecken zufließen zu lassen. In beiden Ländern kommt so für die Weltkirche jeweils rund 1 Milliarde Euro jährlich zusammen. In Italien sind Beiträge zur Klerusbesoldung steuerlich absetzbar.

In Portugal sind Kirche und Staat seit 1911 strikt getrennt. Da der Weltkirche aber rund 20 Prozent der Landesfläche gehören, ist sie auf Staatshilfe auch gar nicht angewiesen. In Belgien deckt die Weltkirche ihren finanziellen Bedarf durch eine Mischung von staatlichen Leistungen und Spenden der Kirchenmitglieder. Die Verflechtung zwischen Kirche und Staat ist eng, obwohl ihr nur noch knapp 70 Prozent der Bevölkerung angehören. Die Gehälter des Klerus sowie erhebliche Zusatzleistungen werden aus öffentlichen Steuermitteln aufgebracht.

In Griechenland ist die Stellung der orthodoxen Staatskirche noch stärker. Trotz eines riesigen Grundbesitzes lässt der Klerus fast den gesamten Apparat vom Staat finanzieren. Dazu kommt eine völlige Steuerbefreiung.

In Frankreich finanziert sich die Kirche seit 1905 weitgehend selbst. Der Staat leistet für die vor diesem Zeitpunkt errichteten Kirchengebäude jedoch einen erheblichen Zuschuss. Ansonsten finanziert sich die Weltkirche durch eine freiwillige »Kult-Abgabe«, die etwa ein Prozent des Einkommens beträgt. Wegen der stark rückläufigen Zahl der Kirchenmitglieder sind die Einkünfte rückläufig, was sich auf die Pfarrergehälter auswirkt. Diese werden in den Diözesen je nach Spendeneingang jährlich neu festgesetzt. Die finanzielle Situation ist angespannt.

Eine Sonderregelung besteht in den drei Departements Oberrhein, Niederrhein und Mosel (Elsass- Lothringen), die 1905 zum Deutschen Reich gehörten. Dort finanziert der Staat die Gehälter des Klerus.

In den Niederlanden erhält die Weltkirche seit 1981 keine Staatsleistungen mehr. Damals leistete der Staat eine einmalige Ablösesumme von rund 115 Millionen Euro. Seither finanziert sich die Kirche, der 37 Prozent der Bevölkerung angehören, aus freiwilligen Beiträgen der Mitglieder, die zwischen ein und drei Prozent des Einkommens liegen. Kirchliche soziale Einrichtungen und Schulen fördert der niederländische Staat.

In Großbritannien gibt es zwei Staatskirchen: in Schottland die presbyterianische (reformierte), in England die anglikanische. Beide erhalten – ebenso wie die Weltkirche – keinerlei Staatsgelder. Sie besitzen aber viele Immobilien, Wertpapiere und andere Vermögenswerte, aus deren Erträgen nebst Einnahmen aus Gebühren und Kollekten sie ihren Aufwand problemlos bestreiten können. So gehören der Weltkirche auf der Insel rund 100 000 Hektar Land und eine hochwertige Immobilien in London.

In Skandinavien finanzieren sich die Kirchen teilweise selbst. Schweden hat eine Kirchensteuer in Höhe von 0,85 Prozent. Daneben kommen vom Staat Zuschüsse von jährlich rund 150 Millionen Euro. In Finnland beträgt die Kirchensteuer ein bis zwei Prozent des zu versteuernden Einkommens, wobei – wie in einigen Kantonen der Schweiz – auch Unternehmen kirchensteuerpflichtig sind. In Norwegen wird die Norwegische Kirche als Staatskirche durch die Staatskasse finanziert. Eine separate Kirchensteuer gibt es nicht.

Dänemark ist neben Deutschland der einzige EU-Staat, der eine Kirchensteuer eingeführt hat. Im Unterschied zu Deutschland kommt diese aber unmittelbar der örtlichen Kirche zugute – entspricht also eher dem deutschen Kirchengeld. Pfarrer werden vom Staat besoldet.

In Island wird von steuerpflichtigen Personen ein Gemeinde-Entgelt entrichtet, das von der Einkommensteuer abgezogen wird.

In Polen gibt es keine Kirchensteuer, die Weltkirche wird von Spenden und Beiträgen finanziert.

In Lettland, der Ukraine, in Weißrussland und der Slowakei hat die Weltkirche das Recht, ihren Finanzbedarf durch freiwillige Abgaben (Spenden) ihrer Mitglieder zu decken. Sie ist in diesen Ländern stark auf staatliche Zuwendungen, vor allem auch Steuererleichterungen, angewiesen. In Tschechien finanziert sich die Kirche durch Kollekten und Spenden.

In den USA und in Russland basiert die Kirchenfinanzierung auf Spenden und Kollekten. In den USA spricht sie zudem über breit angelegte Fundraising-Kampagnen Sponsoren an. Weitere Mittel kommen aus Erträgen ihres großen Vermögens, darunter rund eine Million Hektar Ackerland.

In Brasilien zahlen die Mitglieder der Weltkirche keine Kirchensteuer, sie spenden. Mitglieder der Pfingstkirchen zahlen etwa zehn Prozent ihres Einkommens freiwillig an die jeweilige Glaubensgemeinschaft.

In den Ländern Afrikas und Asiens finanziert sich die Weltkirche vorrangig durch Spenden und Mitgliedsbeiträge. Staatliche Hilfen sind dort eher die Ausnahme. Geld zu spenden, zu stiften oder zu schenken ist für Mitglieder der Weltkirche sicherlich angenehmer, als Steuern zu entrichten. Der Staat begünstigt solche Zuwendungen in der Regel steuerlich auch noch. Werfen wir einen Blick in den deutschsprachigen Raum.

In Österreich finanziert sich die Kirche durch ein Kirchenbeitragssystem (435 Mio. Euro p. a.). Für die Erhebung ist sie selbst zuständig. Von staatlicher Seite gibt es Zuschüsse (130 Mio. Euro p. a.), Entschädigungsleistungen (44 Mio. Euro p. a.) und Steuerprivilegien (125 Mio. Euro p. a.). Dazu kommen jährliche Miet- und Pachteinnahmen aus einem großen Grund- und Immobilienbesitz sowie Einnahmen aus Beteiligungen. Darüber hinaus erhalten Caritas Österreich und der Malteser Hospitaldienst Austria insgesamt Milliardenzuwendungen aus staatlichen Mitteln beziehungsweise den Sozialversicherungen.

In der Schweiz bilden Kirchensteuer (845 Mio. Schweizer Franken p. a.) und öffentliche Zuschüsse (110 Mio. Schweizer Franken p. a.) die größten Säulen der Kirchenfinanzierung. In den Kantonen Lausanne und einigen anderen werden beispielsweise die Pfarrergehälter aus der Kantonskasse gezahlt. Dazu kommen Erträge aus Vermögensbesitz und Beteiligungen sowie Spenden aus dem Mitgliederkreis.

Als älteste regelmäßige Einnahmequelle der Weltkirche auf deutschem Boden gilt der Kirchenzehnt, der durch ein Synodalgebot im Jahr 585 in eine Pflichtabgabe umgewandelt wurde. Durch ein Gesetz Karl des Großen von 779 im ganzen Reich auch staatlich geboten, erlangte er in den folgenden Jahrhunderten als Ertragszehnt von Acker-, Weinberg- und Baumfrucht sowie von Groß- und Kleinvieh eine erhebliche Rolle bei der Finanzierung kirchlicher Aufgaben. Im Mittelalter nahmen zudem die Päpste für sich das Recht der Besteuerung für kirchliche Zwecke in Anspruch. Im Zuge der Säkularisierung nach dem Reichsdeputationshauptschluss von 1803 ging der Kirche neben ihren Gütern auch das Zehntrecht verloren. Stattdessen kam Schritt für Schritt die Kirchensteuer. In Deutschland existiert seit Beginn des 19. Jahrhunderts ein System der Kirchensteuer. Im Gegenzug zur Enteignung der Kirchen verpflichteten sich die Landesfürsten, deren Finanzierung zu übernehmen. Seit der Reichsgründung 1871 orientiert sich die Kirchensteuer an staatliche Abgaben wie Einkommen- und Vermögenssteuer. Heute kommen Kapitalerträge, Renten und Pensionen hinzu. Mit Ausnahme von Bayern und Baden-Württemberg (acht Prozent) gilt ein einheitlicher Steuersatz von neun Prozent.

Auch wenn seitens der Weltkirche argumentiert wird, die »Steuer« sei eigentlich ein »Kirchenbeitrag«, definiert das Lexikon für Theologie und Kirche den Begriff eindeutig: »Die Kirchensteuer ist eine Zwangsabgabe an eine öffentlich-rechtliche Religionsgemeinschaft, die auf staatsgesetzlicher Grundlage in der Regel von der staatlichen Finanzverwaltung für Rechnung und im Namen dieser Religionsgemeinschaft erhoben wird und im Wege des Verwaltungszwanges hoheitlich beigetrieben werden kann.« Die Kirchensteuer wird vom Staat eingezogen, dafür erhält er als Verwaltungsentschädigung 2 bis 4,5 Prozent des Gesamtkirchensteueraufkommens. Trotz seit Jahren anhaltendem Mitgliederschwund nehmen die Kirchensteuereinnahmen dank guter Konjunktur Jahr für Jahr zu. Löhne und Gehälter steigen, und da die Kirchensteuer an die Lohn- und Einkommensteuer gebunden ist, steigen die Einnahmen aus ihr automatisch auch. Finanziell gesehen fallen die rund 200 000 Kirchenaustritte pro Jahr für die Weltkirche in Deutschland weniger ins Gewicht als das derzeit solide Wirtschaftswachstum. Von den insgesamt 11,46 Milliarden Euro im Jahr 2016 entfielen auf die Weltkirche 6,150 Milliarden Euro.

Doch mit der Kirchensteuer allein gibt sich die Weltkirche nicht zufrieden. Von glaubensverschiedenen Eheleuten wird darüber hinaus »von jenen Kirchenmitgliedern ein besonderes Kirchgeld erhoben, die sich zur Erlangung des Ehegattensplittings gem. § 26, 26 b EStG zur Einkommensteuer zusammen mit ihrem Ehegatten veranlagen lassen und selbst über kein oder ein geringes Einkommen als Ehegatte verfügen, der als allein- oder besserverdienender Ehepartner keiner steuerberechtigten bzw. steuererhebenden Kirche angehört, die Körperschaft des öffentlichen Rechts ist.« Das besondere Kirchgeld, das nicht den Diözesen, sondern den Kirchengemeinden zufließt, richtet sich nach dem Einkommen des Ehepartners und beträgt zwischen 96 Euro und 3 600 Euro im Jahr. Es entfällt nur, wenn das zu versteuernde Einkommen unter 30 000 Euro liegt. Die Erhebung des Kirchgeldes steht unter anhaltender Kritik und beschäftigt immer wieder die Gerichte. Kritisiert wird, dass »es sich im Ergebnis um eine Umgehung des staatskirchenrechtlichen Verbots der Belastung des nicht der Weltkirche angehörenden Ehegatten mit der Kirchensteuer des anderen handele, da nur dieser eine solche Steuer wirtschaftlich tragen könne«.

Und dann gibt es da noch das allgemeine Kirchgeld. Eine Steuer, die für Kirchenmitglieder über die normale Kirchensteuer hinaus zur Finanzierung der kirchlichen Arbeit erhoben wird. Das Kirchgeld wird jährlich erhoben und liegt zwischen 5 Euro und 120 Euro. Wer Kirchensteuer und Kirchgeld umgehen will, dem bleibt nur der Kirchenaustritt.

Insbesondere die Institution der Kirchenleitung, also die Amtsträger, sind zu 90 Prozent von der Kirchensteuer abhängig. Es verwundert daher nicht, dass gerade sie die Bedeutung und die Abhängigkeit der Weltkirche in Deutschland von der Kirchensteuer betonen.

Eine Abschaffung sowohl der Kirchensteuer als auch des Kirchgeldes ist derzeit nicht zu erwarten. Ob diese aber für die Weltkirche in Deutschland weiterhin Jahr für Jahr so sprudeln werden, wohl auch nicht: Die Kirchenaustritte gehen unvermindert weiter und der wirtschaftliche Boom wird irgendwann auch ein Ende haben.

Die Weltkirche wird in Deutschland nicht umhin kommen, sich in der Kunst des verantwortungsvollen Verarmens zu üben. Eine ihrer Zukunftsaufgaben wird sein: Weniger haben, weniger werden, ohne sich aufzugeben.

Darüber hinaus gibt es weitere finanzielle und naturale staatliche Zuwendungen für die Pfarrerbesoldung über Kirchenbaupflichten bis hin zur Lieferung von Holz, Kerzen, Messwein und Weihrauch. Darüber hinaus zahlen die Bundesländer die Gehälter der (Erz-)Bischöfe, Weihbischöfe, Dignitäre, Kanoniker, Domkapitulare, Oberkirchenräte, Dom-Mesner etc. Dazu kommen bei den (Erz-)Bischöfen die Stellung einer Wohnung und eines Dienstwagens der gehobenen Klasse samt Chauffeur.

Und es gibt staatliche Finanzhilfen vom Bund und/oder den Ländern für die Militärseelsorge, den Religionsunterricht, für die Sozial- und Jugendhilfe, die Erwachsenenbildung und die Denkmalpflege. Allein der Religionsunterricht kostet den Staat jährlich knapp zwei Milliarden Euro im Jahr, theologische Fakultäten und kirchliche Hochschulen weitere 510 Millionen Euro. So kostet beispielsweise die Ausbildung eines Priesters den Steuerzahler rund 4,1 Millionen Euro. Mit vier Milliarden Euro werden christliche Kindergärten finanziert. Der staatliche Anteil der Finanzierung liegt bei rund 75 Prozent, 15 Prozent sind Elternbeiträge, nur 10 Prozent trägt die Kirche bei.

Auch eine rein kirchliche Unternehmung wie das Bischöfliche Hilfswerk Misereor bekommt über 60 Prozent seines 165-Millionen Euro-Etats vom Entwicklungsministerium. Die Bundesländer zahlen zudem »Baulasten« für den Erhalt von Tausenden Kirchen und Pfarrhäusern.

Einzig die Bundesländer Bremen und Hamburg zahlen keine Staatsleistungen. In alter hanseatischer Tradition schließen sie keinerlei Staatskirchenverträge oder Konkordate ab. Dort setzt man sich fallbezogen zusammen und löst anstehende Fragen pragmatisch.

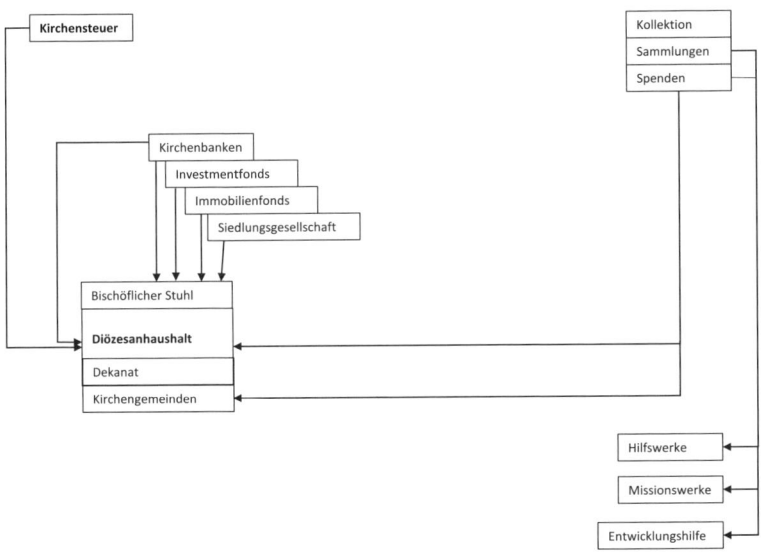

Abb. 6: **Kirchliche Rechtsträger / Einnahmen**, Quelle: Frerk, Carsten, Finanzen und Vermögen der Kirchen in Deutschland

Exakte Zahlen dazu liegen nicht vor, da es sich bei den Empfängern um tausende rechtlich selbstständige Vereine, Stiftungen, gemeinnützige GmbHs etc. handelt. Insgesamt belaufen sich diese staatlichen Zuwendungen auf jährlich ca. zehn Milliarden Euro. Die zweistelligen staatlichen Milliardenzuschüsse für die Caritas (rund 25 Milliarden Euro) sind darin noch gar nicht enthalten. Mehrheitlich handelt es sich dabei um Leistungsentgelte – beispielsweise aus der Pflegeversicherung -, teilweise gibt es aber auch pauschale staatliche Zuschüsse. In der Bevölkerung ist die weitreichende Refinanzierung (ca. 90 Prozent) des karitativen Engagements kaum bekannt.

Im Folgenden daher eine Übersicht der staatlichen Subventionen an die Kirchen (katholisch und evangelisch) in Milliarden Euro. Gut die Hälfte der nachfolgenden Zahlen entfallen davon auf die Weltkirche.

Verzicht auf Einnahmen		
	Steuerverluste durch steuerliche Absetzbarkeit der Kirchensteuer	3,89
	Steuerbefreiungen der Kirchen	2,30
Verzicht auf Einnahmen des Staates insgesamt ca.		**6,19 Milliarden Euro**
Direkte Subventionen (unvollständig)		
	Konfessioneller Religionsunterricht	3,50
	Ausbildung der kirchlichen Theologen an staatl. Universitäten und Unterhalt kirchlicher Fachhochschulen	0,65
	Ersparnis durch Einzug der Kirchensteuer durch Staat, Arbeitgeber, Banken	1,80
	Denkmalpflege	0,24
	Seelsorge bzw. Mission (Militär, Polizei, Gefängnis, Anstalten)	0,08
	Staatszuschüsse aufgrund von Konkordaten und Verträgen	0,83
	Zahlungen der ca. 15 000 Kommunen	4,00
	Ausgaben öffentlichen Rundfunkanstalten f. Kirchliche Sendungen	0,20
	Zuschüsse an kirchlichen Hilfs- u. Missionswerke	0,19
	Zuschüsse zur kirchlichen Kultur	0,02
	Sonstiges (z. B. Stiftungen, Kirchentage, Orden)	0,09
Direkte Subventionen insgesamt		**12,20 Milliarden Euro**

Staatsleistungen 2017, Quellen: Carsten Frerk, Carsten, Finanzen u. Vermögen der Kirche in Deutschland / Violettbuch Kirchenfinanzen; Rampp, Gerhard Bund für Geistesfreiheit, Bundesfinanzministerium

Nicht zu vergessen sind zusätzliche steuerlichen Privilegien der Kirche.

- So zahlen kirchliche Einrichtungen beispielsweise keine Steuern auf Zinserträge und Immobilien. (Während die Weltkirche allein aus der vom Staat eingezogenen Kapitalertragsteuer von rund 750 Millionen Euro über 350 Millionen Euro erhält, zahlt sie selbst keine Kapitalertragsteuern auf ihre Vermögensgewinne. Und als ob nicht schon genug an Steuern und staatlichen Leistungen genug wäre, versucht man in der Kirche – wie bei internationalen Großkonzernen – beim Immobilienkauf über den Umweg Ausland in der Heimat auch noch Steuern zu sparen.)

- So hatte beispielsweise das Erzbistum Köln in den 1990er-Jahren für 40 Millionen Euro gegenüber dem Kölner Dom eine Immobilie erworben. – das Dom-Forum. Der Deal wurde über das Ausland abgewickelt, um hierzulande der Grundsteuer zu entgehen. Dazu wurde statt der Immobilie gleich die ganze (Briefkasten-)Firma übernommen. Zwei Millionen Steuerersparnis waren das Ergebnis.

- So sind für Baugenehmigungen oder den Notar keine Gebühren fällig. Das geht bei den immensen Immobiliengeschäften der Kirche in die Millionen.

- Die Kirche zahlt auch keine Einkommen- bzw. Körperschaftsteuer, keine Vermögenssteuer, keine Grundsteuer, keine Grunderwerbsteuer, keine Umsatzsteuer, keine Zinsabschlagsteuer, keinen Solidaritätszuschlag.

- Auch für die Erhebung der »Mitgliedsbeiträge« (Kirchensteuer) muss die Kirche keine eigenen Mitarbeiter beschäftigen, das übernehmen die Mitarbeiter der staatlichen Steuerbehörde, die Arbeitgeber und Banken.

- Dazu kommen Abzugsmöglichkeiten der Kirchensteuer und geleisteter Spendenzahlungen bei den Steuererklärungen.

Für die Weltkirche summiert sich das auf jährlich 8,5 bis 9 Milliarden Euro. Nimmt man die staatlichen Zuwendungen für die Caritas hinzu, fließen weitere ca. 25 Milliarden Euro. Damit summieren sich die Staatsleistungen auf rund 35 Milliarden Euro – Jahr für Jahr. Nicht zu vergessen die freiwilligen Finanz-Leistungen des Staates für Denkmalpflege, Bauzuschüsse oder den Katholikentag.

Hinzu kommen Einnahmen aus Mieten, Pachten, Finanzanlagen, Unternehmensbeteiligungen und Spendenaktionen. Die Finanzierung der Weltkirche in Deutschland ist das Ergebnis einer langen wechselvollen Geschichte, in der sich auch das Verhältnis von Staat und Kirche widerspiegelt. Bis etwa 1800 waren Bischöfe auch weltliche Fürsten mit allem, was dazu gehört. Durch die Enteignung kirchlicher Güter, die 1803 im Reichsdeputationshauptschluss festgelegt wurde, verlor (nicht nur) die Weltkirche einen großen Teil ihrer weltlichen Macht. Als Ausgleich für diese Enteignung vor über 210 Jahren erhält die Weltkirche bis heute sogenannte Staatsleistungen.

Hiervon ausgehend unterscheidet sich die Finanzierung der Kirche in Deutschland von anderen Ländern in folgenden Punkten: Es gibt eine institutionalisierte Kirchensteuer und darüber hinaus direkte Zuwendungen des Staates sowie indirekte Subventionen durch den Staat. Dabei bildet die Kirche keine einheitliche Körperschaft. Sie besteht vielmehr aus zahlreichen überörtlichen Diözesen, regionalen Kirchenbezirken und örtlichen Kirchengemeinden. Hinzu kommen Körperschaften des öffentlichen Rechts, Stiftungen und Vereine.

Je nach rechtlicher oder institutioneller Bezugnahme (theologisch, staatskirchenrechtlich oder arbeitsrechtlich) fällt die Zuordnung zum kirchlichen Bereich unterschiedlich aus. Eine einheitliche Darstellung und Offenlegung aller Finanzen und Finanzströme existiert somit nicht.

Jahr	2001	2005	2010	2011	2012	2013	2014	2015	2016
Ki-Steuer	4 500	4 107	4 942	4 918	5 198	5 460	5 691	6 096	6 150
Mitglieder	26,28	25,91	24,60	24,47	24,32	24,17	23,94	23,76	23,58

Kirchensteueraufkommen und Mitgliederzahl Weltkirche in Deutschland in Millionen Euro, Quelle: Bundesfinanzministerium

Wie die Weltkirche die erforderlichen finanziellen Mittel in Deutschland aufbringt und verwendet, obliegt ihr. Demnach steht es ihr offen, ihren Finanzbedarf durch die Veraltung eigenen Vermögens – etwa der Vergabe von Erbbaurechten – oder den Ertrag ihrer ortskirchlichen oder überörtlichen Stiftungen zu decken. Diese Gelder aus Vermögen, Vermietung, Verpachtung oder Wertpapierbesitz werden häufig in den veröffentlichten Haushalten aufgeführt. Sie umfassen etwa vier bis fünf Prozent des Haushaltsvolumens. Aber auch eine wirtschaftliche Tätigkeit ist erlaubt. Kircheneigene Betriebe, Beteiligungen an Unternehmen, an Versicherungen und Banken, Medienunternehmen und Verlagen tragen zur Aufbringung der Mittel bei.

Wichtigste Einnahmequelle und Fundament aller Finanzierung ist für die Weltkirche in Deutschland die Kirchensteuer. Weitere Einnahmen kommen aus Gemeindebeiträgen, Kirchgeld, Spenden und Kollekten. Auch Vermächtnisse oder Erbschaften erweitern das Kirchenvermögen. Dazu kommen leistungsbezogene Einnahmen für kirchliche oder allgemeingesellschaftliche Leistungen (12,3 Prozent). Weitere 7,3 Prozent der Gesamteinnahmen stammen aus dem kirchlichen Vermögen (Mieten, Pachten, Kapitalerträge, Betriebskostenerstattungen).

Und dann gibt es da noch die sogenannten Staatsleistungen – positive und negative. Bei den positiven handelt es sich um eine Art Pachtersatzleistungen, s. o. Ihr Anteil am Gesamthaushalt liegt bei knapp drei Prozent. Bei den negativen Staatsleistungen gewährt der Staat der Weltkirche Entlastung von staatlichen Abgabepflichten. Dazu zählen u. a. :

- die Befreiung von der Körperschaftsteuer, soweit es sich nicht um wirtschaftliche Betätigung handelt;

- die Erhebung von Vermögens- und Gewerbesteuer bei wirtschaftlichem Geschäftsbetrieb, ausgenommen land- und forstwirtschaftlicher Bereich. Hotels und Brauereien werden beispielsweise besteuert, Alten- und Pflegeheime nicht;

- die Befreiung von der Erbschafts- und Schenkungssteuer sowie von der Grundsteuer, soweit das Geld für Zwecke der religiösen Unterweisung, der Wissenschaft, des Unterrichts, der Erziehung oder für Zwecke der eigenen Verwaltung genutzt wird;

- die Erlaubnis zur Inanspruchnahme umsatzsteuerfreier Leistungen und Lieferungen (Kollekte etc.), ermäßigter Steuersatz für Umsätze der kirchlichen Zweckbetriebe, Steuerbefreiung für Umsätze im Wohlfahrtsbereich (Krankenhäuser etc.);

- die Steuervergünstigungen für Organisationen privaten Rechts der Kirche, wenn sie kirchlichen, gemeinnützigen oder mildtätigen Zwecken diesen.

Der Umfang dieser Steuersubventionen lässt sich nicht exakt ermitteln. Er summiert sich für die Weltkirche jedoch auf rund 300 bis 400 Millionen Euro jährlich. Dazu kommt der Fortfall von Steuereinnahmen durch Anrechnung der gezahlten Kirchensteuern im Zuge der Einkommensteuererklärungen bei den Kirchenmitgliedern. Nach Schätzungen des Bundesfinanzministeriums beläuft sich der für die Weltkirche auf jährlich 600 bis 750 Millionen Euro.

Nimmt man dann die Bankeinlagen und den Wertpapierbesitz von 30 bis 50 Milliarden Euro hinzu, ergibt das ein Gesamtvermögen der Weltkirche in Deutschland von 270 bis 300 Milliarden Euro. Die Immobilienwerte der großen Kirchengebäude wie etwa des

Kölner Doms oder des Freiburger Münsters sind in dieser Summe nicht erfasst.

Im globalen Vergleich ist Deutschland damit für die Weltkirche schon jetzt das Paradies auf Erden. Denn die Kirchensteuer deckt seit 1919 nicht nur weit über 90 Prozent des laufenden kirchlichen Finanzbedarfs, sie hat die Kirche hier auch zu einer der wohlhabendsten Religionsgemeinschaften weltweit gemacht. Kritiker fordern deshalb endlich eine konsequente Trennung von Staat und Kirche. Das gilt für Steuerfragen genauso wie für den Gesetzgebungsprozess. Hohe zweistellige Milliarden-Euro-Beträge fließen jedes Jahr durch die Hände der Weltkirche, sie ist eine wirtschaftliche Macht in Deutschland. In jedem Politikfeld, in dem die Kirche eine Rolle spielt, funktioniert der Staat so wie es die Weltkirche will.

Das liegt auch daran, dass die Kirche wie kein anderer Lobbyverband mit Wahlempfehlungen drohen kann. Ein Drohpotenzial, das den Staat devot macht. Selbst in den Ministerien funktioniert das kirchliche Lobbysystem. Dadurch soll beispielsweise im Bundesfinanzministerium ein Entwurf zur Bodensteuerreform seit Jahren auf Eis liegen.

> »*Eine Institution, die nicht mehr dient, sondern sich selber stark und fett macht, schadet am Ende allen. Wir brauchen mehr Transparenz, Aufsicht und Verantwortlichkeit.*«
> Kardinal Reinhard Marx, Erzbistum München u. Freising, 11. 09. 2013

KIRCHLICHES RECHNUNGSWESEN – GLÄSERNE TASCHEN FEHLANZEIGE

Eins vorweg: Die kirchlichen Körperschaften unterliegen in Deutschland aufgrund des verfassungsrechtlich gewährten Selbstbestimmungsrechts keiner gesetzlichen Rechnungslegungspflicht und keiner externen Aufsicht. Es gibt somit keinen staatlichen Anspruch auf kirchliche Transparenz in Finanzfragen. Rechnungslegungsinformationen werden in der Regel – wenn überhaupt – nur auszugsweise in Form von Pressemitteilungen und Veröffentlichungen der Planungs- und Jahresrechnungen in den kirchlichen Amtsblättern veröffentlicht. Umfang, Tiefe und Aufbereitung der Daten liegen im Ermessen der jeweiligen Körperschaft.

Den »Blick in die Bücher« gibt es in der Form also nicht. Das gilt für alle Ebenen der kirchlichen Hierarchie. So betonte der Vorsitzende der Deutschen Bischofskonferenz, Kardinal Reinhard Marx, dass es beispielsweise »keine deutschlandweite Immobilienverwaltung der Kirche« gebe. Das zeigt, dass die Bischofskonferenz nicht für die Weltkirche in Deutschland sprechen kann. Sie hat keinen Einblick in die Verwaltungsvorgänge und damit auch nicht in die Finanzen und Vermögensverhältnisse der einzelnen Diözesen. Der Grund dafür: Die römisch-katholische Kirche ist eine Bischofskirche. Die 27 deutschen Bistümer sind – wie überall auf der Welt – autark und nur dem Papst unterstellt.

Aber auch innerhalb der einzelnen Bistümer sind die Strukturen komplex, da sie über die Jahrhunderte gewachsen sind. Die Folge sind eine große Anzahl einzelner Rechtsträger. So ist beispielsweise der Essener Generalvikar Klaus Pfeffer nach eigenen Aussagen »nur für den Haushalt des Bistums, also des Generalvikariats und seiner Einrichtungen, verantwortlich. Das ist aber nicht die gesamte Kirche im Ruhrbistum«, sagt er. »Oft getrennt verwaltet wird beispielsweise der Bischöfliche Stuhl, dessen Vermögen direkt an das Bischofsamt geknüpft ist«.

Weil das – wie im Fall des ehemaligen Limburger Bischofs Franz-Peter Tebartz-van Elst – jedoch zu Konflikten führen kann, sind seit 2013 immer mehr deutsche Bistümer im Rahmen einer Transparenzoffensive dazu übergegangen, auch diesen Etat im Jahresabschlussbericht offenzulegen. Dabei schwankt das Vermögen der Bischöflichen Stühle stark. Während etwa das Bistum Essen für 2012 rund 2,2 Millionen Euro angab, waren es im Erzbistum Köln 166 Millionen Euro. Gemessen am Gesamtvermögen der Diözesen machen die Bischöflichen Stühle jedoch nur einen relativ kleinen Vermögensanteil aus.

Hinzu kommen viele weitere kirchliche Einrichtungen, die neben oder unterhalb der Bistumsebene agieren. Da ist beispielsweise die Caritas als eingetragener Verein mit ihren Alten-, Pflege- und Jugendheimen. Da gibt es katholische Krankenhäuser, Ordensgemeinschaften und die zahlreichen kirchlichen Stiftungen. Und zudem gibt es da auch noch die rund 11 000 Pfarreien, die allesamt eigenständige Körperschaften des öffentlichen Rechts sind. Sie verwalten sich, ihre Finanz- und Immobilienvermögen ebenfalls selbst. Das schließt die meisten Kirchengebäude mit ein. Einen Gesamtüberblick über die kirchliche Vermögensmasse in Deutschland gibt es also nicht.

Die gesetzlichen Vorgaben, die den Unternehmensbereich im Hinblick auf Kontrolle, Aufsicht und Transparenz regulieren, sind für den kirchlichen Bereich also nur in einem geringen Maße verpflichtend. Daher hat sich in der Kirche ein höchst heterogenes Bild der freiwilligen Berichterstattung herausgebildet. Gleichwohl gibt es auch im Bereich der Kirche – nicht zuletzt durch kirchenrechtliche Vorgaben – Schutzvorkehrungen und Grundregeln für die kirchliche Vermögensverwaltung. Hierzu gehören etwa Vorgaben zu den Aufsichtsfunktionen und zur Rechenschaftspflicht.

Die Kirchenpraxis zeigt aber, dass die bestehenden Aufsichtsorgane bislang keine ausreichende Kontrolle des kirchlichen Finanzhandelns ermöglicht haben. Mangelnde Transparenz, widersprüchliche Statuten und Ämteranhäufung haben so beispielsweise zum Versagen der Kontrolle kirchlicher Vermögens- und Finanzverwaltung im Bistum Limburg geführt. Eine zentrale Erklärung für das Kontrollversagen liegt in der institutionellen Verfasstheit der Bistümer im kirchlichen Gesamtkontext.

Entscheidendes Merkmal für die diözesane Vermögens- und Finanzverwaltung ist die Trennung zwischen dem Bistumshaushalt, der sich zu einem Großteil aus Kirchensteuermitteln speist und dem des (erz-)bischöflichen Stuhls, dem große Teile des Diözesanvermögens zugeordnet sind. Bis auf die Bistümer Magdeburg und Berlin macht bisher keine deutsche Diözese Zahlenangaben zum Bischöflichen Stuhl öffentlich. Auch eine begrenzte Veröffentlichung der Vermögenswerte, etwa ausschließlich für die Vertreter von Kirchengremien, wie dem Kirchensteuer- oder Diözesanrat, findet in der Regel nicht statt.

Wie der Wissenschaftliche Dienst des Deutschen Bundestags 2014 in einer Studie zum Thema Finanzen und Vermögen der Kirchen in Deutschland feststellt, gibt es dafür Gründe:

1. Erstens sind die Bistümer häufig nicht in der Lage, sich einen Überblick über ihre Finanzen zu verschaffen. Sie wissen nicht, wie hoch der Wert ihres Vermögens und ihrer Immobilien ist, wie viel Geld sie jährlich insgesamt ausgeben und wofür genau dieses ausgegeben wird. Mangelnde Transparenz und ein fehlender Überblick in finanziellen und wirtschaftlichen Fragen lassen sich in vielen deutschen Diözesen finden.

2. Ein zweiter Grund für die Differenz zwischen der wirklichen finanziellen Situation und der, die nach außen kommuniziert wird, liegt in einer falsch verstandenen Fürsorge. Intransparente Finanzstrukturen bieten in dieser Hinsicht eine Möglichkeit, die wirkliche Situation zu verschleiern. Sie schaffen damit die Versuchung, die Bistumsangehörigen vor den Realitäten zu bewahren. Bistumsleistungen sind konfliktscheu und lassen sich in die Rolle des wohlmeinenden Beschützers hineindrängen.

3. Drittens sind diese Intransparenz und die sich dadurch ergebenden Problemlagen nicht selten sogar gewollt. Schaffen sie doch einen Zustand, in dem relativ frei von Zwängen und allgemeinen Vorschriften nach persönlichen Beurteilungskriterien bei Bedarf Ressourcen oder Genehmigungen erteilt werden können. Aufgrund des geschlossenen Kreises an Leitungspersonen in den Pfarreien und im Bistum gibt es innerhalb einer Diözese einen großen Anreiz zur informellen Kommunikation ohne Kontrollimpulse von außen.

Während der Staatsaufbau in der Weisungsbefugnis von oben nach unten verläuft, ist innerhalb der Weltkirche jede Kirchengemeinde autonom. Die Kirchengemeinden nehmen zwar gerne das ihnen zufließende Geld aus Staatsleistungen, Steuern und Spenden an, in ihre Kirchengeschäfte reinreden lassen wollen sie sich aber nicht. Aus ihrer Sicht stellt sich das Finanzgeschehen nun mal in den jeweiligen Haushaltsplänen dar.

Sind diese im Prinzip öffentlich zugänglichen Haushaltspläne aber die »Finanzen« der jeweiligen Kirchengemeinde oder des jeweiligen Kirchenträgers? Im engeren Sinne ja, da sie die Einnahmen und Ausgaben des jeweiligen Rechtsträgers auflisten. Im weiteren Sinne nein, da alle anderen Sonderhaushalte nicht erfasst werden.

Hinzu kommt, dass von den kirchlichen Rechtsträgern unter »Vermögen« ausschließlich Kapitalvermögen verstanden wird. Alle anderen Vermögenswerte, wie Immobilien oder Grundbesitz, werden in den Haushaltsplänen nicht erfasst.

Kein Wunder also, dass die Funktionsweise der kirchlichen Finanz- und Vermögensverwaltung öffentlich diskutiert wird. Gefragt wird insbesondere, inwieweit im System Schwachstellen existieren, die ein systematisches Versagen erleichtern und die Rückfragen nach einer effizienteren Kontrolle hervorrufen. Damit verbunden ist die Forderung nach mehr Transparenz in der Darstellung der unterschiedlichen kirchlichen Vermögensträger und Vermögensmassen. Das wirft die Frage nach dem kirchlichen Rechnungswesen auf.

In den vergangenen Jahren wird in der Weltkirche das klassische kamerale System zunehmend ersetzt oder durch ein ressourcenorientiertes Rechnungswesen ergänzt. Diese Ansätze entsprechen hinsichtlich der finanziellen (externen) Rechnungslegung konzeptionell dem kaufmännischen Rechnungswesen mit Vermögens-, Ergebnis- und Finanzrechnung. Mit der Einführung der kaufmännischen Buchführung und der Veröffentlichung von Haushaltsplänen soll der Weg zu einer solideren und transparenteren Vermögensverwaltung beschritten werden. Dabei sollen Aufsichtsgremien für Offenheit und Transparenz hinsichtlich der tatsächlichen Finanzsituation sorgen. Dazu gehören auch eine klare Dokumentation, eine verständliche Kommunikation und nachvollziehbare Erläuterungen des wirtschaftlichen Handelns.

Doch nicht nur im Zahlenwerk der Weltkirche besteht Reformbedarf, auch wirtschaftlich. Denn der Reformdruck zeigt sich auch in der Haushaltsplanung, Haushaltsrechnung und Haushaltssteuerung. Mit der wachsenden Erkenntnis, dass auch in der Weltkirche ein ergebnisoffenes Rechnungswesen bei der Gestaltung der Arbeit hilfreich sein kann, ist die kirchliche Haushalts-, Rechnungslegungs- und Vermögensordnung deshalb novelliert worden.

Seit einigen Jahren gehen daher Diözesen – dem Beispiel der Kommunen folgend – immer stärker dazu über, das im Wirtschaftsleben gebräuchliche Rechnungssystem anzuwenden. Das System hat den Vorteil, mehr Transparenz zu schaffen, indem es beispielsweise ermöglicht, finanzielle Belastungen angemessen zu erfassen. Gleichzeitig liefert es auch eine Bewertung von Vermögensbeständen. Dabei können jedoch wegen der nur bedingt realisierbaren Vermögenspositionen nicht die in der Erwerbswirtschaft üblichen Bewertungsmaßstäbe für die Beurteilung der wirtschaftlichen Situation der Kirche herangezogen werden.

Doch allen Reformbewegungen zum Trotz wird der Privatfonds des Papstes aber wohl auch künftig ein Geheimnis bleiben. Über Herkunft und Umfang der darin lagernden Gelder lässt sich nur spekulieren. Es gibt weder Belege für deren Verwendung noch Hinweise auf ihren Ursprung und ihre Verbuchung. Über 100 Millionen Dollar waren es beispielsweise unter Papst Johannes Paul II. , die aus der päpstlichen Privatschatulle an die polnische Gewerkschaft Solidarność flossen, um den Streik zu finanzieren, der dann zur politischen Wende im Land führte. Dieser Betrag ist nie in den offiziellen Bilanzen des Heiligen Stuhls aufgetaucht.

»Wissen Sie, was das größte Problem der Kirche in Deutschland ist? Sie hat zu viel Geld.«

Ex-Papst Joseph Ratzinger, Rom, April 2013

Entschädigung bis in alle Ewigkeit

Napoleon Bonaparte ist schuld. Er eroberte Gebiete der deutschen Fürsten. Die hielten sich zum Ausgleich bei der Kirche schadlos. 1803 erklärten sie die kirchlichen Territorien für aufgelöst, zahlreiche Klöster wurden aufgehoben. Da die Bischöfe und Pfarrer aber nicht im Elend leben sollten, einigte man sich mit der Kirche auf Ausgleichszahlungen. Ein kompliziertes System von Staatsleistungen entstand, es besteht noch heute.

Seit Gründung der Bundesrepublik wurden den beiden großen Kirchen rund 20 Milliarden Euro überwiesen. Das Grundgesetz verlangt, damit aufzuhören. Doch bis heute haben sich die Abgeordneten des Bundestags dazu nicht durchringen können oder wollen. Denn Juristen gehen davon aus, dass den Kirchen dann hohe Einmalzahlungen zustünden. Das würde den Staatshaushalt schlagartig belasten. Ein Staat, der Ende 2017 mit 1,98 Billionen Euro bis über beide Ohren verschuldet ist, schiebt dies Problem lieber in die Zukunft.

Dabei waren die Staatsleistungen schon den Autoren der Weimarer Verfassung ein Dorn im Auge. In Artikel 138 stellten sie klar: »Die Staatsleistungen an die Religionsgesellschaften werden durch die Landesgesetzgebung abgelöst. Die Grundlage hierfür stellt das Reich auf.« Die Väter des Grundgesetzes nahmen die Forderung in Artikel 140 als »Bestandteil des Grundgesetzes« auf. Geholfen hat es nichts, der Gesetzgeber blieb bis heute untätig, der Auftrag der Verfassung bis heute unerledigt.

Den Kirchen ist der Stillstand nicht anzukreiden. »Wir sind durchaus gesprächsbereit«, erklären sowohl die Deutsche Bischofskonferenz als auch die Evangelische Kirche in Deutschland (EKD). Zwei Dinge aber sind für die beiden Kirchen klar:

- Erstens: »Da es sich um einen Verfassungsauftrag handelt, gehen wir davon aus, dass der Staat auf uns zukommt.«

- Zweitens: Umsonst gibt es nichts. Das deckt sich mit der Rechtsauffassung fast aller Juristen, die sich mit dem Thema befasst haben. Sie halten eine beträchtliche Einmalzahlung an die Kirchen für unumgänglich.

Manche sagen, der zehnfache Jahresbetrag sei angemessen. Andere schlagen das Zwanzigfache oder gar das Vierzigfache vor. Nur vereinzelt ist zu hören, dass die Rechte der Kirchen durch die bisherigen Zahlungen längst erloschen seien. Keine Silbe ist aber den Kirchen selbst zu entlocken, welche Summe sie sich vorstellen. Die Höhe einer möglichen konkreten Ablösesumme bleibt weiter strittig. Denn unklar ist, ob sich die Höhe der Ablösung auf vollen Wertersatz richtet oder lediglich eine angemessene Entschädigung geschuldet wird.

Dabei hatte doch Papst Benedikt im September 2011 bei seinem Besuch in Freiburg eigentlich die »Entweltlichung« der Kirche gelobt. »Die Geschichte kommt der Kirche in gewisser Weise durch die verschiedenen Epochen der Säkularisierung zu Hilfe«, sagte er. »Die Säkularisierung – sei es die Enteignung von Kirchengütern, sei es die Streichung von Privilegien oder Ähnliches – bedeuten nämlich jedes Mal eine tiefgreifende Entweltlichung der Kirche. Die von materiellen und politischen Lasten befreite Kirche kann sich besser und auf wahrhaft christliche Weise der ganzen Welt zuwenden.«

Nicht wenige halten die jährlichen Milliardenzahlungen für einen Skandal. Dabei muss man unterscheiden zwischen einerseits den Dotationen der Bundesländer und andererseits den Dotationen der Kommunen, der Städte und Gemeinden, die vertraglich ebenfalls in das 19. Jahrhundert und noch weiter zurückreichen. Doch in einer Demokratie ist es für Politiker nicht ratsam, sich mit großen Gruppierungen anzulegen – die Weltkirche gehört dazu. Eine Partei, die es wagt, sich mit der Kirche anzulegen, muss damit rechnen, dass die Kirche eine Kampagne gegen diese Partei starten wird, sie würde bei der nächsten Wahl abgestraft. So bleibt es wohl bei diesem fragwürdigen Deal zwischen Staat und Kirche.

Damit fallen auch in den Folgejahren für die Weltkirche Jahr für Jahr über eine halbe Milliarde Euro an Staatsleistungen an. Auch wenn die Kirchenmitglieder nicht mehr wie 1950 ca. 96 Prozent der westdeutschen Bevölkerung ausmachen, sondern in ganz Deutschland aktuell nur noch 56 Prozent.

Es hat in den vergangenen Jahren auf kommunaler Ebene immer wieder Versuche gegeben, die Macht der Kirche wenigstens im Dorf oder der Stadt die Stirn zu bieten:

Beispielsweise als 2002 eine Gemeinde in Unterfranken wenigstens eine kleine Zahlungsverpflichtung gegenüber der Kirche loswerden wollte. Dabei ging es um läppische 130 Euro, welche die Kommune der Kirche jährlich bezahlen muss – den Gegenwert einer Lieferung von Roggen für die Ernährung des Dorfpfarrers in früheren Jahrhunderten. Die Kirche stimmt im Prinzip zu – aber nur unter der Bedingung, dass der Gemeinderat den Roggen für den Dorfpfarrer für die nächsten 100 Jahre vorfinanziert, mit Zins und Zinseszins – einmalig 32 000 Euro.

Solche Beispiele gibt es mehrere: Im bayerischen Karlstadt verlangte die Kirche 1997 eine Ablösesumme von 500 000 DM. Die finanzklamme Kleinstadt musste ablehnen. Sie zahlt seitdem Jahr für Jahr weiterhin eine Pfarrstelle, die bereits 1984 aufgelöst worden war. Das Argument der Kirchen-Juristen: Die Stadt müsse aufgrund der sogenannten »Observanz«, dem seit mehreren Jahrhunderten geltenden Gewohnheitsrecht weiter zahlen – egal, ob diese Pfarrstelle überhaupt noch existiert. Damit macht sich die Kirche vor Ort sicherlich keine Freunde.

Für hessische Kommunen, die ebenfalls unter den Altverträgen zu leiden hatten, verzichtete die Kirche nach dreijährigen Verhandlungen und einer Abfindung von 150 Millionen Euro auf die »Gründonnerstagsfeier« für den Pfarrer von Ludwigsau, die staatliche Instandhaltung der Kirchturmuhr in Kriftel und etliche weitere Gewohnheitsrechte.

Doch damit nicht genug. Neben den Dotationen werden häufig auch noch hohe Summen für den Unterhalt kirchlicher Bauten fällig: Für den Einbau einer Hauptorgel in der Trierer Konstantin-Basilika zahlte Rheinland-Pfalz 2010 rund 870 000 Euro.

Der Freiburger Erzbischof Robert Zollitsch, amtierender Vorsitzende der Deutschen Bischofskonferenz, bekam in seinem Münster vom Land Baden-Württemberg für 450 000 Euro einen komplett umgestalteten Altarraum inklusive neuem Bischofsstuhl aus rotem Granit.

Und in vielen Bischofsresidenzen gehören zwei Nonnen als persönliche Haushälterinnen zum guten Ton – auf Staatskosten natürlich. Genauso wie ein persönlicher »Zeremoniar« im Mitarbeiterstab, zu dessen Aufgaben es zählt, Seiner Exzellenz im passenden Moment die Mitra auf- und abzusetzen. Und in Bayern finanziert der Freistaat den Lebensabend des emeritierten und skandalbehafteten Bischofs Walter Mixa in einer Villa mit eigenem Weinkeller mit 7 800 Euro monatlich.

In der Weltkirche ist ein Unbehagen über die weiterhin existierenden Staatsleistungen nicht zu übersehen. Bisher wurde von staatlicher Seite kein Vorstoß unternommen, die in der Verfassung (Art. 140 GG i. V. mit Art. 138 Absatz 1 WRV) vorgesehene Ablösung der Staatsleistungen umzusetzen.

In Deutschland ist also auch nach 200 Jahren von einer »Entweltlichung« der Kirche keine Spur. Die Säkularisation war und ist aus Kirchensicht das beste Geschäft ihrer Geschichte.

> *Die Säkularisierungen – sei es die Enteignung von Kirchengütern, sei es die Streichung von Privilegien oder ähnliches – bedeuten nämlich jedes Mal eine tiefgreifende Entweltlichung der Kirche, die sich ja dabei gleichsam ihres weltlichen Reichtums entblößte und wieder ganz ihre weltliche Armut annahm.«
>
> Papst Benedikt XVI. , Freiburger Rede, 25. September 2011

STAATSLEISTUNGEN – KIRCHENFINANZIERUNG MIT ERREGUNGSPOTENZIAL

Der Papst fuhr dann in seiner damaligen Rede fort: »Die von materiellen und politischen Lasten und Privilegien befreite Kirche kann sich besser und auf wahrhaft christliche Weise der ganzen Welt zuwenden, wirklich weltoffen sein.« Nun, wie aufgezeigt, scheint nicht jede Säkularisation so zu verlaufen, wie sich das Benedikt XVI. wünscht oder vorstellt. Jedenfalls lässt sich der deutsche Ableger der Weltkirche die enteigneten Güter auch nach über 200 Jahren noch vom Staat fürstlich bezahlen. Das sorgt hierzulande außerhalb der Weltkirche für Unmut.

Die Staatsleistungen an die Kirche scheint 2018 aus der Zeit herausgefallen zu sein. In einer Zeit, in der das kirchliche Finanzgebaren stärkeren Transparenzerwartungen ausgesetzt ist und sich auch die Kirche Finanzanalysten stellen muss, sind scheinbar eherne Selbstverständlichkeiten erodiert. Ein Wildwuchs von finanziellen und naturalen Leistungen für alle denkbaren kirchlichen Einrichtungen. Dabei liegt vieles im Nebel und wird nach dem Gesetz »in dubio pro ecclesia« gehandhabt. Mit einem ordnungsgemäßen Umgang mit Haushaltsmitteln ist das unvereinbar.

Bei den altrechtlichen Staatsleistungen stellt sich heute zum einen die Frage nach dem Rechtsgrund. Und es stellt sich die Frage, wie viele Jahrhunderte diese Rechtsverbindlichkeiten wohl noch andauern können? Doch wenn die Causa der Säkularisationslasten des Staates der Entschädigung für vor 200 Jahren entzogenes Kirchengut besteht, dann erledigt sie sich eigentlich in dem Zeitpunkt, in dem alles entschädigt ist.

Fragen muss man aber auch, auf welche Art und Weise der kirchliche Vermögenserwerb seinerzeit erfolgt ist. Denn was so mancher Fürstbischof auf dem Kriegspfad oder im Zuge der Inquisition »erworben« hat, kann eigentlich kaum Gegenstand staatlicher »Entschädigungspflichten« sein. Diese Erwerbungen seitens der Kirche sind nach Jahrhunderten ebenso wenig messbar wie der Wert des rechtmäßig erworbenen und säkularisierten Kirchengutes. Das mag noch so »unermesslich« sein – im Laufe der letzten 200 Jahre wurde es durch Millionen von Gulden, Milliarden von Mark und Milliarden von Euro vielfach zurückbezahlt.

Allein in den Nachkriegsjahren sind fast 10 Milliarden Euro von den Ländern an die Weltkirche geflossen. Wie viel Geld in den 150 Jahren vor Ende des Zweiten Weltkriegs bezahlt wurde, kann niemand beziffern. Und schon gar nicht weiß irgendwer zu sagen, ob die Zahlungen noch in irgendeinem Verhältnis zu dem Vermögensverlust der Weltkirche im 18. und 19. Jahrhundert stehen. Trotzdem existiert die Zahlungsverpflichtung weiter – ungeprüft.

Im Laufe von 200 Jahren ist ein Wandel, der bei Verträgen üblicherweise zu einer Anpassungspflicht bzw. zu einer Kündigungsmöglichkeit führt, kaum von der Hand zu weisen: Das Staatsvolk ist nicht mehr identisch mit dem Kirchenvolk; die vom Staat ursprünglich alimentierte Religionsausübung wird 2017 nur noch von sieben bis acht Prozent der Bevölkerung praktiziert.

Wenn ein Staat aus diesen Veränderungen der »Geschäftsgrundlage« altrechtlicher Staatsleistungen keine Konsequenzen zieht, läuft er Gefahr, Steuergelder für nicht existente Verbindlichkeiten auszugeben. Gleiches gilt auch für die staatliche Finanzierung des Religionsunterrichts in öffentlichen Schulen, für die Ausbildung von Theologen und für die Militärseelsorge. Staatliche Subventionierung ohne Gesetz.

Ob und in welchem Umfang der Staat Jugendeinrichtungen, Altenheime oder Krankenhäuser subventioniert, kann sich nur anhand des sozialen Bedarfs, nicht aber nach der Konfession ent-

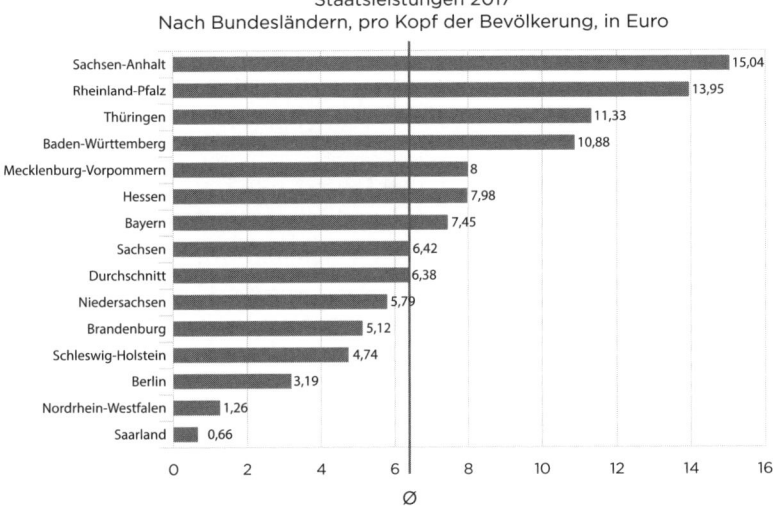

Abb. 7: Staatsleistungen 2017, Quelle: eigene Darstellung nach Johann-Albrecht Haupt, Humanistische Union, fowid/CF

scheiden. Es wird Zeit, dass eine Bestandsaufnahme in Bund, Ländern und Kommunen Klarheit schafft, wieviel die öffentliche Hand aus welchen Rechtsgründen für welche kirchlichen Einrichtungen jährlich bezahlt. Bis auf Hamburg und Bremen zahlen alle Bundesländer an die Kirche. An der Spitze steht Baden-Württemberg, es folgen Bayern und Rheinland-Pfalz.

2017 beliefen sich diese Staatsleistungen für beide Kirchen auf 524 Millionen Euro, davon entfielen auf die Weltkirche 217 Millionen Euro.

All jene, die glauben, der Staat müsse die Kirche auch weiterhin für den Territoriumsverlust von vor über 200 Jahren entschädigen, sollten sich einmal bewusst machen, auf welchen Wegen die Kirche dereinst zu ihren Besitztümern gelangt ist. Dazu heißt es in Meyers Konversationslexikon von 1851:

> *»Die geistlichen Regenten sind in der Regel wider den Willen der von ihnen regierten Völker durch Anmaßung, Erbschleicherei, List und Betrug und dergleichen zu ihrer Herrschaft und zu ihren Reichtümern gelangt.«*

Kirche muss auch ohne staatliche Finanzhilfe funktionieren. »Der Reichtum hat die Kirche faul gemacht«, sagte einst Eugen Drewermann. »Die Abschaffung der Kirchensteuer würde dazu führen, dass wir ab sofort eine andere Kirche hätten. Sie wäre agiler und würde den Menschen wieder ernst nehmen.« Doch ob weniger Geld gleichzeitig auch mehr Glaube, Hoffnung und Liebe in der Weltkirche bedeutet, ist fraglich.

III.
Der Kirchenschatz

*»Eine Institution, die nicht mehr dient,
sondern sich selber stark und fett macht,
schadet am Ende allen.«*

Kardinal Reinhard Marx, Erzbischof
von München und Freising, September 2013

Die Kapital- und Vermögensanhäufung in der Weltkirche ist ein Phänomen, das ins Jahr 1670 zurückgeht. Damals übernahm Italien die Herrschaft über den Rest des damaligen Kirchenstaates, die Diözese Petri. Dieser Kirchenstaat erstreckte sich über fast ein Drittel der italienischen Halbinsel und schloss die Stadt Rom mit ein.

Damals begann die Weltkirche mit dem Ansammeln von Kapital entsprechend der Erfolgsformel der modernen Wirtschafts- und Finanzwelt. Die entscheidenden Grundlagen dafür wurden jedoch erst von Papst Benedikt XV. während und nach dem Ersten Weltkrieg geschaffen. Er ist der Begründer der heutigen Ausrichtung und Politik des Vatikans, dass die Investitionen der Weltkirche nicht durch politische oder religiöse Betrachtungsweisen eingeschränkt werden dürfen. Sie sollen »allein auf der Basis des gesunden, guten, konkreten und profitbringenden Geschäfts verwaltet werden«.

Schauen wir uns nun an, wie es mit dem Kirchenvermögen im Vatikan und in Italien aussieht.

VATIKAN UND ITALIEN

Zu jener Zeit unter Papst Benedikt XV. verfügte der Vatikan noch nicht über die immensen flüssigen Finanzmittel, die er Jahrzehnte später vom faschistischen Italien erhielt. Für den Verzicht des Vatikans auf die Ländereien des ehemaligen Kirchenstaates und die Anerkennung des italienischen Staates mit Rom als Hauptstadt, bekommt die Weltkirche mit den Lateranverträgen eine Kompensationszahlung von 750 Millionen Lire in bar und eine Milliarde Lire mit fünf Prozent verzinsten italienischen Staatsanleihen. Zu damaligen Umrechnungskursen entsprach das rund 90 Millionen Dollar. Der Betrag dürfte heute einer Kaufkraft von rund 13 Milliarden Euro entsprechen. Damit sollten die Finanzen des Vatikans eigentlich bis in die heutige Zeit geregelt sein. Der italienische Staat erklärte sich zudem bereit, künftig die Gehälter der Bischöfe und Gemeindepfarrer zu zahlen. Darüber hinaus bekam der Vatikan auf italienische Staatskosten ein Post- und Telegrafenamt und sogar einen Bahnhof.

Die Millionen im Besitz des Vatikans reichten aus, um auf den Weltmärkten zu investieren. Benedikt XV. investierte dann auch gleich den Großteil der vatikanischen Gelder, um zu dokumentieren, dass es der Vatikan mit der neu propagierten Finanzpolitik ernst meinte. In Anlehnung an die Kreuzfahrerpäpste wurde ein Großteil in Wertpapiere des türkischen Reiches investiert. Das war der Anfang einer Strategie, die die Weltkirche unter die bedeutendsten Vermögensgesellschaften des 20. Jahrhunderts einreihen sollte.

Papst Pius XI. , ein ebenso gewitzter »Geschäftsmann« wie sein Vorgänger Benedikt XV. , investierte gleich nach dem ersten großen Börsenkollaps den Großteil dieser Summe in Amerika. Ein Schachzug, der der Weltkirche nach der Erholung der amerikanischen Wirtschaft von der großen Wirtschaftskrise der 1930er-Jahre einen gigantischen Profit einbrachte.

Während der Vatikan seine Vermögenswerte zu jener Zeit überwiegend in Amerika investierte, waren die Verantwortlichen am

Heiligen Stuhl versiert genug, einen Teil des Gewinns aus diesen Anlagen in Italien selbst anzulegen. Mit beeindruckenden Ergebnissen. Heute besitzt der Heilige Stuhl zwischen 10 und 15 Prozent aller Aktien und Unternehmensanteile, die an den italienischen Börsen gehandelt werden. Deren Wert wurde bereits 1958 auf rund 25 Milliarden Euro taxiert. Dazu kommen nach Recherchen der italienischen Wirtschaftszeitschrift Il Sole 24 Ore Schatzbriefe, Aktien, festverzinsliche Wertpapiere und Goldreserven in den USA und der Schweiz, die sich auf insgesamt rund 6-8 Milliarden Euro belaufen. Dazu beim IOR ein Barvermögen von zwei Milliarden Euro sowie Immobilien im Wert von fünf Milliarden Euro. Das Reinvermögen des Instituts betrug Ende 2016 636 Millionen Euro, der Gewinn lag bei 44 Millionen Euro.

Darüber hinaus ist der Vatikan Roms größter Grund- und Immobilienbesitzer. 1977 veröffentlichte das italienische Wochenmagazin L'Europeo unter dem Titel »Vatikan AG« Zahlen, wonach dem Vatikan über den Umweg von 325 Nonnen- und 87 Mönchsorden mindestens ein Viertel der Stadtfläche Roms gehören. Zwei Jahrzehnte später taxierte La Padania den Kirchenbesitz allein in Rom auf 23 000 Immobilien, darunter 2 500 Paläste – alles Filetstücke.

Wie in den Lateranverträgen 1929 festgelegt, genießen davon etliche dieser Immobilien das Privileg der Exterritorialität: So etwa die Basilika Santa Maria Maggiore, die Basilika St. Paul vor den Mauern – einschließlich des dazugehörenden Klosters, Immobilien auf dem Gianicolo-Hügel und an der Piazza di Spagna, die zum Colegio di Propaganda Fide gehören, der Palazzo della Cancelleria zwischen dem Corso Vittorio Emanuele und dem Campo de' Fiori, der Palazzo del Sant' Uffizio an der Porta Cavalleggeri sowie mehrere Immobilien der Gregorianischen Universität in der Via Del Seminario und auf der Piazza della Pilotta.

Aber auch außerhalb Roms ist der Heilige Stuhl Eigentümer ausgedehnter Liegenschaften – vom päpstlichen Palast Castel Gandolfo bis hin zu den Basiliken von Loreto, Assisi und Padua. Dazu kommen Immobilienobjekte in besten Lagen in London und New

York. Bereits 1980 berichtete die Zeitschrift Oggi, der Vatikan habe aus seinen 80 Millionen Dollar, die er 1929 als Entschädigung vom italienischen Staat bekommen hatte, ein Vermögen von mehreren Milliarden Dollar gemacht. Der Wert der Vatikan-Immobilien in Frankreich, Großbritannien und der Schweiz wird auf rund 450 bis 500 Millionen Euro taxiert.

Das Vertrauen der Kurien-Banker in den Dollar ist seit Jahrzehnten groß, das Vertrauen in Schuldscheine und Aktien amerikanischer Weltfirmen noch größer. General Motors, IBM oder die des Disney-Konzerns – trotz aller päpstlicher Vorbehalte gegen die Konsumwelt. Geld stinkt eben auch im Vatikan nicht. Dazu kommen Papiere von Banken, Versicherungs-, Dienstleistungs-, Telekommunikations- und Nahrungsmittelunternehmen.

Und Jahr für Jahr fließen dem Vatikan von den weltweiten nationalen Bischofskonferenzen Millionen Euro zu, der größte Teil davon aus Deutschland (0,2 Prozent der Kirchensteuereinnahmen). »Deutschland steht zusammen mit den USA und Italien an der Spitze der Geberländer zur Finanzierung des Vatikans«, heißt es dazu aus Kreisen der Weltkirche.

Die Haupteinnahmequellen des Vatikans

- Der Erlös aus den Eintritten in die vatikanischen Museen spült Jahr für Jahr rund 90 bis 100 Millionen Euro in die Kassen.

- Die Vatikanbank IOR steuert jedes Jahr bis zu 50 Millionen Euro bei.

- Einen Teil des Budgets (400 Millionen Euro) bestreitet der Heilige Stuhl mit den Einnahmen aus seinem Immobilien- und Anlageportfolio.

- Hinzu kommen die Einnahmen aus der weltweiten Kollekte zu Ostern. Der Sammelerlös geht in der Regel zu 100 Prozent nach Rom.

Kenner schätzen das aktuelle Vermögen des Vatikans auf zwölf Milliarden Euro. Dabei sind die immensen Kunstgegenstände in den vatikanischen Museen nicht erfasst. Die »sind unverkäuflich, sie gehören allen Menschen«, hatte dazu der frühere Papst Johannes Paul II. gesagt.

Dazu kommt aber auch ein gewaltiger Grund- und Immobilienbesitz in Italien, der von der italienischen Immobilienfirma Gruppo Re, die seit über dreißig Jahren den Großteil der Kirchenimmobilien verwaltet, auf aktuell über 1 Billion Euro taxiert wird:

Darin sind rund 115 000 Immobilien und Palazzi enthalten – oder 22 Prozent aller Immobilien in Italien, die von etwa 30 000 kirchlichen Trägern gehalten werden. Nicht zu vergessen rund 500 000 Hektar Ackerland. Dazu kommen rund 95 000 Kirchen in ganz Italien, davon gelten 85 000 als Kulturgüter, 15 535 Klöster und 3 000 Denkmäler, Gedenkstätten, historische Friedhöfe, Kapellen, 9 000 Schulen, 4 000 Pflegezentren, 5 500 Bibliotheken, 26 000 Archive und mehr als 700 Museen und Kunstsammlungen. Gut 70 Prozent des gesamten künstlerischen Reichtums der Apenninenhalbinsel ist Sakralkunst. Und das alles steuerfrei.

Den italienischen Gemeinden entgehen dadurch an Grundsteuer 700 Millionen Euro – Jahr für Jahr. Geld, das die klammen Gemeinden dringend gebrauchen könnten. Die Befreiung von der Grundsteuer wurde 2006 zwar eingeschränkt auf Gebäude, »die nicht ausschließlich kommerziell genutzt werden«. Klar also, dass für den Besitz einer Kultstätte nichts zu entrichten ist. Aber für die 9 000 Schulen, die von den Eltern deftige Gebühren verlangen und anderen Privatinstituten Konkurrenz machen? Oder all die zu komfortablen Herbergen umgebauten Klöster und Ordenshäuser, die über eine kleine Kapelle verfügen mögen und doch in erster Linie ein Gewerbe betreiben? Oder die 4 000 Krankenhäuser und medizinischen Einrichtungen, die sich am Milliardengeschäft mit der Gesundheit beteiligen und das Vermögen der Weltkirche vermehren? Der kirchlichen Scheinheiligkeit öffnet das Gesetz Tür und Tor.

Zum Beispiel in der Casa del Clero, dem Haus des Klerus, direkt hinter der Mailänder Scala, die eine beliebte Unterkunft für zahlende Opernfans und Touristen ist. Kritiker ziehen nun gegen die »legalisierte Steuerhinterziehung« zu Felde. Diese Steuerprivilegien will die EU jetzt kappen. Aber auch in der italienischen Politik und der Justiz ist die Befreiung kirchlicher Immobilien von der Immobiliensteuer ICI seit Jahren ein Dorn im Auge, entgehen dem italienischen Haushalt dadurch doch jährlich über eine Milliarde Euro. In Zeiten, in denen die Italiener von ihrer Regierung aufgefordert werden, für den maroden Staat Opfer zu bringen, kommt selbst die traditionelle Ehrfurcht der Italiener gegenüber der Weltkirche ins Wanken.

Im Mittelpunkt der Steuerdiskussion steht dabei die Frage »kommerzieller Aktivitäten«. Ähnliche Vorwürfe wegen steuerlicher Privilegierung der Weltkirche gibt es auch in Belgien und Spanien.

Neben Spenden der Mitglieder basiert die Kirchenfinanzierung in Italien vor allem auf der von allen Italienern zu zahlenden Mandatssteuer (0,8 Prozent der Steuerschuld). Rund 80 Prozent der Gesamteinnahmen fließen an die Weltkirche, über 1 Milliarde Euro jährlich. Um diese künftig gezielter einsetzen zu können, plant die Weltkirche, die Zahl der italienischen Diözesen von derzeit 226 auf 119 zu reduzieren.

Jeder Versuch, hinter den heiligen Mammon zu kommen, begegnet in der Weltkirche und im Vatikan größtem Misstrauen. »Vergessen Sie nicht, dass der Wert des Petersdoms oder der Vatikanischen Museen nicht zu beziffern ist«, lautet aus Kirchenkreisen ein beliebtes Argument. Das stimmt freilich. Gegen Offenlegung an anderer Stelle spricht das allerdings nicht. Zum Beispiel, was das Thema Vetternwirtschaft im Zentrum der Weltkirche betrifft.

Ein Palast für 300 Euro Miete – so werden römische Stadtpaläste an nahe stehende Gönner, Freunde, Unternehmen oder tüchtige Geschäftemacher im Dienste der Weltkirche vermietet. Sie zählen zum Kirchenbesitz, aber nicht zum Vatikan. Vernetzt sind sie dennoch. Im Kataster findet sich beispielsweise eine »Fromme Bruderschaft für barmherzige Zwecke«. Sie verfügt über mehrere luxuriöse Stadtpaläste in Rom. In einem Palazzo gegenüber dem Kapitol residierte über viele Jahre ein Notar auf 300 Quadratmetern für monatlich 150 Euro Miete an die Bruderschaft und weitere 150 Euro an den Vatikan. Der tatsächliche Mietwert: mindestens 10 000 Euro.

Zu den Einnahmen der Weltkirche kommen in Italien Spenden, Kollekten und Erbschaften. Etwa jene 1,7 Milliarden Euro, die 2012 der Unternehmer Michelangelo Manini der Kirche in Bologna vermacht hat. Darunter Firmenanteile an der FAAC, Bankkonten, Grundstücke und Immobilien. Manini war Junggeselle und hatte keine Verwandten.

Dazu kommen zur finanziellen Absicherung des jeweiligen Papstes die weltweiten Sammeleinnahmen des Peterspfennig am Fest Peter und Paul (29. Juni) – rund 80 Millionen Euro – Jahr für Jahr. Dabei verschlingt der Haushalt des Papstes wenig. Der Papst hat auch kein Konto, von dem er seinen Lebensunterhalt bestreiten müsste. Was er braucht, bekommt er.

Da in der 2000-jährigen Geschichte der Weltkirche schon alle denkbaren Machenschaften am Hof des Papstes vorgekommen sind, bleibt bei der Frage nach dem Vermögen der Weltkirche immer der Verdacht, dass nicht alles so zutrifft, wie es die Weltkirche für den Vatikan und Italien selbst darstellt. Schon gar nicht ihre Armut, wie die oben aufgeführten Vermögenswerte zeigen. Die Weltkirche hat es aufgegeben, Berichte über den angeblichen Reichtum zu dementieren.

Schauen wir uns also an, wie es mit dem Kirchenvermögen in ausgewählten anderen Ländern aussieht. Dahinter stecken teilweise jahrhundertealte Verträge und Beschlüsse. Auch laufen viele Geld- und Vermögensflüsse verdeckt. Vor allem weil die Weltkirche nirgendwo auf unserem Globus verpflichtet ist, ihre Finanz- und Vermögensverhältnisse in allen Details offenzulegen. So konnte über all die Jahre ein Vermögen angesammelt werden, von dem so manches Großunternehmen nur zu träumen wagt.

Frankreich

Die Weltkirche ist in Frankreich mit 94 Bistümern, 16 830 Priestern und 29 183 Ordensleuten vertreten. Die jährlichen Einnahmen liegen bei rund 650 Millionen Euro. Diese stützen sich auf fünf Einnahmequellen:
Der Kirchenzehnt, der rund 40 Prozent der Einnahmen generiert. Hieraus werden die Priester und übrigen Kirchenmitarbeiter bezahlt. Kollekten in den Messen tragen zu 25 Prozent bei, Stolgebühren 13 Prozent, Messstipenden 8 Prozent und Vermächtnisse 14 Prozent.

In Elsass-Lothringen werden die Priester vom französischen Staat bezahlt. Im Durchschnitt zweigt so jeder Haushalt im Jahr 40 Euro an die Kirchenkasse ab. Die einzige feste Einnahmequelle für den französischen Klerus ist der »denier du culte«, das Pfarrgeld, das einmal im Jahr unter den Kirchenmitgliedern eingesammelt wird.

In der französischen Revolution verloren die Weltkirche und die zahlreichen Klöster in Frankreich Besitz und Privilegien, seit 1905 sind Kirche und Staat getrennt. Damals wurden die meisten Kirchen dem Staat übertragen. Seitdem finanziert sich die Weltkirche dort über Spenden, ihren Grundbesitz, der ihr durch Stiftungen wieder übereignet wurde, und eigene Wirtschaftsunternehmen. Das gilt vor allem für große Klöster, wie etwa Cîteaux, Marinaud, Tamié, Acey, Igny, Fontenay, Hautcombe, Valloires, Raymont oder Abteien wie Cluny oder Le Bec. Doch wie groß deren Grund- und Immobilienbesitz wirklich ist, lässt sich durch die übergestülpten Stiftungen nicht feststellen. Das Erzbistum Paris nennt zwar 3,8 Hektar Gelände sein eigen. Dabei handelt es sich aber überwiegend um Grundstücke – meist Klostergelände –, die zur Bebauung nicht freigegeben und kaum verkäuflich sind.

Nach dem Motto »Was keinen Gewinn bringt, muss weg«, droht in den kommenden Jahren rund 2 800 Kirchen der Abriss. Sie müssen Einkaufszentren, Restaurants oder Parkplätzen weichen, hauptsächlich im ländlichen Bereich. Die Zerstörer präsentieren sich als brave Verwalter, die um die jeweilige Gemeindekasse besorgt sind. Die, laut ihnen, die Kosten für die Renovierung der Kirche nicht mehr tragen können. Die Wartung ist jedoch nach französischem Recht die Pflicht der Bürgermeister.

Einer der Gründe für die »leichten« Abbruchverfügungen ist der fortschreitende Rückgang der Priester in Frankreich. Gab es 2001 noch 24 251 Diözesan und Ordenspriester, ist ihre Zahl aktuell auf unter 13 000 gesunken. »Weniger Priester, weniger Messen, weniger praktizierende Mitglieder, daher weniger Bedarf, große Kirchen zu erhalten, wenn eine Kapelle ausreicht«, ist das neue Mantra.

Eine zentrale Erfassung und Bewertung von Vermögenswerten und Unternehmensbeteiligungen der Weltkirche und der zahlreichen Klöster ist für Frankreich nicht möglich.

Spanien

Im Register der Religiösen Vereinigungen des spanischen Justizministeriums sind insgesamt 12 665 Organisationen der Weltkirche eingetragen. Ihre Aktivitäten tragen jährlich 32 Milliarden Euro bzw. 3,1 Prozent zum Bruttoinlandsprodukt des Landes bei. Rund 300 000 Menschen stehen dadurch in Lohn und Brot. Dazu kommen über 25 000 Religionslehrer in öffentlichen und privaten Schulen, die vom Staat bezahlt werden (700 Millionen Euro p. a.).

Spanien kann exemplarisch für den Nutzen der Weltkirche für die jeweils nationale Wirtschaft genannt werden. Das katholische Brauchtum zieht Jahr für Jahr große Scharen an Touristen an. Etwa zur Karwoche mit den pittoresken und geheimnisvollen Formen christlicher Frömmigkeit. Ein nicht zu unterschätzender Impuls für die spanische Fremdenverkehrswirtschaft:

- 15 spanische Orte gelten als internationale Touristenziele in der Karwoche, 36 weitere als nationale.

- Für die Wirtschaft von Sevilla als beispielsweise internationalem Ziel bringt die Karwoche über 250 Millionen Euro an Einnahmen,

- für Cordoba als nationalem Ziel auch noch 50 Millionen Euro.

Hinzu kommen große Wallfahrtsorte, die wesentlich von Pilgern und Touristen leben: Der Pilgerweg nach Santiago de Compostela etwa bringt der Wirtschaft jährlich fast zwei Milliarden Euro ein. Rund 300 000 Pilger waren es 2016 allein hier.

Rund 73 Prozent der Spanier gehören der Weltkirche an. Es gibt 14 Kirchenprovinzen mit insgesamt 70 Diözesen. Deren Klerus lebt nicht in Armut, jedoch in Kargheit. Die Bischöfe leben zwar in Palästen, beziehen aber nur knapp 1 300 Euro monatlich in 14 Monatsgehältern. Das monatliche Einkommen der rund 18 800 Pastoren liegt bei knapp 1 000 Euro, welche durch Einkünfte aus Messen, Beerdigungen, Taufen u. ä. ergänzt werden. Das Geld für den Klerus stammt aus den Steuern derjenigen Spanier, die in der Einkommensteuererklärung ihr Kreuz bei der Weltkirche machen. Jährlich fließen dadurch knapp 300 Millionen Euro der Spanischen Bischofskonferenz zu.

Über das tatsächliche Vermögen der Weltkirche in Spanien gibt es keine offiziellen Angaben. Doch als der ehemalige Erzbischof von Madrid und Toledo, Vicente Enrique y Tarancón, Anfang der 1990er-Jahre die finanzielle Abhängigkeit der Weltkirche vom Staat mit dem Hinweis herunterzuspielen versuchte, die offiziellen Zuwendungen würden nur 10 Prozent des kirchlichen Gesamtetats betragen, wurde folgende Rechnung aufgemacht: Da der Staat damals umgerechnet rund 300 Millionen Euro für Bischofs- und Priestergehälter, für die Finanzierung der Seminare sowie für die Instandhaltung historisch wertvoller Kirchen zuschoss, musste der spanische Ableger der Weltkirche zusammen mit den Einnahmen aus ihrem Vermögen – vor allem Grundbesitz und Aktien – und aus Spenden der Mitglieder über jährliche Gesamteinnahmen von umgerechnet 3 Milliarden Euro verfügen.

Tatsache ist, dass der Weltkirche heute in Spanien rund 20 Prozent der gesamten landwirtschaftlichen Fläche, rund 5 400 000 Hektar gehören. Multipliziert man die mit dem vom spanischen Landwirtschaftsministerium (MAPA) ermittelten Durchschnittswert von 10 000 Euro pro Hektar, ergibt das einen Verkehrswert von ca. 55 Milliarden Euro. Dazu kommen Immobilien, eigene Unternehmen und Unternehmensbeteiligungen. Es gibt Zahlen, die von 100 000 Immobilien in Spanien sprechen. Davon soll nur die Hälfte der Gebäude für religiöse Zwecke genutzt werden.

Nimmt man die 50 000 nicht religiös genutzten Immobilien und multipliziert diese mit einem durchschnittlichen Preis von nur 50 000 Euro, ergibt das einen weiteren Vermögenswert von 2,5 Milliarden Euro. Doch ob religiöse Nutzung oder in Vermietung und Verpachtung – alle Kirchenimmobilien sind in Spanien seit 1979 durch einen Staatskirchenvertrag zwischen Spanien und dem Vatikan steuerbefreit. Ein 2012 in der spanischen Wirtschaftskrise gestellter Antrag auf Abschaffung der Steuerprivilegien, wurde von der offenbar um ihr Seelenheil besorgten kirchentreuen spanischen Regierung abgelehnt.

Im Umfeld der Weltkirche in Spanien haben eine Reihe von Organisationen großen Einfluss erlangt, die systematisch Machtpositionen in Politik und Wirtschaft besetzen und so ihre – extrem konservative – Interpretation der katholischen Lehre verbreiten wollen. Dazu zählen insbesondere das Opus Dei und die Legionäre Christi. Sie betreiben in Spanien vor allem Schulen und Universitäten. Beide Organisationen sind in den konservativen und ökonomischen Eliten des Landes fest verwurzelt.

Während des Pontifikats von Johannes Paul II. erlangte das Opus Dei auch international große Bedeutung und besetzte wichtige Machtpositionen im Vatikan. Die Wertschätzung des Opus Dei durch den polnischen Papst lässt sich nicht zuletzt an der raschen Selig- (1992) und Heiligsprechung (2001) seines Gründers Josemariá Escrivá de Balaguer (1902–1975) ablesen. Auch Papst Franziskus pflegt den Kontakt zum neuen Prälaten der Laienorganisation, Fernando Ocáriz Brana.

Doch wem gehören die spanischen Kirchen? Auf der Iberischen Halbinsel gab es genauso wie in weiten Teilen des übrigen Europas ursprünglich keinerlei Grundbuch-Eintragungen dieser Sakralbauten. Das erklärt sich daraus, dass Kathedralen, Klöster, Kirchen und andere kirchliche Bauten meist deutlich früher entstanden sind als die vergleichsweise moderne Einrichtung der Grundbücher. Als sich das Franco-Regime etablierte, erhielt die Weltkirche 1940 das Recht auf Eintragung ihrer Bauten in das weltliche Register, Voraussetzung war lediglich die Unterschrift des regional zuständigen Bischofs. Andere Dokumente waren überflüssig. Dieses Recht hat die Weltkirche umfassend genutzt, ehe es 2015 auf Druck der Opposition im Parlament außer Kraft gesetzt wurde. In so mancher spanischen Stadt zählt das Grundbuch mehr als tausend kirchliche Immobilien. Das ist landesweit ein weiterer nicht bezifferbarer Milliardenschatz.

Daneben gibt es in ganz Spanien auch noch viele Tausende kirchlicher Immobilien, die nicht im Grundbuch eingetragen sind. Das gilt vor allem für die ländlichen Regionen und den Besitz in kleinen Gemeinden. Es gibt keine verlässlichen Zahlen, wie viel kirchlicher Besitz nicht eingetragen wurde. Nach Schätzungen soll es sich aber um Zehntausende oftmals kleinere Immobilien handeln. Zu den kleineren Liegenschaften gehören häufig Grundstücke, die von bäuerlichen Familien der Kirche vererbt und von dieser in Besitz genommen worden sind, ohne dass es korrekte Grundbucheintragungen gab.

Die große Gruppe all jener, die keine Beziehung zur Weltkirche mehr haben, argumentiert, dass das Volk die kirchlichen Bauten errichtet habe und diese daher dem Volk als Eigentümer zustünden.

Die Lokalpolitiker fordern daher immer häufiger von den Behörden genaue Übersichten über den Grundbesitz der Weltkirche, die selbst keine Angaben macht. Und es gibt immer häufiger auch Attacken gegen Besitztümer nicht sakraler Art der Weltkirche. Dazu zählen Gemeindehäuser, Krankenhäuser, Siedlungshäuser aber auch Weinberge. Ein weiterer derzeit nicht bezifferbarer Milliardenschatz.

Die Weltkirche nagt in Spanien also nicht am Hungertuch. Dabei weiß sie selbst nicht, dass ihr Schatz allein an Immobilien und Liegenschaften einen Verkehrswert von mindestens 55 Milliarden Euro hat. Dazu kommen jährliche Einnahmen und Erlöse aus wirtschaftlichen Aktivitäten, staatlichen Zuschüssen sowie aus Mitglieder- und Spendenaufkommen im einstelligen Milliarden Euro-Bereich.

Spanien ist der getreueste Ableger des Vatikans, aber auch deren selbstständigster. Und in Glaubenssachen ist die spanische Kirche unerbittlich. Opus Dei steht beispielhaft dafür.

Portugal

Im Nachbarland Portugal gliedert sich die Weltkirche in 21 Diözesen. Rund 85 Prozent der Bevölkerung bekennen sich zum Katholizismus. Sie werden von 4 000 Priestern betreut. Das Land wird häufig mit dem Wallfahrtsort Fatima in Verbindung gebracht.

Seit 1911 gibt es eine strikte Trennung von Staat und Kirche. Wie in Spanien gehören der Weltkirche auch in Portugal rund 20 Prozent der landwirtschaftlichen Flächen: 670 000 Hektar. Die mit durchschnittlich 7 500 Euro pro Hektar bewertet (Bodenmarktexklusiv) werden, das ergibt einen Verkehrswert von rund 48 Milliarden Euro. Die Erträge aus Mieten und Pachten finanzieren Klerus und Kirche. Dazu kommen die Einnahmen aus Kollekten, Spenden, Erbschaften und weiterem Immobilienbesitz, der aber nicht erfasst ist.

Die portugiesischen Körperschaften der Weltkirche sind von allen Steuern befreit. Die Mitglieder können 0,5 Prozent ihrer Einkommensteuer für die Weltkirche bestimmen. Das muss aber in der Steuererklärung vermerkt werden. Den Gesamtbetrag bekommt die Kirche von der portugiesischen Finanzbehörde. Der portugiesische Klerus ist auf Staatshilfe nicht angewiesen.

GROSSBRITANNIEN

Die Mitglieder der Weltkirche sind in Großbritannien in der Minderheit. Rund 6 Millionen Katholiken stehen 25 Millionen Anglikanern gegenüber. Bedingt durch die Abspaltung der Anglikanischen Kirche im 16. Jahrhundert hat es im englischen und dann britischen Ableger der Weltkirche auch eine wechselvolle Geschichte gegeben. Es gab mehrfache Versuche, die Monarchie sozusagen wieder zu katholisieren, dagegen gab es dann aber gesetzliche Bestimmungen. Die gesellschaftliche und politische Gleichberechtigung der Weltkirche wurde erst im 19. Jahrhundert durchgesetzt.

Auf den Britischen Inseln bestehen drei getrennte Bischofskonferenzen, für England und Wales, für Schottland und für den Landesteil Nordirland. Viel mehr Informationen zum Ableger der Weltkirche in Großbritannien sind nicht erhältlich. Außer, dass ihr rund 100 000 Hektar Land gehören. Multipliziert mit einem durchschnittlichen Hektar-Preis von 15 000 Euro, ergibt das einen Verkehrswert von 1,5 Milliarden Euro.

Wesentlich komfortabler geht es dagegen bei der Church of England zu, sie verwaltet ein Kirchenvermögen in Höhe von 7,9 Milliarden Pfund. Ein Drittel davon liegt in Aktien, 26 Prozent in direkten Unternehmensbeteiligungen, 24 Prozent in Ländereien und 12 Prozent in Immobilien. Da die Kirche in Großbritannien keine Kirchensteuer kennt, muss sie unternehmerisch denken und möchte mit Investitionen ihr Vermögen mehren. Mit Erfolg, im letzten Jahr erwirtschaftete sie mit ihrem kirchlichen Stiftungsfonds trotz Nullzinsumfeld eine himmlische Rendite von 17 Prozent. Da könnte die Vatikanbank in Rom neidisch werden. Großbritannien ist für die Weltkirche wie ein Land der Dritten Welt.

SCHWEIZ

Laut einer »konservativen Schätzung« des Wirtschaftsmagazins ECO des Schweizer Radio und Fernsehens betragen die jährlichen

Einnahmen der Weltkirche in der Schweiz rund eine Milliarde Franken. Die Einnahmen stammen hauptsächlich aus Kirchensteuern. Das Vermögen der Kirchengemeinden der Weltkirche in der Schweiz wird auf 1,5 bis 2 Milliarden Euro geschätzt. Es ist vorrangig in Liegenschaften und Schweizer Bluechips investiert.

Nicht enthalten sind darin die Liegenschaften der kirchlichen Stiftungen und Klöster. So hat beispielsweise allein Kloster Einsiedeln rund 2 140 Hektar Grundbesitz in den Kantonen Schwyz, Aargau, Zürich, Thurgau und St. Gallen sowie in Österreich.

In Vermögensangelegenheiten ist für die Schweizer Kirchengemeinden Sicherheit erstes Gebot. Dabei ist man im Umgang mit dem Kirchenvermögen noch diskreter als die Zürcher Gnome von der Bahnhofstraße.

ÖSTERREICH

Wie in anderen Ländern wissen die Kirchenvertreter auch in der Alpenrepublik nicht, wieviel ihre Kirche besitzt. Zahlen sind von der Weltkirche nur bruchstückhaft erhältlich. »Auch untereinander kenne man die Vermögensverhältnisse nicht«, heißt es dazu aus der Diözese Wien. Wie in anderen Ländern liegt das auch hier an den Strukturen. Ein Kloster etwa ist unabhängig von der Diözese, mit eigenem Vermögen. Die Kirche ist kein eigener Rechtskörper. So verfügen beispielsweise die Stifte über Güter, Immobilien und Kunstschätze. In Wien beispielsweise gehört die Weltkirche zu den größten Hausbesitzern. Der Erzabtei St. Peter gehört die halbe Altstadt in Salzburg.

Der kirchliche Grundbesitz umfasst insgesamt rund 215 600 Hektar. Nach Berechnungen der Universität für Bodenkultur in Wien ergibt das bei einem durchschnittlichen Hektarwert von 23 000 Euro rund 5 Milliarden Euro. Die größte Gruppe der kirchlichen Grundbesitzer sind die Orden (144 000 Hektar), gefolgt von den Diözesen (36 300 Hektar und den bischöflichen Stühlen / Bistümern (25 000 Hektar). Stift Klosterneuburg etwa vermietet 700

Häuser und Wohnungen mit einem Jahresumsatz von rund 30 Millionen Euro. Die 15 größten kirchlichen Einrichtungen erhalten pro Jahr insgesamt über 4 Millionen Euro an EU-Agrarsubventionen, 680 000 Euro allein das Stift Klosterneuburg.

Österreichs größte Eigentümer mit göttlichem Auftrag sitzen im steirischen Benediktinerstift Admont. Ihnen gehören 25 500 Hektar Land mit einem Verkehrswert auf Basis von nur 2 000 Euro pro Hektar von 51 Millionen Euro. Nicht eingerechnet ist Bauland, teils in Top-Lagen, das ein Vielfaches wert ist. Dazu kommen Beteiligungen an Bergbahnen und Skiliften. Ebenfalls über ansehnliche Ländereien und Immobilien verfügen die Chorherren vom Prämonstratenserstift Schlägel sowie die Klöster von Göttweig, Kremsmünster, Heiligenkreuz und Melk. So gehört beispielsweise den Chorherren in Schlägel mehr als die Hälfte des Böhmerwaldes.

Die Kirche ist nach den staatlichen Bundesforsten der zweitgrößte Grundbesitzer in Österreich. Der kirchliche Waldbesitz liegt bei 121 400 Hektar, exklusive Forstbetriebe unter 500 Hektar. Mit diesen würde sich die Zahl um 50 Prozent erhöhen.

Ein dichtes Netz an kirchlichen Unternehmensbeteiligungen zieht sich durch das Land. Das Niederösterreichische Pressehaus gehört zu 80 Prozent der Diözese St. Pölten. Der Katholische Medienverein hält Anteile an der Styria Medien AG. Die Weltkirche hält 85 Prozent der Bank Schelhammer & Schattera, die wiederum mit 5,31 Prozent an der Casino Austria beteiligt ist. Die Diözese Graz-Seckau besitzt die Kleine Zeitung und entscheidende Anteile an der Wiener Tageszeitung »Die Presse«. Über ihre Beteiligungen an meinungsbildenden Unternehmen wie Verlagen und Medienhäusern übt die Weltkirche auch einen verdeckten, aber starken gesellschaftspolitischen Einfluss aus.

Die Weltkirche ist in Österreich einer der größten Arbeitgeber und ein wichtiger Wirtschaftsfaktor. Das zeigt eine Studie des Instituts für Höhere Studien (IHS) und von Joanneum Research. Danach werden jährlich rund 6,65 Milliarden Euro an direkter, indirekter und induzierter Wertschöpfung von den 158 000 Beschäftigten in der Kirche und deren Umfeld erwirtschaftet. Das ehrenamtliche Engagement der Mitglieder entspricht weiteren 14 000 Fulltime-Jobs.

Die jährlichen Entschädigungszahlungen an die Weltkirche für Beschlagnahmen durch das Naziregime belaufen sich auf 44 Millionen Euro – unbefristet.»Begründet« wird dies im Unterschied zu Deutschland nicht mit napoleonischen oder reformatorischen Enteignungen, sondern mit der Abschaffung des »Josefinischen Religionsfonds« im Kaiser Reich. Insgesamt genießt die Weltkirche Steuervergünstigungen und Subventionen von 2 Milliarden Euro pro Jahr. Nicht mit eingerechnet sind die staatlichen Zuschüsse an Spitäler und den Gesundheitsbereich. Insgesamt kommen so rund 3 Milliarden Euro pro Jahr zusammen.

Wie hoch aber die Mensalien, also die geheimen Gelder und Besitztümer sind, die den Bischöfen und dem Wiener Kardinal persönlich zustehen und ihnen ein feudales Leben ermöglichen sollen, darüber erfährt man von der Weltkirche nichts. Doch bei der Amtsübernahme von Kardinal Christoph Schönborn konnte das Geheimnis etwas gelüftet werden: Rund 152 Millionen Euro wurden ihm übergeben. Bestehend aus 1 000 Hektar Ländereien – samt dazugehörenden EU-Subventionen – und 14 Jagdgebiete, einen Anteil an der Privatbank Schelhammer & Schattera, Immobilien und vieles mehr.

Zum Vermögen des Kardinals gehört auch jene Geheim-Stiftung, die von leidtragenden Bauern im Weinviertel des Landgrabbings beschuldigt wird. Doch wie andere hohe Geistliche in der Weltkirche stellt sich auch Kardinal Schönborn gerne als armer Kirchenmann dar. Schließlich gehört er ja dem Bettelorden der Dominikaner an, wo Besitzlosigkeit eine besondere Rolle spielt. Im wirklichen Leben aber gehört der Kardinal mit 152 Millionen Euro Privatvermögen (der Standard) zu den reichsten Österreichern. Läuft er da etwa Gefahr, dem Armutsgelübde untreu zu werden?

Während die Diözesanbudgets mittlerweile in Österreich veröffentlicht werden, bleibt der Bereich der Mensalgüter intransparent. Jener Bereich, auf dessen Erträge die Ortsbischöfe zur Finanzierung ihres Haushalts und nicht näher bestimmter seelsorgerischer Aktivitäten allein Zugriff haben. In Wien sind das beispielsweise Besitzungen im Marchfeld und in Kirberg am Wechsel. Dort verbringt Kardinal Schönborn, sofern er nicht bei seinen armen Dominikaner-Brüdern in Retz ist, freie Tage in einer Jagdvilla der 1920er-Jahre. Die klerikale Buchführung ist in Österreich ebenso versiegelt wie jene im Vatikan.

Vereinigte Staaten

In den USA sind Staat und Religion streng voneinander getrennt. Bei der Volkszählung wird die religiöse Zugehörigkeit der Bürger zu irgendwelchen Kirchen nicht erhoben. Den Staat interessiert es nicht, was seine Bürger glauben. Und er erkennt auch keine Religionsgemeinschaften an. Das führt dazu, dass jeder der will, seine eigene Kirche gründen kann. Ein Freiraum für die Pfingstkirchen. Bezüglich der Größe einzelner Relegionsgemeinschaften, die u. a. auch als GmbH firmieren, gibt es keine überprüfbaren Angaben. Einzig brauchbare Zahlen liefert das »Yearbook of American & Canadian Churches«, in dem Hawaii und Alaska mit erfasst sind.

Dennoch spielt Religion in den USA eine viel größere Rolle als etwa in Europa. 46 Prozent der Amerikaner besuchen mindestens einmal die Woche die Kirche, in Großbritannien sind es 14 Prozent, in den alten Bundesländern Deutschlands 13 Prozent, in Frankreich 8 Prozent und in Schweden sogar nur 7 Prozent. Mehr als ein Viertel der Amerikaner gehört den evangelikalen Kirchen an (26,3 Prozent). Die Weltkirche hat mit 23,9 Prozent den zweitgrößten Anteil. Nationales Zentrum der Weltkirche in den USA ist der Nordosten mit einem Anteil von 29 Prozent an der Bevölkerung.

Die Weltkirche besteht in den USA aus 31 Kirchenprovinzen mit insgesamt 178 Bistümern. Dazu kommen noch 16 Bistümer der verschiedenen unierten Kirchen, welche ebenfalls stark sind. In den insgesamt 194 Bistümern gibt es 17 403 Pfarreien, die von 26 265 Weltpriestern betreut werden. Dazu kommen 12 010 Ordenspriester, 4 318 Ordensbrüder und 49 883 Ordensschwestern. Die Weltkirche unterhält 630 Krankenhäuser, mehr als 6 800 Schulen sowie 244 Colleges und Universitäten. Laut dem US-Wirtschaftsmagazin »Economist« ist der Ableger der Weltkirche in den USA mit 65 000 Mitarbeitern die größte Hilfsorganisation des Landes. Für die Armenfürsorge gibt sie jährlich rund 5 Milliarden Dollar aus.

Gleicht das Erscheinungsbild der Weltkirche in den USA nach außen einem Monolith, ist sie im Inneren jedoch tief gespalten. Zu dem alten Gegensatz zwischen irischem Katholizismus und italienischer Auffassung, zu dem sich schon immer noch ein anderes Kirchenverständnis der österreichisch-deutsch-polnischen Katholiken, sowie einem alten französischen Einfluss gesellt, hat sich in den vergangenen Jahrzehnten immer mehr das spanische Element eingestellt: Einwanderer aus Mexico, Puerto Rico, Kuba, den Philippinen und den Staaten Südamerikas bilden heute die Mitgliedermehrheit in vielen Gemeinden der Weltkirche. Demgegenüber entstammt der Klerus größtenteils noch den alten Gruppierungen. Ein Problem, das die Weltkirche in den kommenden Jahren noch beschäftigen wird.

Eine Welle von Sex-Skandalen um Priester, die Kinder missbraucht haben, hat dem Ansehen der Weltkirche in den USA seit 2002 schwer geschadet. Diözesen haben mittlerweile mehr als zwei Milliarden Dollar an Opfer bezahlt, acht Diözesen mussten deshalb sogar Bankrott erklären: Davenport im Bundesstaat Iowa, Fairbanks in Alaska, Portland, San Diego in Kalifornien, Spokane in Washington, Wilmington in Delaware und das Erzbistum Milwaukee. Dadurch konnten die Diözesen berechtigte Klägeransprüche abwehren. So sitzt beispielsweise der Erzbischof von Boston seit 2004 nicht mehr in einer Residenz, sondern in einer Mietwohnung.

Nichtsdestotrotz verfügt die Weltkirche in den USA immer noch über einen stattlichen Immobilien- und Grundbesitz. Über eine Million Hektar Ackerland gehören ihr. Die mit nur 5 500 Euro pro Hektar bewertet, ergibt einen Verkehrswert von rund 5,5 Milliarden Euro. Nicht zu vergessen die Milliardenvermögen einzelner

Bistümer. Allen voran die Erzdiözese Chicago mit über sechs Milliarden Euro. Sie gilt als reichste Diözese weltweit. Über weiteres Vermögen in den USA schweigt die Kirche.

Die Länder Südamerikas hat die Weltkirche im 15. Jahrhundert ausgeplündert, ihre Bewohner versklavt und ihren Besitz konfisziert. Im Jahr 1452 legitimierte Papst Nikolaus V. den Sklavenhandel durch eine Bulle, indem er den portugiesischen König ermächtigte, » ... die Länder der Ungläubigen zu erobern, ihre Bewohner zu vertreiben, zu unterjochen und in die ewige Knechtschaft zu zwingen«.

Mit dem ersten Gold aus der Südamerika-Beute ließ Papst Alexander VI. die Decke von Santa Maria Maggiore in Rom verzieren. Die Kirche ist also mit Blutgold aus Südamerika verziert. Die geraubten Goldschätze hat die Weltkirche bis heute natürlich nicht zurückgegeben. Sie zieren als Monstranzen und anderes Kirchengerät vor allem in den südeuropäischen Ländern die Altäre. So mancher von ihnen – wie etwa in der Kathedrale von Sevilla – wurde ebenfalls mit Gold überzogen.

Die Kirche Santa Maria Maggiore ist es dann auch, in die es rund 500 Jahre später den Argentinier Jorge Mario Bergoglio zieht, um zur Heiligen Maria zu beten – nur wenige Stunden nach seiner Wahl zum Papst. Vielleicht hat er dabei im Stillen auch für das Seelenheil der während der argentinischen Militärdiktatur gefolterten und ermordeten 30 000 Landsleute gebetet. Ohne den Pakt der seinerzeit regierenden Politikerkaste mit der Weltkirche wäre das wohl gar nicht möglich gewesen.

ARGENTINIEN

90 Prozent der Bevölkerung oder 34 Millionen sind Mitglied der Weltkirche. In den 69 Diözesen gibt es 2 642 Pfarreien, die von 5 640 Priestern und 9 070 Ordensfrauen betreut werden. Der hohe Anteil von Katholiken unter der argentinischen Bevölkerung ist auf den Nachlass der mittelalterlichen Siedler des Landes und ih-

rer Nachkommen zurückzuführen. In erster Linie auf Spanier und Italiener.

Die Weltkirche hat in Argentinien ein Problem: Ihre Mitglieder schwinden, weil sie sich von ihrer Kirche im Stich gelassen sehen. Denn traditionell stand sie immer auf der Seite der politischen und militärischen Machthaber. Doch die Kirche kennt die Ursachen ihres Problems und geht dagegen an. Dazu gehört insbesondere das Engagement der Priester mit Bezug zur Arbeiterschicht, die offen für die Rechte und gegen die Not der Armen eintreten.

Die argentinischen Bischöfe kreiden heute die Missstände, Arbeitslosigkeit, Ausbeutung der Arbeiter und Korruption an. Die Kirche geht auf Distanz vom Staat und hat sogar auf alle staatlichen Zuwendungen verzichtet. Wohl nicht ohne Grund hat es Papst Franziskus bislang vermieden, seinem Heimatland als Oberhaupt der Weltkirche einen Besuch abzustatten. Seine Besuche auf dem südamerikanischen Kontinent galten bisher nur den Nachbarländern.

Papst Franziskus kennt das Land, er kennt auch das Armutsproblem im Land. Ob er über den immensen Landbesitz der Weltkirche in Argentinien weiß, bleibt dahin gestellt. Rund 20 Prozent des Ackerlandes gehören ihr – rund 25 Millionen Hektar. Werden sie mit durchschnittlich nur 3 500 Euro pro Hektar bewertet (Länderbericht Bundeswirtschaftsministerium), ergibt dies einen Betrag von knapp 90 Milliarden Euro. Was wohl Argentiniens Arme sagen würden, wenn sie das wüssten.

Wie in anderen Ländern ist die Weltkirche auch in Argentinien nicht bereit, sich von ihren nationalen Besitztümern zu trennen, um den Armen vor Ort unter die Arme zu greifen.

Papst Franziskus hat zwar erkannt, dass die Kirche nur mit erheblichem Imageschaden so fortfahren kann, während andere immer bezahlen. Doch in der kirchlichen Praxis sieht das meistens anders aus. Zum Beispiel bei Naturkatastrophen wie bei einem Tropensturm in Mexiko im Jahr 2013, wo die Weltkirche einen »Anstandsbetrag« von 74 000 Euro überwies, um diese »großzügige« Nothilfe anschließend auch noch mit Pressemitteilungen verbreiten zu lassen. Ein Almosen aus der kirchlichen Portokasse, das nichts am Prinzip einer reichen Weltkirche ändert. Anstatt den angehäuften Reichtum mit den Bedürftigen zu teilen, wird mal wieder nur ein kleines Almosen gespendet.

Doch wenn man erst erfährt, wie reich die Weltkirche und einzelne ihrer Bistümer in Deutschland sind, könnte man gar vom Glauben abfallen.

Deutschland

Dass der Ableger der Weltkirche in Deutschland nicht arm ist, hat er vor allem dem Kirchensteuersystem zu verdanken. Das ist in dieser Form einmalig auf der Welt. Nach Berechnungen des Sozialwissenschaftlers Carsten Frerk belief sich das Vermögen der Weltkirche in Deutschland im Jahr 2013 auf rund 250 Milliarden Euro. Haupteinnahmequellen sind danach die Kirchensteuer, Vermögenserträge und Staatsleistungen. Tatsache ist, die Weltkirche ist mit insgesamt 241 300 Hektar der zweitgrößte private Grundbesitzer in Deutschland. Dazu kommen 151 000 Hektar, die im Besitz von Ordensgemeinschaften sind. Hinzu kommen Immobilien, Beteiligungen und Kapitalanlagen der Weltkirche und der zu ihr gehörenden Institutionen. Hinzu kommen die Einnahmen und Erträge aus Mieten, Pachten, Erbbauzinsen, Beteiligungen und Kapitalanlagen.

Dass die Weltkirche in Deutschland viel besitzt, war klar – wie groß ihr Vermögen aber tatsächlich ist, lag noch bis vor wenigen Jahren im Dunkeln. Erst seit dem Skandal um den Limburger Protz-Bischof Tebartz-van Elst legen die Bistümer allmählich ihre Finanzen offen. Das gilt auch und gerade für lange geheim gehaltene Schattenhaushalte wie die Bischöflichen Stühle oder kirchlichen Versorgungswerke.

Der »Bischöfliche Stuhl« ist ein dunkles Konto der Weltkirche, über das jeder Bischof in jeder der 27 deutschen Diözesen verfügt. Über das Konto, über die Höhe der Einlagen, die Ausgaben und

Einnahmen – also woher das Geld kommt – muss die Weltkirche niemandem Rechenschaft ablegen – keinem Finanzamt, niemandem. Außenstehenden werden jeweils zwar die Diözesanhaushalte vorgeführt, doch vieles bleibt geheim. Das läuft über den Bischöflichen Stuhl oder irgendwelche Stiftungen oder Unterorganisationen. Kaum jemand überschaut die Finanzquellen. So wie beispielsweise in der Diözese Limburg:

Dort hatten 2013 fragwürdige Immobiliengeschäfte das Vermögen des Bischöflichen Stuhls anschwellen lassen. Protz-Bischof Tebartz-van Elst hatte dazu einfach ein kirchliches Siedlungswerk mit 7 500 Wohnungen vom »Stuhl« an das Bistum verkauft, die dieses mit 6,7 Millionen Euro aus den Kirchensteuern erwarb. Mit den Millionen konnte dann der »Stuhl« schalten und walten, wie er wollte. Damit wurde dann der Limburger Bischofssitz mitsamt allen bischöflichen Extrawünschen zu einem großen Teil aus Steuermitteln erbaut, wenn auch durch ein Insider-Geschäft verschleiert.

»Deutschlands katholische Bistümer verfügen über deutlich höhere Vermögen als bislang bekannt«, schreibt dazu 2013 der SPIEGEL. »Trotz der Transparenzoffensive verschweigen Bischöfe mehrstellige Millionenbeträge, etwa in gesonderten Vermögenshaushalten oder in Vermögenshaushalten von Domkapiteln. Allein in dem kleinen Bistum Limburg wurden seit 1948 über 300 Millionen Euro in eine graue Kasse verschoben – nicht beim »Stuhl« und nicht in den öffentlich gemachten Haushalten.«

Dabei sollte man wissen, dass seitens der Politik alle »Bischöflichen Stühle« in Deutschland zu »Körperschaften des öffentlichen Rechts« erklärt wurden. Wäre also der »Stuhl« des Bistums Limburg im Zuge des Finanzskandals 2013 pleitegegangen, hätte der Staat für den Minusbetrag aufkommen müssen.

Kontrolliert wird das Vermögen der Bischöflichen Stühle offiziell von einem Gremium aus Juristen und Wirtschaftsexperten. »Der Bischof könne über das Vermögen nicht frei verfügen«, hieß es seinerzeit in Limburg. Kritiker bemängeln allerdings, dass diese Kontrollgremien höchstens »demokratische Dekoration« sind und in der Praxis keine Macht auf den Bischof ausüben können. Der Limburger Fall zeigte ja, wie leicht es dem Protz-Bischof fiel, die Kontrollinstanzen zu umgehen.

Abgeschlossen ist dieser Prozess auch 2017 noch nicht. Einige Bistümer tun sich immer noch bei der Bewertung etwa ihres Besitzes an Gebäuden und Grundstücken schwer. Die Amtsträger der Kirche wissen zwar immer genau, wie hoch der sie »erdrückende« Erhaltungsaufwand für ihre Gotteshäuser ist, sie haben aber angeblich keine Kenntnis davon, über welche Werte sie an Grundbesitz und Immobilien verfügen. Dabei kann eigentlich jede Kirchengemeinde ziemlich genau beziffern, welchen Wert ihr nicht bebauter Acker im Wohngebiet nach den ortsüblichen Preisen hat. Warum dieser Wert nicht ausgewiesen wird, hat zwei Gründe:

- Zum einen ist es nach dem kirchlichen Vermögensrecht den Kirchengemeinden untersagt, Grundbesitz, Immobilien und andere Vermögenswerte – etwa Kunstgegenstände – ohne Erlaubnis der Dekanate zu verkaufen.

- Zum anderen stellt die Kirche seit ihrem Bestehen ihr Vermögen zur »toten Hand«. Das heißt, sie hortet es und denkt nicht daran, es wieder in den Wirtschaftskreislauf zurückzubringen. Seit dem Mittelalter wird dieser Grundsatz beibehalten.

Dazu kommt nicht nur die Vielzahl der eigenständigen Rechtsträger (Eigentümer), die auf jede Form von Zentralismus empfindlich reagieren, sondern auch, dass in den kirchlichen Haushaltsplänen unter »Vermögen« bislang nur das Geldvermögen verstanden wurde. Grundbesitz und Immobilien werden nicht benannt oder bewertet, sie tauchen nur in den »Erträgen aus Vermögen« (Miet- und Pachteinnahmen etc.) auf.

Um eine bessere Gesamtübersicht über ihre wirtschaftliche Situation zu bekommen, stellen etliche (Erz)Diözesen und kirchlichen Träger ihre Bilanzen nun nach den Standards des Handelsgesetzbuches um.

Schwindelerregende Zahlen

Grundbesitz

- 217 900 Hektar (inkl. karitative Einrichtungen) land- und forstwirtschaftliche Fläche

- 15 900 Hektar bebaute Fläche

- 7 490 Friedhofsfläche

Legt man für die landwirtschaftlich genutzte Fläche einen mittleren Marktwert von 10 000 Euro / Hektar zugrunde, ergibt das bei anteilig 69,9 Prozent **21.790 Milliarden Euro**. Bei der forstwirtschaftlich genutzten Fläche mit anteilig 18,2 Prozent und einem mittleren Marktwert von 5 000 Euro / Hektar **0,750 Milliarden Euro** und für die bebauten Grundstücke einen mittleren Marktwert von 300 Euro/qm, ergibt das **47,700 Milliarden Euro**. Verkehrswert Grundbesitz insgesamt: **70,240 Milliarden Euro**.

Für die land- und forstwirtschaftlichen Flächen, die sich überwiegend im Besitz der einzelnen Kirchengemeinden befinden, kommen jährliche Pachteinnahmen von rund **200 Millionen Euro** hinzu. Die Friedhofsflächen bleiben wertmäßig unberücksichtigt.

Immobilienbesitz

Zum Immobilienbesitz der Weltkirche gehören in Deutschland insgesamt rund 150 000 Immobilien. Darunter etwa 24 500 Kirchen – wovon etwa 23 000 denkmalgeschützt sind –, 22 000 Gemeindezentren/-häuser, 23 000 Schulen sowie Kindergärten, Senioren- und Pflegeheime. Krankenhäuser, Behinderteneinrichtungen, Büchereien etc. Darin nicht enthalten sind etwa 41 000 Gebäude, bei denen es sich um Akademien, Tagungshäuser, Verwaltungsgebäude sowie Wohn- und Geschäftshäuser handelt. Letztere werden in Fachkreisen wertmäßig mit ca. 45 Milliarden Euro angesetzt. Für die Kirchen werden 25 Milliarden Euro, für Pfarrhäuser 4 Milliarden Euro, für Gemeindehäuser 3 Milliarden Euro und für sonstige Gebäude 4,5 Milliarden Euro angesetzt.

Der Verkehrswert der Gebäude insgesamt beläuft sich damit auf rund 81,5 Milliarden Euro.

Grund- und Immobilienbesitz der Ordensgemeinschaften

Für die 151 000 Hektar überwiegend landwirtschaftlich genutzter Fläche wird ein durchschnittlicher Wert von 7 500 Euro/Hektar angenommen, was einem Gesamtverkehrswert von 1,133 Milliarden Euro entspricht. Der geschätzte Immobilienwert der Klöster liegt bei rund 5 Milliarden Euro.

Der Grund- und Immobilienverkehrswert beläuft sich somit auf insgesamt knapp 6,2 Milliarden Euro

Siedlungsgesellschaften

Die rund 50 katholischen Siedlungsgesellschaften verfügen über einen Bestand von rund 110 000 Einheiten. Ihr Verkehrswert wird auf 15,0 Milliarden Euro taxiert. Dazu kommen Stammkapital und Rücklagen von über 3 Milliarden Euro. Damit ergibt sich ein Gesamtvermögenswert von 18 Milliarden Euro.

Kapitalanlagegesellschaften

Das Immobilienvermögen der im Kirchenbesitz befindlichen »Aachener Grund Kapitalgesellschaft« liegt Mitte 2017 bei 5 Milliarden Euro. Dazu kommen Rücklagen und ein Stammkapital von rund 2 Milliarden. Ein Vermögenswert von insgesamt 7 Milliarden Euro.

Dazu kommt ein großer Immobilienbesitz bei einzelnen kirchlichen Trägergesellschaften und über 25 000 kirchlichen Pfarr-Stiftungen. Wegen fehlender Transparenz ist es nicht möglich, diesen Vermögenswert zu beziffern.

Der gesamte Immobilienbesitz der Weltkirche und ihrer Trägergesellschaften kann für Deutschland mit mindestens 200 bis 250 Milliarden Euro angesetzt werden. Dazu kommen Miet-, Pacht- und Erbzinserträge. Auch das: ein Milliardenbetrag.

Angesichts rückläufiger Mitgliederzahlen und Kirchenbesucher werden künftig wohl auch in Deutschland verstärkt Kirchen im Immobilienangebot zu finden sein. Aktuell werden etwa 1,7 Prozent der Kirchengebäude nicht mehr liturgisch genutzt, lediglich 0,4 Prozent sind davon verkauft oder abgerissen worden. Was in den Niederlanden, Frankreich und Großbritannien schon gängige Praxis ist, wird auch in Deutschland Fuß fassen. Ob Umwidmung oder Abriss – Kirchen liegen in attraktiven Stadt-, Stadtteil- oder Dorf-Lagen. Also auf gesuchten Flächen für Handel und Gewerbe. Dabei ist es sowohl aus theologischer wie auch kirchenrechtlicher Sicht kein Problem, eine Kirche zu entwidmen, zu vermieten oder zu verkaufen.

Wenn es darum geht den Wert solch einer Kirchenimmobilie zu ermitteln, wissen die Kirchengemeinden sehr genau, was Grund und Immobilie im Markt wert sind. Hilfe bekommen sie u. a. von den Kirchenbanken. So macht beispielsweise die der Kirche gehörende Pax-Bank schon seit einigen Jahren unter Geldnot leidenden Kirchengemeinden das Angebot, ihren kirchlichen Immobilienbestand zu sichten, auszuwerten und mögliche Umsetzungen zu analysieren. Das ist dann meist der Auftakt für die Suche nach Umnutzung, externen Mietern oder Käufern.

Beispielsweise für den Kölner Dom. Interessenten dafür gäbe es wohl genug. Schwierig nur, dass sich dafür kein Verkaufspreis feststellen lässt. Denn bisher wurde der Dom nicht zum Verkauf angeboten, deshalb also auch keinen Marktpreis hat. Deshalb wird der Dom selbst in der Bilanz der Erzdiözese mit einem symbolischen Wert von nur einem Euro (!) geführt. Aber – der Dom steht auf einem der teuersten Grundstücke in Köln. Beste City-Lage, direkt neben dem Bahnhof. Ein idealer Platz für ein nobles Einkaufszentrum mit Veranstaltungszentrum.

So wie den Kölner Dom gibt es bundesweit rund 300 Großkirchen, davon 55 »einzigartige«, von denen 20 wie der Kölner Dom als Unesco-Weltkulturerbe eingestuft sind: Der Dom in Aachen, der Dom zu Speyer, die Wieskirche in Füssen, Dom und Michaeliskirche in Hildesheim, der Dom in Trier oder die Stiftskirche in Quedlinburg. Insgesamt ein hoher Milliardenschatz.

Was für Kirchen, Kulturbauten, an denen unsere Vorfahren Jahrzehnte gebaut haben, erhalten über Jahrhunderte. Und die im Gegensatz zum Kölner Dom, an dem seit Jahrhunderten gebaut wird, auch fertig wurden. Demgegenüber wird der Kölner Dom nie fertig. Unentwegt nagt der Zahn der Zeit durch sauren Regen, Luftverschmutzung und Vogelkot an Trachyt- und Sandsteinen. Immer hängen irgendwo am gotischen Gebirge Baugerüste. Gut so, denn so lange am Dom gebaut wird, geht die Welt nicht unter, sagen die Kölner. Und so wurden auch im vergangenen Jahr wieder für den Erhalt von der Domhütte 7,3 Millionen Euro ausgegeben. Die Kosten für den Neubau einer Kirche in Quickborn mit 400 Plätzen beliefen sich seinerzeit auf 1,5 Millionen Euro.

Doch während sich in der Kirche Quickborn nur an Sonn- und Feiertagen einige wenige Gläubige zum Gebet versammeln, kommen in den Kölner Dom täglich bis 30 000 Touristen aus aller Welt – 6 Millionen Jahr für Jahr. Viermal so viel wie auf Schloss Neuschwanstein. Neben der imposanten Größe der Kathedrale sind es auch die vielen Kunstwerke in der Kirche, die die Menschen anziehen. Im Grunde ist der Dom ein riesiges Museum – mit kostenfreiem Eintritt.

Doch was sind diese Kirchenbauten wert? 250 Millionen, 500 Millionen oder gar 1 Milliarde Euro? Der Neubau der Dresdner Frauenkirche hat rund 250 Millionen Euro gekostet. Es ist eine müßige Diskussion, ob nun der Kölner Dom mit 500 Millionen Euro, einer Milliarde oder mehr zu beziffern ist. Mindestens 500 Millionen Euro werden es schon sein. Zwischen 250 bis 500 Millionen Euro liegen u. a. auch der Aachener Dom, der Bamberger Dom, die Klosterkirche Corvey, der Dom in Eichstätt, das Freiburger Münster, die Wieskirche in Füssen, die Michaeliskirche in Hildesheim, der Limburger Dom, der Dom in Mainz, die Lambertikirche in Münster, St. Lorenz in Nürnberg, der Paderborner Dom, der Dom in Passau, der Regensburger Dom, der Dom in Speyer, der Trierer Dom, der Dom in Worms oder die Klosterkirchen in Ettal und Ottobeuren. In den Bilanzen der Diözesen und Orden sind diese Kirchenimmobilien wertmäßig in der Regel mit 1 Euro angesetzt. Tatsächlich aber verbirgt sich dahinter ein Milliardenschatz. Daneben gibt es aber auch einige Tausend Kirchen, die wohl nur umsonst abzugeben sind, da die Restaurierung sehr teuer sein wird.

Weiteren Grund- und Immobilienbesitz halten die vielen Tausend kirchlichen Trägergesellschaften und Stiftungen, die Wohlfahrtsverbände und die 27 Diözesen. So wird allein der Immobilienbesitz der Diözese Köln auf über 610 Millionen Euro taxiert. Die 7 000 Immobilien der Diözese München und Freising müssen in den kommenden Jahren erst noch bewertet werden. Insgesamt kommt da ebenfalls ein stattlicher Milliarden Euro-Betrag zusammen.

Kirchenvermögen am Beispiel des Bistums München und Freising

Das Münchner Erzbistum hat mehr Geld, als die Verantwortlichen selbst vermutet haben. 6,2 Milliarden Euro ist der Besitz wert, und da sind die Besitztümer der Pfarreien und Orden noch gar nicht eingerechnet. Darunter alleine 750 Pfarrkirchenstiftungen, aber auch eine Knaben- und Klerikalseminarstiftung sowie das Domkapitel. Hinzu kommen rund 7 000 Gebäude samt Grundstücke. Darunter das für 130 Millionen Euro erbaute neue Dienstleistungszentrum der Diözese. Darunter aber auch das zur Stärkung der Achse Vatikan – München im Jahr 2012 für (9,7) rund 14 Millionen Euro gekaufte und umgebaute Gästehaus Casa Maria an der Villa della Medaglie d'Oro in Rom. Auch das wurde in eine Stiftung eingebracht.

Rechtsträger Erzbistum	3 300 Millionen Euro*
Stille Reserven des Erzbistums	*500 Millionen Euro (nicht in der Bilanz)*
Emeritenanstalt	237 Millionen Euro
St. Korbian-Stiftung	620 Millionen Euro
Stille Reserven der St. Korbian Stiftung	*1,8 Millionen Euro*
Bischof-Arbeo-Stiftung	633 Millionen Euro
Stille Reserven Bischof-Arbeo-Stiftung	*181,1 Millionen Euro*
St. Antonius-Stiftung	680 Millionen Euro
Stille Reserven At. -Antonius-Stiftung	*53,9 Millionen Euro*
Erzbischöflicher Stuhl	56 Millionen Euro

* Ein großer Teil davon sind Immobilien und Sachanlagen im Wert von 1,3 Milliarden Euro. Dazu kommen Finanzanlagen von 1,5 Milliarden Euro sowie liquide Mittel von 440 Millionen Euro. Aus der Kirchensteuer kommen 579 Millionen Euro. Die Gesamtbeträge einschließlich staatlicher Zuwendungen betrugen 781 Millionen Euro. Quelle: Bundesverband Deutscher Stiftungen

Dieses Vermögen wäre noch höher, hätte die Kirche 2015 nicht 1 560 Millionen Euro in drei Stiftungen ausgelagert, deren Zweck es ist, die Arbeit der Kirche in den Bereichen Seelsorge, Bildung und Wohlfahrtspflege zu stützen.

Der Grundbesitz der Weltkirche in Deutschland wurde zuletzt 1937 in einer offiziellen Reichs-Statistik erfasst. Aktuelle Zahlen zum aktuellen Grundbesitz gibt es trotz aller Transparenzversprechen bis heute nicht. Hinzu kommt ein dreistelliger Milliarden Euro-Vermögenswert in Form von Geld, Aktien und Unternehmensbeteiligungen. Die finanziellen Reserven, etwa zurückgelegte Pensionsvermögen, werden auf 50 bis 65 Milliarden Euro geschätzt. Dazu kommen aber auch jährliche Einnahmen aus Spenden und Kollekten in Höhe von ca. 250 Millionen Euro.

Deutschlands Diözesen

Die Frage, wie reich der deutsche Ableger der Weltkirche tatsächlich ist, ist nur schwer zu beziffern. Die Antwort steckt in Hunderten Bilanzen, Jahresabschlussrechnungen, Finanzberichten und Haushaltsplänen, die größtenteils nicht veröffentlicht werden. Doch selbst wenn man diese alle durcharbeiten könnte, hätte man keinen vollständigen Überblick. Zwei Zahlen zur Annäherung – eine sehr große und eine sehr kleine – sollen das verdeutlichen:

- **4 012 193 600 Euro** – auf diesen Betrag beläuft sich das gesamte Vermögen des Erzbistums Paderborn. Damit ist Paderborn nach dem Erzbistum München und Freising die zweitreichste Diözese in Deutschland.

- **27 Euro** beträgt der Wert des Unesco-Weltkulturerbes Kölner Dom in der Bilanz des Erzbistums Köln. Weil der Dom nach Angaben der Kirche unverkäuflich ist und keinerlei Erträge abwirft. Im Gegenteil, er kostet im Jahr rund 12 Millionen Euro Unterhalt. Der Wert des Doms ist in der Bilanz mit 1 Euro angesetzt. Hinzu kommt nochmals jeweils 1 Euro für jede der 26 Grundstücksparzellen, auf(n) denen der Dom steht – insgesamt stehen in der Bilanz also 27 Euro.

- Diese Zahlenbeispiele werfen bereits einige Fragen auf, um die es beim Komplex Kirche und Geld geht:

- Was heißt es, wenn ein Bistum ein Vermögen von 4 Milliarden Euro hat?

- Wie werden Grundstücke und Gebäude in den Kirchenbilanzen berücksichtigt?

- In welchem Verhältnis steht das Vermögen zu den jährlichen Ausgaben?

• Was sagen all die Zahlen über den Reichtum der Kirche aus?

Seit dem Skandal um den ehemaligen Limburger Bischof Tebartz-van Elst hat sich der deutsche Ableger der Weltkirche Transparenz verordnet. Ein Würdenträger, der an allen Gremien vorbei Gelder für fragwürdige Zwecke abzweigt, das soll es nicht mehr geben. Also legen die Bistümer nach und nach ihre Finanzen offen. Auch wenn sie kirchenrechtlich dazu gar nicht verpflichtet sind.

Doch selbst wenn durch die neue Offenheit der Bistümer jetzt theoretisch alle Gläubigen im Internet nachlesen können, wie reich »die Kirche« oder einzelne Bistümer sind, gilt es einige Punkte zu beachten, um die Zahlen richtig zu verstehen:

Jedes der 27 Bistümer in Deutschland verfügt über einen Haushalt, aus dem es die Ausgaben für die Seelsorge, das Personal und den Bau sowie den Unterhalt von kirchlichen Gebäuden finanziert. In diese Haushalte fließt auch die Kirchensteuer, die seit dem 19. Jahrhundert die wichtigste Finanzierungsquelle des Ablegers der Weltkirche in Deutschland ist. In den Etats der Bistümer steckt deshalb ein Großteil der laufenden Einnahmen – aber eben nicht alles.

Dazu kommt der Haushalt des jeweiligen Bischöflichen Stuhls, der zumindest in manchen Bistümern getrennt vom jeweiligen Haushalt verwaltet wird. Dabei handelt es sich um Geld, das der bischöflichen Amtsverwaltung selbst zur Verfügung steht. In der Regel geht es jedoch um verhältnismäßig kleine Summen. So beträgt beispielsweise der reguläre Haushalt des Bistums Speyer mehr als 140 Millionen Euro – der Bischöfliche Stuhl setzt aber weniger als 1 Million Euro im Jahr um.

Außerdem gibt es die laufenden Haushalte der Pfarrkirchenstiftungen, also von Tausenden einzelnen Pfarreien, die als eigenständige Körperschaften wirtschaften. Wenn beispielsweise jemand der örtlichen Kirche Geld spendet, taucht diese Zuwendung im Haushalt des jeweiligen Bistums nicht auf, sie wird von der Außenwelt unerkannt in einer Pfarrstiftung geparkt.

Der Haushalt eines Bistums umfasst die jährlichen Ein- und Ausgaben. Wichtigster Posten bei den Einnahmen ist die Kirchensteuer. Diese macht je nach Bistum mindestens zwei Drittel der Summe aus. Der Rest kommt aus Zuwendungen, die der Staat etwa für kirchliche Schulen, Kindertagesstätten oder Sozialbetriebe zahlt.

Darüber hinaus erwirtschaftet die Kirche, etwa durch Immobilienbesitz, auch selbst Geld. Ein großes Bistum wie Köln kalkuliert daraus mit Einnahmen fast 800 Millionen Euro jährlich, ein kleines Bistum wie Passau nur mit etwas mehr als 110 Millionen Euro. Das Geld fließt zum Großteil in Personalausgaben, Baumaßnahmen oder Zuschüsse an kirchliche Einrichtungen.

Zentrale Größe einer Bilanz ist das Eigenkapital, also das Netto- oder Reinvermögen. Doch was wird in den Jahresabschlüssen der Bistümer als Eigenkapital ausgewiesen? Wie gut diese Information tatsächlich ist, hängt davon ab, wieviel Vermögen die Bistümer in selbständige Rechtsformen, beispielsweise den Bischöflichen Stuhl oder in Stiftungen ausgegliedert haben. Für eine aussagefähige Darstellung müssten die Bistümer ihre rechtlich selbständigen Einheiten zu einem Gesamtabschluss (vergleichbar einem Konzernabschluss) konsolidieren, wie es auch Kreise, Städte und Gemeinden tun.

Seitens der Weltkirche wird argumentiert, man »benötige keine Konzernabschlüsse, da die Kirche kein gewinnorientierter Konzern« sei. Der Grund für die Erstellung solcher Berichte liegt allerdings nicht in der Gewinnerzielungsabsicht, sondern in Transparenzerfordernissen. Die gelten für die Weltkirche in der Sache ebenso wie für Unternehmen und die öffentliche Verwaltung. Auch das Argument des Essener Generalvikars Klaus Pfeffer, »die katholische Kirche ist kein Konzern, sondern ungemein komplexes Gebilde« – Konzerne sind nun mal ungemein komplexe Gebilde – ist ja gerade der Grund, weshalb durch die etablierten Konsolidierungsverfahren wieder Übersichtlichkeit hergestellt wird.

Die Weltkirche nimmt in Deutschland jährlich Milliarden Euro-Beträge allein aus Kirchensteuern ein. Hinzu kommen nicht unbeträchtliche öffentliche Millionensummen. Wieso sollten die

Transparenzstandards für Wirtschaft und Verwaltung da nicht auch für die Kirche gelten?

Ein Grund für die Zurückhaltung der Kirche trotz Transparenzoffensive dürfte darin liegen, dass bei der Konsolidierung die tatsächlichen Werte der kirchlichen Beteiligungen deutlicher werden, nicht mehr deren historische Anschaffungswerte (Buchwerte). Und damit der aktuelle Wert des Eigenkapitals der Beteiligungen auszuweisen ist. So müsste z. B. das Bistum Essen für seinen Anteil an der Aachener Siedlungs- und Wohnungsgesellschaft (ASW), der mit einem Anschaffungswert von 15 Millionen Euro in die Bistumsbilanz eingeflossen ist, im Gesamtabschluss stattdessen den anteiligen Wert des Eigenkapitals der ASW einsetzen. Allein dadurch würde sich das ausgewiesene Eigenkapital des Bistums Essen von 126 Millionen Euro um über 20 Millionen Euro erhöhen.

Doch anders als bei gewinnorientierten Unternehmen wird der bloße Vergleich des Eigenkapitals der Bistümer den kirchlichen Besonderheiten nicht gerecht. Denn das kirchliche Vermögen wird – mit Ausnahme der Wertpapiere – nicht wegen seines finanziellen Wertes oder zur Renditeerzielung gehalten, sondern vorrangig für kirchliche Zwecke. Das Vermögen ist daher nur eingeschränkt veräußerbar und soll auch gar nicht veräußert werden. In vielen Bistümern ist das Eigenkapital größtenteils in Sachanlagen und immateriellen Vermögenswerten gebunden. Das Eigenkapital spiegelt daher den finanziellen Spielraum eines Bistums häufig nicht sachgerecht wieder.

Geht es um den finanziellen Spielraum eines Bistums, bietet es sich an, auf der Aktivseite der Bilanz zwischen »betriebsnotwendigen« und »realisierbaren« Vermögenswerten zu unterscheiden. Das sind in der Regel nur die Wertpapiere des Anlagevermögens. Den anderen Finanzanlagen wie etwa Beteiligungen werden oft zu kirchlichen Zwecken eingegangen. Am Beispiel der ASW etwa »zur Versorgung breiter Bevölkerungskreise und besonderer Gruppen mit preiswerten Wohnungen«.

Auch Darlehen als Finanzanlagen bilanziert werden üblicherweise für kirchliche Zwecke (z. B. an andere kirchliche Einrichtungen) vergeben. Und auf das Umlaufvermögen (Vorräte, Forderungen, Kassenbestände, Guthaben) kann auch nicht verzichtet werden, ohne das Bistum lahmzulegen. Außer dem Wertpapiervermögen ist also das gesamte Anlagevermögen für ein Bistum »betriebsnotwendig«. So sind beispielsweise vom Eigenkapital des Bistums Limburg in Höhe von 686 Millionen Euro 206 Millionen Euro betriebsnotwendig und nur 480 Millionen Euro disponierbar. Und im Bistum Trier sind vom Eigenkapital von 427 Millionen Euro nur 97 Millionen Euro disponibel.

Dass die Kirchenbilanzen so hohe Finanzanlagen aufweisen hat seinen Grund: da sich langfristige Rückstellungen – etwa für Pensionen – verzinsen müssen, müssen nicht gewinnorientiert arbeitende Organisationen wie die Weltkirche diese Passivpositionen auf der Aktivseite mit rentierlichen Finanzanlegen unterlegen, um die bei der Berechnung der Rückstellungen angenommene Rendite auch zu erreichen und das Geld bei Fälligkeit auch auszahlen zu können. Man will ja nicht das Pfarrhaus verkaufen. In Kirchenbilanzen übersteigen die üblicherweise hohen Finanzanlagen daher häufig den Wert des Sachvermögens. So beträgt etwa beim Bistum Trier der Wert der Sachanlagen mit 185 Millionen Euro nur rund ein Drittel der Finanzanlagen in Höhe von 543 Millionen Euro. Diesen stehen jedoch Rückstellungen in Höhe von 409 Millionen Euro gegenüber.

Die Konzentration beim Vergleich von Bistums-Bilanzen auf das »disponierbare Eigenkapital« hat zudem den Vorteil, weil es so manche »Unschärfe« bei der Bewertung des kirchenspezifischen Sachvermögens (z. B. Kirchengebäude) neutralisiert. Das kirchliche Vermögen erhöht zwar den Wert der Sachanlagen, erhöht aber in gleichem Maße auch den Wert des betriebsnotwendigen Eigenkapitals. Dadurch ist der Wert des disponierbaren Eigenkapitals unabhängig davon, ob beispielsweise der Kölner Dom mit einem Euro Erinnerungswert in der Bilanz des Erzbistums Köln angesetzt wird oder mit einem höheren Wert – etwa den jährlichen Millionen-Baukosten der Dombauhütte

Weltkirche am Beispiel der Erzdiözese Köln

Mitglieder	2,02 Millionen
Gottesdienstbesucher	11,39 Prozent
Weltpriester	1150
Ordenspriester	185
Pfarreien	680
Dekanate	15
Ordensgemeinschaften	110
Kirchen	800
Filialkirchen/Kapellen	400
Mitarbeiter	700
Ehrenamtliche Mitarbeiter	200 000
Krankenhäuser	57 mit 15 000 Betten
Altenheime	100 mit 15 000 Betten
Kindergärten	836 mit 56 000 Plätzen
Büchereien	430 mit 1,3 Mio. Büchern
Sonstige Einrichtungen	236

Quelle: Erzbistum Köln

Taufen	15 000
Trauungen	3 834
Bestattungen	21 060
Kircheneintritte	260
Kirchenaustritte	14 657

Quelle: Erzbistum Köln

Gesamthaushalt	782 Mio. Euro
Kirchensteuer	440 Mio. Euro
Pfarrseelsorge	210 Mio. Euro
Karitative Aufgaben	44 Mio. Euro

Quelle: Erzbistum Köln

Bilanzsumme	3 518,0 Mio. Euro
Immobilienanlagen	594,2 Mio. Euro
Wertpapieranlagen	2 485,6 Mio. Euro
Eigenkapital	2 524,4 Mio. Euro
Erträge	832,6 Mio. Euro
davon Kirchensteuer	*627,6 Mio. Euro*
Aufwendungen	805,2 Mio. Euro
Investitionen	39,7 Mio. Euro

Quelle: Erzbistum Köln

Welche Zahlen nicht öffentlich sind

Das Vermögen des jeweiligen Bistums ist etwas anderes. In der jährlichen Bilanz taucht es höchstens indirekt auf. Etwa wenn dort von Zins- oder Pachteinnahmen die Rede ist. Wie hoch der Besitz des Bistums ist, lässt sich daraus nur indirekt ableiten:

Zum Besitz gehört beispielsweise Geld, das in Unternehmensanteilen steckt, etwa an der Aachener Siedlungs- und Wohnungsgesellschaft, an der mehrere Bistümer beteiligt sind. Alle Bistümer haben auch Rücklagen bei Banken, dazu gehört auch das Anlagekapital in Kirchenbanken wie der Liga- oder der Pax-Bank. Ein Vielfaches liegt in »normalen« Banken. Daneben verfügt die Kirche über Immobilien-, Grund- und Waldbesitz. Außerdem gehören ihr Domschätze, kostbare Bücher und andere Kunstgegenstände. Addiert man alle Werte, kommen schnell Milliardenbeträge zusammen.

Über die Verwendung der Kirchensteuern legen die Bistümer seit einigen Jahren mehr oder weniger umfänglich öffentlich Rechenschaft ab. Deshalb sind die regulären Haushalte öffentlich und in der Regel auch online abrufbar. Etwas anderes sind die Gelder, über welche die Bischöflichen Stühle unabhängig davon verfügen. Diese sind in der Regel nicht öffentlich. Auch die Vermögensver-

hältnisse, also den gesamten Besitzstand, legen nicht alle Bistümer offen.
Und dann existieren in vielen Diözesen noch zwei weitere Kassen:

• der sogenannte Vermögenshaushalt sowie

• der Vermögenshaushalt des Domkapitels.

Interne Geldtransfers zwischen diesen Kassen können schwerreiche Bistümer schnell als vergleichsweise arme Kirchensprengel erscheinen lassen.

Jedes Jahr werden beispielsweise aus dem Kirchensteuerhaushalt der Diözese Limburg Millionenbeträge als sogenannte Rücklagen entnommen und in den kaum bekannten Vermögenshaushalt des Bistums überwiesen. Genaue Zahlen werden dem Steuerrat des Bistums nicht mitgeteilt. Mitarbeiter schätzen das dadurch angesammelte Barvermögen auf aktuell über 300 Millionen Euro. Aber auch andere Bistümer praktizieren diese wundersame Geldverschiebung. Je größer die Diözese, desto höher der Ertrag. Manche Bistümer sollen bis zu einer Milliarde Euro im Vermögenshaushalt angehäuft haben.

Eine zweite graue Kasse, die bei der aktuellen Transparenzoffensive der deutschen Diözesen häufig nicht einmal am Rande erwähnt wird, ist beim Domkapitel angesiedelt. Dieses Kollegium ist in der Regel mit Geistlichen besetzt, die sich um den Unterhalt der jeweiligen Kathedralen und Dome kümmern. Sie sind in der Regel auch Dezernenten in den Ordinariaten, leiten also die Geschicke des jeweiligen Bistums. In diesem Haushalt sind, ähnlich wie im Bischöflichen Stuhl, alte Vermögenswerte untergebracht. Dabei handelt es sich zum Beispiel um Erbschaften, Immobilien und Wertpapiere.

Kaum ein Domkapitel gilt in Deutschland als so einflussreich und vermögend wie jenes zu Köln. Sein Haushalt umfasst offenbar beträchtliche Finanzwerte und Immobilien. Doch nicht einmal der seinerzeit als Generalvikar zuständige Dompropst Norbert Feldhoff traute sich anlässlich der Veröffentlichung der Haushaltszahlen des Kölner Erzbistums für das Jahr 2013 genauere Angaben zu: »Ich kann Ihnen keine Zahl über das Vermögen nennen, da ich selbst nicht weiß, wie hoch es liegt. Schätzungen wären aberwitzig.« Mitunter wissen die kirchlichen Finanzmanager in den Diözesen also selbst nicht so genau, wie viel Geld sie und ihre Vorgänger im Laufe der Jahrhunderte angehäuft haben.

Die Haushalte der einzelnen Pfarreien wiederum sind zwar grundsätzlich einsehbar, viele Pfarrer sträuben sich jedoch, diese wirklich öffentlich zugänglich zu machen. Oft gibt es Vorgaben wie die, dass der Haushalt einmal im Jahr für einige Wochen am »Schwarzen Brett« ausgehängt wird. Von Transparenz kann da wohl nicht wirklich die Rede sein.

Während die Bistümer zum Teil richtig reich sind, wissen manche Kirchengemeinden an der Front nicht, wie sie über die Runden kommen. Der Widerspruch geht auf die Nachkriegszeit zurück, als die Bischöfe den Reichtum der Kirchengemeinden einfach ihrer Diözese einverleibten. Bis 1948 waren es die Gemeinden, die die Kirchensteuern erhielten, sie führten davon nur einen Teil an die Bischöfe ab. Nach der Währungsreform jedoch wurde der Einzug der Kirchensteuern zentralisiert, sie gingen nun direkt an die Diözesen. So wurden die Pfarreien finanziell entmachtet und abgehängt von den Zuwendungen ihrer Bischöfe. Nach und nach verarmen sie jetzt.

So reich sind Deutschlands Diözesen

Die Vermögen aller 27 deutschen Diözesen summieren sich auf rund 25 Milliarden Euro. Die Diözesen München und Freising mit 6,1 Milliarden Euro, Paderborn (4,0 Milliarden) und Köln mit 3,4 Milliarden sind die reichsten. Aber auch die Bistümer Freiburg (968 Millionen Euro), Mainz (824 Millionen Euro), Trier (760 Millionen), Limburg (730 Millionen), Aachen (639 Millionen), Augsburg (620 Millionen), Passau (570 Millionen, Berlin (529 Millionen), Fulda (456 Millionen), Münster (418 Millionen), Osnabrück

(380 Millionen), Würzburg (356 Millionen), Rottenburg-Stuttgart (360 Millionen), Regensburg (350 Millionen), Erfurt (323 Millionen) und Speyer mit 183 Millionen Euro können sich sehen lassen. Nur das Erzbistum Hamburg kämpft derzeit um seine finanzielles Überleben. Ohne Gegenmaßnahmen wie der Verkauf von Immobilien in Hamburg und Kiel und die Schließung einzelner Schulen steigen die langfristigen Verbindlichkeiten nach Berechnungen der Unternehmensberatung Ernst & Young dort bis 2021 von aktuell 79 Millionen Euro auf über 350 Millionen Euro. Die jährlich 97 Millionen Euro aus Kirchensteuer reichen nicht mehr. Die Übernahme des katholischen Schulverbands mit 25 Schulen Anfang 2017 hat im Bistum wegen ungedeckter Pensionsverpflichtungen zu einer deutlichen Erhöhung der Schuldenlast geführt. Dazu kommt ein Instandhaltungsrückstau bei vielen Kirchengebäuden von rund 150 Millionen Euro.

Ein Großteil der Immobilien im Besitz der Bistümer ist immer noch nicht bewertet. Das gilt beispielsweise für die Diözesen München und Freising. Rottenburg-Stuttgart und Freiburg. Das trifft aber auch für die Vermögen der vielen den Bistümern gehörenden Stiftungen zu. Über zwei Milliarden Euro hat beispielsweise das Bistum München und Freising Stiftungen zugewiesen, die damit dem direkten Zugriff des Erzbistums entzogen sind.

Haupteinnahmequelle der Bistümer sind die Kirchensteuern. Knapp 6,2 Milliarden Euro bekamen sie 2016 aus dem Steuertopf. Bürger und Staat sorgen dafür, dass auch in Zeiten wachsender Zweifel an der frohen Botschaft das Vermögen der Weltkirche in Deutschland nicht schmilzt. Im weltweiten Vergleich liegen die deutschen Diözesen weit vorne. Reichste Diözese der Welt bleibt aber immer noch Chicago mit weit über sechs Milliarden Euro.

Kunst, Sakrales, »Unverkäufliches«

Ob in Rom, Köln oder Chicago – die Weltkirche sieht es als eine große Verpflichtung, ihre sakralen Kunstschätze zu bewahren. Und davon hat sie genug. Millionen Besucher können sie im Vatikan und in den kirchlichen Museen vor allem in Europa besuchen. Dazu gehört aber auch die häufig reiche Symbolik von Kirchengebäuden. Als Beispiele dafür lassen sich die Bernwardstür und die Christussäule im Hildesheimer Dom oder die Gestaltung von Altären nennen, wie beispielsweise den Isenheimer Altar von Tilman Riemenschneider in Colmar.

Besonders stolz ist man in der Weltkirche auf die Dom-Schatzkammern, in denen in der Art eines sakralen Kunstgewerbemuseums die besonderen Schätze verwahrt werden und die zweitausendjährige Existenz der Weltkirche verdeutlicht wird. Besondere Schätze befinden sich in den Bibliotheken – etwa in der Kölner Dombibliothek oder in der Apostolischen Bibliothek des Vatikans. Die dort archivierten alten Evangeliare gehören zu den »unschätzbaren Werten«. Aber auch Dantes Göttliche Komödie, von Botticelli illustriert, und zigtausende andere Handschriften sind dort zu finden. Bei den Vatikanischen Museen handelt es sich um eine der umfangreichsten Kunst- und Literatursammlungen weltweit. Mit Gemälden von Tizian, Leonardo da Vinci, Raffael und Caravaggio, für die, kämen sie auf den Markt, große Sammler fast jeden Preis zahlen würden. Nicht zu vergessen die kirchlichen Preziosen, Gerätschaften und Gewänder.

Natürlich haben alle diese Objekte einen Marktwert. Ob seinerzeit 32,5 Millionen Mark für das Evangeliar Heinrich des Löwen, 3,5 Millionen Mark für eine fragmentarische Gutenberg-Bibel oder 3 Millionen Mark für eine fränkische Madonna von Tilman Riemenschneider – sakrale Kunst lässt sich weltweit verkaufen. Alles in allem Kunst- und Buchschätze im Milliardenwert, der weder in den Bilanzen des Vatikans noch in denen der (Erz)Diözesen rund um den Erdball erfasst wird.

Doch das ist nur die eine Hälfte der kirchlichen Vermögensbilanz. Die andere, in der die Weltkirche über ihre Orden, Organisationen, Stiftungen oder Trägergesellschaften in Wirtschaftsunternehmen investiert ist und in denen Kirche steckt, soll an ausgewählten Beispielen vorrangig aus den deutschsprachigen Ländern aufgezeigt werden.

IV.
Unternehmen Kirche

*»Treu wie das Kreuz begleitet die Weltkirche
ihre Macht. Eine irdische Macht, auf ewig
beglaubigt durch die Statthalterschaft Gottes.«*

Das Unternehmen Kirche begleitet uns von der Wiege bis zur Bahre. Man wird in einem konfessionellen Krankenhaus geboren und erst einmal getauft, wächst in die Kirche hinein und erlebt sie vor Ort. Im Kindergarten, in einer Bekenntnisschule, in der Lehre bei einem kirchlichen Wirtschaftsunternehmen oder als Student an der katholischen Universität Eichstätt. Man wird einer der 1,35 Millionen konfessionellen hauptamtlichen Mitarbeiter, lässt sich in kirchlichen Einrichtungen weiterbilden, hat ein Konto bei einer Kirchenbank, baut sein Haus auf einem kirchlichen Erbbaugrundstück oder bewohnt in Deutschland eine der über 150 000 Mietwohnungen im kirchlichen Besitz.

Man sieht im Fernsehen einen mit Kirchengeld produzierten Tatort, trinkt Klosterbräu oder Wein von kirchlichen Weingütern, genießt Kaffee, Tee oder Orangensaft von Transfair. Beim Verreisen wohnt man in kirchlichen Hotels, bucht eine Städtereise nach Jerusalem bei einem kirchlichen Reiseveranstalter. Kulturell spielt man Posaune im örtlichen Kirchenchor und für das soziale Engagement wird man einer der 1,3 Millionen Ehrenamtlichen. Und landet man am Ende eines erfüllten Lebens in einem kirchlich geführten Altenheim, dauert es nicht lange, bis der Pfarrer die letzten

Worte spricht. Nur Bordelle und Beerdigungsunternehmen finden sich nicht im Unternehmen Kirche. Die ökonomische Größe der Weltkirche hat auch historische Gründe. »Dabei spielt sicherlich eine Rolle, dass die Kirche einfach eine sehr alte Institution ist, die sich quasi bis in die Neuzeit hinein behaupten konnte. In Deutschland hat es aber auch viel mit rechtlichen Sonderregelungen zu tun«, sagt Dominik Enste, der im Institut der deutschen Wirtschaft das Kompetenzfeld Wirtschaftsethik leitet. Das heißt: »Diese Besonderheiten mit Gemeinnützigkeitsrecht und anderem gibt es in anderen europäischen Staaten so nicht. Und basierend auf dieser starken Stellung hat sich die Kirche vor allem im Bereich der Pflege durchsetzen können.«

Die Vorstellung, dass der Kirchenstaat ein Hauptquartier des »big business« ist, kommt »normalen« Mitgliedern der Weltkirche nicht. Doch die Weltkirche war nie nur eine geistige, sondern immer schon auch eine wirtschaftliche Macht gewesen. Für den US-Journalisten und Vatikan-Kenner Nino Lo Bello (The Vatican Empire) war die Kirche schon Anfang der 1990er-Jahre »der größte Wirtschaftskonzern der Welt und fest in zahllosen Unternehmen in Italien, Spanien, Deutschland, Großbritannien sowie in Nord- und Südamerika investiert«.

Dabei gehen erste größere Investitionen des Vatikans bereits in den 1880er-Jahren in Rom über die Bühne – vor allem im Immobiliengeschäft. Damals wurden in Rom große, freie Flächen erschlossen. Adelsfamilien versilberten ihre Familiengüter ganz oder teilweise. Der Heilige Stuhl beteiligte sich damals als stiller Gesellschafter an mehreren Kommanditgesellschaften, um so die Beteiligung der Kirche zu verschleiern:

So beispielsweise an der Società Generale Immobiliare des Fürsten von Piombino, Rodolfo Boncompagni Ludovisi. An ihr hält der Vatikan Aktien – im Tausch für unbesicherte Kredite über zwei Millionen Lire. Mithilfe des kirchlichen Geldes avancierte das Unternehmen schnell zum größten Wohnimmobilienbauer Roms.

Doch als mit dem Niedergang des Baubooms Ende 1880 der Fürst von Piombino und seine Gesellschaft ins Wanken geraten, fallen auch die Aktien des Vatikans. Vergebens verlangt der Heilige Stuhl sein Geld zurück. Er verliert eine Million Lire, bleibt aber Aktionär der Gesellschaft. Diese soll später zu einem zentralen Element vatikanischer Spekulationstätigkeiten werden. Investitionen fließen in den 1880er-Jahren aber auch in die römische Wasserversorgungsgesellschaft, in Mühlen, Gas- und Eletrizitätsversorger.

Papst Leo XIII. ist es, der mit dem Prälaten und ehemaligen Mathematikdozenten Enrico Folchi erstmals einen offiziellen päpstlichen Vermögensverwalter einsetzt und damit die wirtschaftlichen Interessen des Vatikans offenbart.

Da der Industrialisierungsgrad der italienischen Wirtschaft zu jener Zeit im Gegensatz zur britischen oder deutschen nicht sonderlich hoch war, blieben Folchi drei Möglichkeiten, das Geld des Papstes zu vermehren: Er investierte in Immobilien, spekulierte mit italienischen und ausländischen Staatsanleihen und verlieh die Einnahmen aus den Spenden der Gläubigen an Italiens aristokratische Oberschicht.

Neben der Ironie, das Geld der Gläubigen an Reiche zu verleihen, zeigt dies aber auch etwas anderes: Die Weltkirche scherte sich nicht mehr um das über Jahrhunderte kultivierte Wucherverbot für ihre Mitglieder, das die Zinszahlungen ächtete. Die Weltkirche wucherte nun selbst mit.

Daran hat sich bis heute nichts geändert – im Gegenteil. Die Weltkirche hat ihre wirtschaftliche Macht seitdem rund um den Globus weiter ausgebaut. Dabei ist sie nicht daran interessiert, von der Öffentlichkeit als Wirtschaftsakteur wahrgenommen zu werden. Nur selten erfahren Außenstehende, dass bei kirchlich geführten Unternehmen auch die Weltkirche involviert ist. Das ökonomische Gewicht des Unternehmens Kirche wird nur bei seinen Wohlfahrtsverbänden offenbar.

Das Unternehmen Kirche veröffentlicht weder eine Gesamtbilanz, noch zahlt es häufig seine Mitarbeiter selbst. In Deutschland werden von ihnen nur 220 000 (16 Prozent) von der Kirche direkt bezahlt, 223 000 (17 Prozent) bekommen ihr Salär aus staatlichen Steuermitteln, weitere 802 000 (60 Prozent) aus öffentlichen

Geldern der Kranken- und Pflegekassen sowie Sozialversicherungsträger und 109 000 (8 Prozent) werden aus Spendengeldern oder eigener Wirtschaftstätigkeit finanziert. Und geht es im Unternehmen Kirche um das Thema Finanzen, ist von Solidarität keine Spur. Dann herrscht »gelebtes Christentum« pur.

Das gilt auch für die Beschäftigten bei vielen Trägergesellschaften der Weltkirche. Für sie gilt ein eigenes Arbeitsrecht. Gewerkschaften haben hier wenig Platz. (Das führt bei geschiedenen Wiederverheirateten oft zur Kündigung.)

Die nachfolgende Auswahl von Unternehmen aus dem deutschsprachigen Raum soll einen Eindruck darüber vermitteln, wo die Weltkirche über Trägergesellschaften, Bistümer, Orden und Stiftungen investiert ist, in welchem Unternehmen also Kirche steckt.

Klosterorden

Auf kirchlicher Seite waren es im frühen Mittelalter vor allem die Klöster, die für Handeln und Wirtschaften standen. Sie waren rund 800 Jahre Europas Drehscheiben nicht nur des religiösen, sondern auch des weltlichen Lebens: Als Eigentum von Königen, Adligen oder Bischöfen waren sie eng mit dem politischen Geschehen verknüpft. Als Unternehmen in einer wirtschaftlich kaum entwickelten Umwelt versorgten sie ganze Regionen mit Nahrung und Gütern. Als Kultur- und Bildungszentren bewahrten und vermittelten sie das Wissen der Antike, trieben selbst Forschung und schufen Handschriften und Kunstwerke, die noch heute staunen lassen. Die Mönche haben also schon immer nicht nur gebetet, sie haben auch vorausschauend gewirtschaftet.

Ein Grund, warum schon bald technische Innovationen des Handwerks und ein reger Kulturtransfer über den Handel neben die geistigen Herausforderungen der Glaubensausübung traten. Die Verwaltung des ausgedehnten und durch Schenkungen ständig erweiterten Grundbesitzes erforderte bei der Bewirtschaftung der Klostergüter ein ökonomisch-zukunftsorientiertes Vorgehen:

Transporte wurden organisiert, die Wasserversorgung installiert, Gebäude für unterschiedliche handwerkliche Funktionen errichtet, handwerkliche Produktionsfertigungen eingerichtet, Bier gebraut, Wein angebaut und gekeltert. Fische in Teichen gezüchtet, Felle verarbeitet, Handelsware gelagert, Geld verliehen, eine Abrechnungspraxis eingeführt und Rechnungsbücher angelegt.

Und da den Klöstern häufig der direkte Verkauf ihrer Produkte auf den Märkten verboten war, gründeten sie Stadthöfe, in deren Mauern sie dann ihre Produkte verkaufen konnten. So umgingen sie das Verbot und mehrten das Vermögen ihrer Klöster. Oft war den Stadthöfen ein sogenanntes »Hospital« angegliedert, das als Herberge für durchreisende Pilger diente.

Klöster wurden zu Pionieren der Landwirtschaft, zu Entwicklungszentren für die Gesellschaft, zu Landschaftsarchitekten. Die klösterlichen Strukturen prägten und prägen die Kulturlandschaft und die gewerblichen Strukturen vielerorts bis heute. Gehörten früher viele Mühlen in der Umgebung den Klöstern, ist heute die klösterliche Landwirtschaft verstärkt auf eine biologische Wirtschaftsweise mit nachhaltiger Nahrungsproduktion umgestellt.

Die Kombination aus der Notwendigkeit materiellen Überlebens und der Erfüllung ihres Auftrags, nämlich nicht nur zu beten, sondern sich auch um die Bedürftigen zu sorgen, bildete das Fundament für eine Jahrhunderte überdauernde monastische Stabilität. Wenn auch nicht jeder einzelnen klösterlichen Niederlassung, so doch eines Ordens, der unter seinen Mitgliedern immer wieder neue »Unternehmer« und mit seinen Niederlassungen erfolgreiche Betriebe hervorbrachte.

Heute, im 21. Jahrhundert, hat sich auch in der Landschaft der Klöster viel verändert. Mit dem Auf und Ab der Geschichte sind mächtige monastische Zusammenschlüsse verschwunden und neue entstanden. Trotz allem sind viele der Ordensgemeinschaften bis heute geblieben. Das Durchschnittsalter beispielsweise der Benediktinerklöster in Bayern, Baden-Württemberg und der deutschsprachigen Schweiz beträgt ein halbes Jahrtausend. In dieser Zeit sind Krisen über Klöster hinweg gefegt, in denen sich manche nur mit dem Verschachern ihrer sakralen Kunstwerke das Überleben sichern konnten.

Doch trotz aller Wirren sind Mönche und Nonnen über die Jahrhunderte Unternehmer geblieben. Beispiele von heute gibt es viele. Da zählt nicht nur das Kloster Andechs der Benediktiner am Ammersee dazu oder die Kongregation der Barmherzigen Schwestern vom heiligen Vinzenz von Paul, die vor gut 100 Jahren in die Adelholzener Wasserquellen investierte. Auch Klöster in Österreich, der Schweiz, in Frankreich, Italien, Spanien, auf den britischen Inseln, in Skandinavien und Osteuropa stehen für erfolgreiches Wirtschaften.

Da stellt sich die Frage, warum diese klösterlichen Unternehmen so stabil sind und über die Jahrhunderte in der Lage gewesen sind, derart erfolgreich den Widrigkeiten der Geschichte zu trotzen?

»Klöster waren im Grunde die Erfinder der Arbeitsteilung«, stellt dazu die Ökonomie-Professorin Margit Osterloh von der Universität Zürich fest. Sie hätten damit schon in früheren Jahrhunderten ein Höchstmaß an ökonomischer Effizienz erreicht. Bis heute sind die Klöster bei diesem System geblieben. »Viele Klöster sind genau dadurch sehr reich geworden.«

Dass der Reichtum die Zusammenschlüsse der Ordensleute – von individuellen Verfehlungen abgesehen – über die Jahrhunderte nicht korrumpiert hat, liegt nach Meinung von Osterloh »an den ausgefeilten Führungs- und Kontrollstrukturen der Klöster«. Die vielen Klöstern eigene »interne Corporate Governance« ist offenbar über die Jahrhunderte in der Lage gewesen, »Klöster vor Prunksucht, Müßiggang und Machtstreben zu schützen«.

Fundament klösterlicher Führungsstrukturen sind meist alte Ordensregeln. Im Falle der Benediktiner etwa die »Regula Benedicti«, die auf den Gründer des Ordens, Benedikt von Nursia (480–547), zurückgeht. Diese ist nicht nur eine Handlungsanweisung für das klösterliche Leben unter dem Gebot von Demut, Gehorsam und Schweigen, von Beten und Arbeiten, sondern sie bestimmt auch die Führungsstruktur der klösterlichen Lebens- und

Wirtschaftsgemeinschaften. »Die Klöster sind durch diese Regeln auf ein Höchstmaß an Mitbestimmung festgelegt«, sagt Osterloh. Die Äbte werden seit Jahrhunderten von den Mönchen gewählt. Die Mönche ihrerseits kennen ihre Ordensbrüder und wissen genau, für wen sie sich entscheiden. Das wiederum gilt auch in die andere Richtung mit Blick auf den Nachwuchs.

»Für die Jahrhunderte überdauernde Stabilität sorgte zudem die starke Sozialisation und Selektion der Ordensbrüder, die nicht zuletzt eine hohe Identifikation des Einzelnen mit der Sache garantiert«, führt Osterloh weiter aus. Das Kloster kennt seine »Mitarbeiter«, seit diese Novizen sind.

Doch Klöster betätigten sich auch als erfolgreiche Geldverleiher. Schon aus dem Jahr 1070 ist belegt, dass sie Geld an benachbarte Grundherren »gegen einen Anteil an den Einkünften aus dessen Grundbesitz« verliehen. Die Abtei St. André in Frankreich war beispielsweise so erfolgreich, dass sie jüdische Geldverleiher anstellte, um ihren Finanzoperationen vorzustehen. Verliehen wurde dabei das den Klöstern von Privatpersonen zur Aufbewahrung anvertraute Geld. Die Zinssätze betrugen im 12. Jahrhundert in Frankreich und England 33,3 Prozent.

Klöster übernahmen aber auch die Rolle der heutigen Versicherungen. Viele Vermögende übergaben den Klöstern ihren Besitz als »Precarium«, »als eine Art Versicherung gegen Erwerbsunfähigkeit«. Das Kloster zahlte ihnen ein Jahrgeld, kümmerte sich im Krankheitsfall um sie und erhielt dafür das Besitztum beim Tode des Schenkers frei von jedem Zurückbehaltungsrecht.

Selbst an den Kreuzzügen verdienten Klöster. Denn um Bargeld zu bekommen, verkauften die Kreuzfahrer nicht nur Ländereien zu niedrigen Preisen an die Klöster, sie erhielten von diesen auch Darlehen, wobei sie ihren Grundbesitz als Sicherheit einsetzten. Der verfiel in vielen Fällen wegen späterer Zahlungsunfähigkeit des Schuldners und auch deshalb, weil viele Darlehnsnehmer von den Kreuzzügen nicht mehr zurückkehrten. Ein äußerst einträgliches Geschäft.

Um den kirchlichen Grundbesitz zu vermehren, bedienten sich Mönche zudem nicht nur in Einzelfällen der Urkundenfälschung und des gemeinsamen Betrugs:

Trachtete ein Abt danach, seinen Grundbesitz zu vergrößern, so fand sich schon bald im Klosterarchiv eine Pergamenturkunde, ausgestellt von dem einen oder anderen Fürsten aus früherer Zeit, der den betreffenden Landstrich dem Kloster angeblich vermacht hatte.

So berichtete beispielsweise der Mönch Gueron auf seinem Sterbelager, dass er »ganz Frankreich durchzogen habe, um für Klöster und Kirchen falsche Dokumente zu machen«. Im süddeutschen Raum galt beispielsweise das Benediktinerkloster Reichenau als berüchtigte Stätte der Urkundenfälschung.

Wirtschaftlich am aktivsten waren und sind es bis heute die Benediktiner. Sie tauchen immer wieder beim Unterrichten, Drucken, Brauen, Brennen und in der Gastronomie auf. Auch heute noch – bestes Beispiel dafür das Doppelbock-Bier des bayerischen Klosters Andechs, das zur Abtei St. Bonifaz in München gehört. Früher wurde das Fastenbier an die Wallfahrer ausgeschenkt. Heute kommen jährlich über eine Million Besucher nach Andechs – nicht als Wallfahrer, sondern um das Kloster zu besichtigen und um das berühmte Bier zu kosten. Das Wohl von Leib und Seele lag in Andechs schon immer nahe beieinander.

Rund um die Brauerei ist eine Firmengruppe mit 200 weltlichen Mitarbeitern entstanden. Dazu gehören der Klostergasthof, das Braustüberl und ein Klosterladen. Eine Kultur GmbH organisiert Tagungen sowie das jährliche Festival Orff in Andechs und sie vergibt Lizenzen für allerlei ortstypische Lebensmittel, die gegen harte Euro den Namen des Klosters tragen dürfen. Die Landwirtschaft ist auf biologischen Betrieb umgestellt.

Bier, Äpfel, Gemüse, Bücher, Kerzen – ziemlich lang ist die Liste der Produkte aus klösterlicher Produktion. Und sie kommen gut an. So gut, dass das Versandhaus Manufactum einen eigenen Katalog mit Klosterprodukten herausbringt: »Gutes aus Klöstern« umfasst heute über 300 klösterliche Produkte aus ganz Europa. »Das Geschäft mit Klosterprodukten passt in die Zeit«, stellt der Kölner

Konsumforscher Stephan Grünewald fest. Die Klöster stehen mit ihrem Namen für Qualität. Hinzu kommt, dass Klosterprodukte jeweils eine eigene Geschichte haben, die die Menschen fasziniert. »Made im Kloster« hat sich zum Markenzeichen entwickelt. Die Klosterläden brummen.

Für den finanziellen und wirtschaftlichen Erfolg eines Klosters war und ist der »Cellarer« verantwortlich. Ein Mönch, der nichts anderes als ein Manager ist.

Den Segen von ganz oben haben die Klostermanager. Sie unterstehen nicht dem örtlichen Bischof, sondern sind dem Vatikan direkt Rechenschaft schuldig. Die Klostergemeinschaften sind ein wesentlicher Teil der Weltkirche, sie sind aber eigenständig und für das eigene Überleben verantwortlich. Finanzielle Zuschüsse der Weltkirche gibt es nicht. In früheren Jahrhunderten lebten die Gemeinschaften gut von Spenden, Schenkungen, Erbschaften und der unentgeltlichen Arbeit ihrer zahlreichen Mönche und Nonnen. Diese Einkünfte tendieren heute gegen null.

Ihre Vermögen bestehen historisch bedingt vorrangig aus Grund- und Immobilienbesitz. In den drei deutschsprachigen Ländern im Verkehrswert von insgesamt rund 50 Milliarden Euro. Dazu kommen Einnahmen aus Pachtentgelten, Erbbauzins, eigener Arbeit und Exerzitien.

Heute werden die meist gemeinnützigen Unternehmungen der Schwestern und Brüder nach marktwirtschaftlichen Regeln geführt. Neben vielen Kleinbetrieben gibt es wirtschaftliche Riesen wie die bierbrauenden Benediktiner in Andechs mit einem jährlichen Bierausstoß von über 100 000 Hektolitern oder die Waldbreitbacher Franziskanerinnen, die über die Marienhaus Stiftung 20 Kliniken, 29 Alten- und Pflegeheime, 5 Kinder- und Jugendhilfeeinrichtungen, 9 Hospize sowie 19 weitere Bildungs- und sonstige Einrichtungen mit insgesamt 13 800 Mitarbeitern unterhalten. Das Vermögen der Stiftung liegt bei 12,5 Millionen Euro.

Im Rückblick auf die Geschichte der Klöster erstaunt zweierlei: erstens der starke Drang der Ordensleute zum Unternehmertum und zweitens ihre unternehmerische Beständigkeit. Warum also sind aus Klöstern vielfach echte Unternehmen geworden? Und warum sind diese so stabil? Die Antwort auf die erste Frage ist logisch:

Nur effizient wirtschaftende, im ökonomischen Sinne Mehrwert schaffende Klöster waren in der Lage, das Überleben ihrer Mitglieder zu sichern und darüber hinaus auch etwas für die Mitmenschen zu tun. So hat schon ihre Aufgabenstellung die Ordensleute über die Jahrhunderte zum unternehmerischen Erfolg verdammt. An diesem hatten die Startbedingungen im Mittelalter einen beträchtlichen Anteil.

Zu einer Abtei gehörte seinerzeit stets ausreichender landwirtschaftlicher Besitz, der der Gemeinschaft das materielle Überleben sicherte: Schon bei ihrer Gründung profitierten die Klöster von Schenkungen, die in der Regel Felder, Weinberge, Wiesen und Wälder umfassten. Traten junge Frauen und Männer in die Klöster ein, handelte es sich häufig um Sprösslinge adeliger Herkunft, die ihrerseits nicht mit leeren Händen kamen, sondern eine ordentliche »Mitgift« mitbrachten.

Das Bewirtschaften der Ländereien zum Zwecke materieller Selbstversorgung machte aus einem Kloster aber noch kein Unternehmen. Mit dem Beackern von Gärten haben sich die Mönche und Schwestern denn auch selten zufriedengegeben. »Klösterliche Grundherrschaften konnten echte Großbetriebe sein«, meint Gudrun Gleba, Professorin für mittelalterliche Geschichte in Osnabrück. Beispiele gibt es reichlich. »Das nordfranzösische Kloster Wandrille etwa besaß im Jahr 787 genau 1 400 Bauernstellen und betrieb 39 Mühlen«, führt Gleba an. Oder das Kloster in Werden an der Ruhr, das im 10. Jahrhundert in seinen Besitzbüchern mehrere hundert abgabepflichtige Höfe ausgewiesen habe.

Bei den Klöstern spielen also mehrere Dinge zusammen: Die Sicherung des eigenen Überlebens und die Erfüllung der Aufgaben für den Nächsten machten und machen Ordensleute gerade in unternehmerischer Hinsicht besonders innovativ. Dazu kommen die Form ihrer inneren Organisation, die Corporate Governance also, und ihre Art der Selektion des Nachwuchses.

Ein bisschen hatte oder hat auch der Herr seine Hände im Spiel, weil die Ordensbrüder und Ordensschwestern in der Mehrheit nun einmal an ihn glauben. Und zwar so sehr, dass sie nicht der Welt und ihrem persönlichen Reichtum, sondern eben dem Himmel ihr Leben gewidmet haben.

Das ist der entscheidende Unterschied zu Unternehmen, die ausschließlich von dieser Welt sind. Geteilte Werte senken nun einmal die Transaktionskosten, sofern der Wert nicht einzig in der Maximierung des Gewinns besteht.

»Ora et labora« – die alte benediktinische Lebensweisheit erweist sich auch für das 21. Jahrhundert als tragfähige Geschäftsgrundlage im Klosterbereich. Sie steht für einen wirtschaftlichen Aufbruch vieler Klöster in Deutschland, Europa und Übersee.

Generell lässt sich feststellen, dass die Orden mit progressiver Ordensleitung vertrocknen, während sich die strengen Orden, die ihr Charisma und die Ordensregeln ernst nehmen, durch Vitalität auszeichnen. Zu den wachsenden Orden gehören vor allem jene, die der katholischen Tradition nahestehen und den alten Ritus pflegen:

- Größter Orden weltweit: Jesuiten mit 36 000 Ordensmännern in 2 259 Häusern. Dem Orden gehört auch Papst Franziskus an.

- Franziskaner mit 14 123 Brüdern in 2 212 Klöstern

- Salesianer mit 15 573 Brüdern in 1 862 Klöstern

- Benediktiner mit 7 231 Mönchen in 338 Klöstern, ältester Orden der Kirche

- Kapuziner mit 10 786 Brüdern in 1 633 Konventen

- Dominikaner mit 5 906 Mönchen in 595 Konventen

- Zisterzienser mit 1 625 Mönchen in 88 Klöstern

Orden im Ländervergleich Deutschland / Österreich / Schweiz

	Männer-orden	Ordens-männer	Frauen-orden	Ordens-frauen
Deutschland	428	4 186	1 321	15 923
Österreich	87	1 900	105	3 600
Schweiz	25	974	50	3 364

Quelle: eigene Zusammenstellung

Weltliche Orden

In Deutschland gibt es aktuell drei anerkannte weltliche Ordensgemeinschaften: Die deutsche Brüderprovinz des Deutschen Ordens, der Orden vom Heiligen Grab zu Jerusalem und der Malteserorden. Während die Malteser hauptsächlich durch ihre Rettungs- und Krankendienste bekannt sind, hat ein altehrwürdiger und eher unbekannter Orden (gegründet 1190) im Jahr 2000 für Schlagzeilen gesorgt:

Deutscher Orden

Ein Orden der besonderen Art ist der Deutsche Orden, ein klerikales Institut, dessen Wirkungsfeld das Apostolat in der Welt ist. Zunächst vom deutschen Fiskus als gemeinnützige Körperschaft anerkannt und steuerbefreit, war die DO-Gruppe bis zum Jahr 2000 zum achtgrößten Sozialunternehmen in Deutschland mit rund 120 Einrichtungen und 5 000 Mitarbeitern angewachsen. Dann führte Misswirtschaft in der Geschäftsleitung zu einem 300 Millionen Euro Verlust. Heute führt der Orden noch rund 50 Sozialeinrichtungen mit 2 800 Mitarbeitern und ist in der Alten-, Behinderten-, Sucht-, Kinder- und Jugendhilfe tätig. Das Vermögen liegt bei einer Million Euro.

Mit weniger Aufruhr, und auch weniger großspurig, sind die anderen Orden tätig.

Die Malteser

Sie sind wirtschaftlich vor allem durch ihre Rettungseinsätze und Krankentransporte sowie ihre Kranken- und Alteneinrichtungen von wirtschaftlichem Interesse. Mithilfe der Caritas gegründet sind sie die motorisierte Abteilung der Weltkirche. Da sich der Verband in der Trägerschaft seines Ordens befindet, soll er hier kurz dargestellt werden. Die Zahlen sind ein erster Hinweis darauf, was in Deutschland im karitativen Bereich umgesetzt wird. Und sie sind ein Vorgeschmack auf die Größenordnung des Wohlfahrtsverbandes Caritas.

Der Malteserorden ist nach seiner Selbstdarstellung »der einzige heute noch in ungebrochener Kontinuität bestehende geistliche Ritterorden, der seit seiner Gründung vor 950 Jahren zudem seinen Charakter unverfälscht erhalten konnte. Er ist ein aus katholischen Laien bestehender Krankenpflege-Orden und zugleich – als Folge seiner früheren Landesherrschaft in Rhodos und Malta – ein staatsähnliches souveränes Völkerrechts-Subjekt. Der Orden unterhält diplomatische Beziehungen zu rund hundert Staaten und internationalen Organisationen.« Deutschland unterhält mit dem souveränen Malteserorden mit Regierungssitz in Rom erst seit November 2017 diplomatische Beziehungen.

Der Malteserorden ist kein Staat im herkömmlichen Sinn. Er prägt zwar Münzen und stellt Reisepässe aus, doch seit Napoleon den Orden aus Malta vertrieben hat, verfügt er weder über ein Volk noch ein Land – sieht man mal von einem Palazzo an der Via die Condotti und einer Villa auf dem Aventin in Rom ab – beide exterritorial. Die Malteser gelten als unabhängig und neutral, obschon sie als katholische Laienorganisation natürlich einen direkten Draht zum Vatikan haben.

Die deutsche Assoziation wurde 1993 gebildet, hat 550 Mitglieder, die adelig sein müssen, um Ritter des Malteserordens zu werden.

Im deutschen Ableger der MTG Malteser Trägergesellschaft gGmbH sind die Krankenhäuser und Alteneinrichtungen zusammengefasst. Im Auftrag von Kommunen und Ländern führen die Malteser 163 Einrichtungen mit 50 000 Plätzen. Dazu kommen heute 100 Flüchtlingseinrichtungen. Der Malteser Hilfsdienst hat den Bevölkerungsschutz als Auftrag. Hier sind 31 600 hauptamtliche und 51 000 ehrenamtliche Mitarbeiter beschäftigt. Der Gesamtumsatz lag 2016 bei rund 582 Millionen Euro. Was fehlt, sind die »Zuwendungen der Länder für Investitionen des Rettungsdienstes«, d. h. für die Beschaffung von Kraftfahrzeugen und für Bauvorhaben. Insgesamt ist Deutschland der größte Geldgeber des Malteserordens in Europa. Die Malteser Deutschland gemeinnützige GmbH ist eine neben dem Malteser Hilfsdienst e. V. gegründete Teilorganisation der Malteser in Deutschland. Sie unterhält mit rund 5 900 Mitarbeitern Krankenhäuser, Einrichtungen der Altenhilfe, ambulante Pflegedienste und Einrichtungen und Dienste der Hospizarbeit und Palliative Care.

Der dritte Orden hat von alldem nichts zu bieten.

Orden vom Heiligen Grab

Konservativ, katholisch und elitär verbunden sind die Ritter des Ordens vom Heiligen Grab. Ihre Aufgabe: Sammeln und im Nahen Osten die Fahne der Weltkirche hochhalten. Der Ritterorden zählt zu den großen, aber exklusiven Clubs dieser Welt. Mit Millionenbeträgen unterstützen über 30 000 Mitglieder in mehr als 30 Ländern karitative Einrichtungen der Weltkirche in Israel, Palästina und Jordanien. Rund 1 500 kommen von der deutschen Statthalterei. Die Ordensmitglieder finanzieren ihre Aufgaben durch Jahresbeiträge und Spenden. Von den deutschen Mitgliedern kommt jährlich ein einstelliger Millionenbetrag. Finanziert werden damit Kindergärten, Schulen, Krankenhäuser und Altenheime.

Neue Mitglieder werden ausschließlich vom Orden berufen und nach einjähriger Probezeit vom Papst ernannt. Während Männer zum Ritter geschlagen werden, werden Frauen zu Ordensdamen.

Hinsichtlich seiner Geschichte, mit seinen internationalen Verbindungen und seinem elitären Mitgliederkreis wird der Orden häufig mit dem Opus Dei in Verbindung gebracht.

Verbände in der Weltkirche

Nachfolgend zwei kirchliche Verbände, die auch in Deutschland tätig sind. Sie gehören weder zu den Ordensgemeinschaften noch sind sie in die kirchliche Hierarchie eingebunden.

Opus Dei (Werk Gottes)

Eine 1928 in Spanien gegründete Laienorganisation der Weltkirche, die im Bereich der Seelsorge und Bildung tätig ist. Sie ist in rund 90 Ländern vertreten und hat ihren Sitz in der Villa Tevere in Roms Nobelviertel Parioli. Weltweit gehören ihr 90 000 Mitglieder und über 2 050 Geistliche an, davon rund 600 Mitglieder in Deutschland.

Die Organisationsstruktur ist nach dem Vorbild der Diözesen hierarchisch aufgebaut, an der Spitze steht der Prälat, aktuell der Spanier Fernando Ocáriz Brana. Die Organisation ist in eine männliche und eine weibliche Abteilung gegliedert. Die zu ihr gehörenden Bildungs- und Sozialwerke arbeiten als zivile, wirtschaftlich eigenständige Privatinitiativen. Die Zentren sind kooperative Werke und werden auf Veranlassung des Opus Dei von Mitgliedern ins Leben gerufen.

Dem Papst hat sich die Organisation in einer bisher einmaligen Sonderstruktur als Personalprälatur direkt untergeordnet. Die Hauptaufgabe seiner Laienmitglieder sieht Ocáriz Brana darin, »als Missionare zu wirken, um Jesus Christus und seine Kirche der Barmherzigkeit zu jedem zu tragen und die Hoffnung in das Evangelium zu verbreiten«. Opus Dei solle vor allem »den Jungen auf ihrem Weg zum Glauben helfen, den Familien, den Kranken und allen Hilfsbedürftigen zur Seite stehen«.

In Rom ist die Gemeinschaft vor allem durch ihre päpstliche Universität vom Heiligen Kreuz (Pontificia Universitas Sanctae Crucis) bekannt. Die Absolventen vor allem der Opus Dei Managementschule in Barcelona sind später häufig in Führungspositionen der Wirtschaft und öffentlichen Ämtern zu finden. In zahlreichen

Ländern hat das Opus Dei wichtige Bereiche der Gesellschaft mit Mitgliedern und Sympathisanten infiltriert. Spanien, Italien Irland und Mexiko sind die Länder, in denen die Organisation besonders starken Einfluss ausübt. Der Anfang Juli 2017 verstorbene ehemalige Kölner Erzbischof Kardinal Joachim Meisner hatte sich nicht nur als katholischer Hardliner und wortgewaltiger Vertreter der Konservativen in der Weltkirche einen Namen gemacht, er war auch ein großer Fürsprecher des Opus Dei in Deutschland.

Kritiker werfen dem Opus Dei eine starke politische Ausrichtung und Geheimniskrämerei vor. Andererseits genießt die Organisation hohe Wertschätzung und Unterstützung vor allem aus den konservativen Kreisen des Vatikans und von vielen Bischöfen. Die Organisation wird als rechtsgerichtet eingestuft. Nach Angaben aus Insiderkreisen benotet das Opus Dei die Glaubenstreue von Führungsnachwuchs-Kandidaten innerhalb der Weltkirche – selbst die von Päpsten, um gezielt Einfluss im kirchlichen Bereich nehmen zu können.

Die Organisation verfügt über erhebliche Finanzmittel. Auch wenn die im Einzelfall der Weltkirche zugutekommen, ist nur ein verschwindend geringer Prozentsatz davon Eigentum der Kirche, sie gehören in der Regel zivilrechtlichen Vereinen. Die Vermögen unterstehen damit auch nicht der Kontrolle des Vatikans. Den soll das Opus Dei in finanziell schwierigen Situationen mehrfach mit Geld kräftig unter die Arme gegriffen haben. Im Gegenzug gab's dafür von der Kurie so manche Bischofsernennung aus Reihen der Organisation, vor allem im spanischsprachigen Raum.

Dass die Organisation reich ist, dementiert sie nicht. Dass sie diesen Reichtum hinter juristischen Tricks versteckt und ein Verwirrspiel mit Tarnorganisationen betreibt, kommentiert sie nicht. Damit sind vor allem Stiftungen gemeint, die von Opus Dei-Mitgliedern, Mitarbeitern oder Sympathisanten ins Leben gerufen werden und bei denen die Prälatur Opus Dei – anders als bei den »korporativen Werken« – nicht die »geistliche Verantwortung« übernimmt. Für Außenstehende ist das kaum feststellbar. Damit kann sich die Prälatur Dritten gegenüber immer als »unbeteiligt« hinstellen. So wie beispielsweise bei der Rhein-Donau-Stiftung mit Sitz in München, die seit 1986 Ausbildungsprojekte in Entwicklungsländern finanziert und in Deutschland zahlreiche Studentenheime und Bildungseinrichtungen des Opus Dei betreibt.

Aus »normalen« Einkünften kassiert das Opus Dei jährlich rund 300 Millionen Euro allein in Spanien. Experten schätzen das weltweite Gesamtvermögen der straff organisierten und strukturierten »Kampftruppe des Papstes« auf 2,8 Milliarden Euro.

Kolpingwerk

Ein traditioneller Verein, der über Kolpingwerk / Diözesanverbände / Kolpingfamilien strukturiert ist. Das Kolpingwerk ist in über 60 Ländern tätig, auch in Österreich und der Schweiz. Mit seinen 450 000 Mitgliedern, die in weltweit rund 5 800 Kolpingfamilien gebündelt sind, zählt das Kolpingwerk zu den großen Sozialwerken der Weltkirche. Der deutsche Ableger hat rund 275 000 Mitglieder in rund 2 700 Kolpingfamilien. In Deutschland gibt es 260 Kolpinghäuser und 200 Einrichtungen der Kolping-Bildungswerke. Dazu kommen 29 Hotels für unterschiedliche Geldbeutel in unterschiedlichen Qualitätsstandards sowie ein Dutzend Ferienhäuser.

Das Bildungswerk und alle seine Einrichtungen sind eigene Rechtsträger. Der Wert der Kolping-eigenen Immobilien in Deutschland liegt bei rund 250 Millionen Euro.

CARITAS

Ob in Deutschland, Österreich oder in der Schweiz – der Konzern der Nächstenliebe (Caritas, lat. =Nächstenliebe) hat in allen Ländern angesichts der jeweils nationalen Größenordnung und des wirtschaftlichen Gewichts die Bedeutung eines Großunternehmens. In den nationalen Zentralen hört man das jedoch nicht so gern, da sieht man sich lieber nur »als Hilfsorganisation und als Teil der Weltkirche«. Auch ist man »im Gegensatz zu einem Unternehmen nicht auf Gewinn, sondern auf den Dienst der Barmherzigkeit ausgerichtet«.

Caritas International

Caritas internationalis ist eine Vereinigung der 165 nationalen Caritasverbände. In mehr als 200 Ländern sind diese Organisationen in Sachen Nothilfe, Entwicklungshilfe und den Sozialdiensten tätig. Caritas internationalis hat seinen Sitz im Vatikan und ist Bestandteil der Weltkirche. Vom Ableger des Deutschen Caritasverbandes wurden 2016 insgesamt 622 Projekte in 78 Ländern in Afrika, Asien, Lateinamerika und Osteuropa gefördert. Ihre Arbeit finanziert die Organisation mit Sitz in Freiburg aus privaten Spenden (32,8 Prozent), öffentlichen Geldern (Bundesregierung (48,42 Prozent) / Europäische Union (2,24 Prozent) sowie aus kirchlichen Haushaltsmitteln (10,97 Prozent). 2016 waren das insgesamt 67,5 Millionen Euro. Davon kamen 34,2 Millionen Euro von öffentlicher und lediglich 7,4 Millionen Euro von kirchlicher Seite.

Caritas Deutschland

Der Deutsche Caritasverband ist die Dachorganisation der organisierten »Caritas« und Wohlfahrtsverband der Weltkirche in Deutschland – ein Spitzenverband von über 900 einzelnen rechtlich selbstständigen Organisationseinheiten. Dazu kommen rund 8 000 selbstständige Rechtsträger im Wohlfahrtsbereich. Diese Mitglieder sind finanziell und wirtschaftlich eigenständig. Sie unterliegen nicht der Kontrolle durch die Caritas-Zentrale, sondern haben hierfür eigene Aufsichtsgremien.

Insgesamt beschäftigt die Caritas in Deutschland 617 000 Menschen (zum Vergleich der Volkswagen-Konzern: 626 700), die in 24 400 Einrichtungen arbeiten. Zusätzlich engagieren sich dort rund 500 000 ehrenamtliche Helfer. 82,3 Prozent der Caritas-Mitarbeiter sind Frauen. Die Caritas gehört damit zu den größten Arbeitgebern in Deutschland. In ihren Altenheimen und Kitas, Kranken- und Pflegeheimen, Hospizen, Sozial- und Beratungsstationen nehmen jährlich rund 12 Millionen Menschen die Dienste der Caritas in Anspruch.

Die Wohlfahrtseinrichtungen der Caritas werden jährlich mit rund 25 Milliarden Euro vom Staat finanziert. Die Spenden der Gläubigen kommen hinzu. Die Deutsche Caritas wird also größtenteils mit Steuergeldern finanziert (ca. 90 Prozent). Dazu stellt Martin Rhonheimer, Ordensmitglied des Opus Dei und Professor für Philosophie an der Päpstlichen Universität Santa Croce in Rom, kritisch fest: »Barmherzigkeit kann nicht mit Zwangsmaßnahmen realisiert werden. Christliche Nächstenliebe organisieren andere Länder besser, wenn die Kirchen es selbst in die Hand nehmen, wie zum Beispiel in den Vereinigten Staaten.« Dem Verband flossen 2016 direkt zu:

an Spenden 38,4 Millionen Euro, an Erbschaften 6,5 Millionen Euro und an öffentlichen Zuschüssen 91,2 Millionen Euro. Der Wert der Grundstücke und Gebäude der deutschen Caritas-Zentrale wird mit 26,8 Millionen Euro ausgewiesen, der Wert der Beteiligungen mit 0,3 Millionen Euro und der Finanzanlagen mit 79,5 Millionen Euro, das Vermögen an Wertpapieren und Bankguthaben mit 158,1 Millionen Euro. In diesen Zahlen sind die Vermögenswerte der 6 200 eigenständigen Träger nicht berücksichtigt. Hierzu gibt es seitens der Caritas keine Angaben. Doch dürfte der Wert ihrer Immobilien bei rund 20 Milliarden Euro liegen.

Caritas Österreich

In der Alpenrepublik beschäftigt das Großunternehmen der Nächstenliebe fast 13 500 Mitarbeiter. Rechnet man die Teilzeitkräfte auf Vollzeit-Jobs um, kommen 7 000 bis 8 000 Arbeitsplätze hinzu. In etwa gleich viele wie die Siemens AG Österreich beschäftigt. Das Budget ist mit rund 700 Millionen Euro freilich nicht vergleichbar, weil wesentlich bescheidener.

Firmenrechtlich besteht die Organisation hauptsächlich aus Körperschaften des öffentlichen Rechts, Vereinen und gemeinnützigen GmbHs. Das Geschäftsmodell steht hier auf zwei Beinen. Einerseits die Spenden und die Nothilfe, andererseits der personalintensive Betrieb von Dienstleistungen, der im wesentlichen durch öffentliche Zuschüsse und die Sozialversicherung finanziert wird. Zur Organisation gehören 48 Senioren- und Pflegeheime, 16 Schulen für Sozialberufe, 14 Suchtberatungsstellen sowie zahlreiche weitere soziale Einrichtungen. Die Caritas ist die größte Pflege-Organisation der Republik. Die Leistungen erreichten 2016 insgesamt 908 Millionen Euro. Davon flossen in Projekte in Europa 31,9 Prozent, Asien 27,7 Prozent, Afrika 27,5 Prozent, Lateinamerika 10,7 Prozent sowie in überregionale Projekte 2,2 Prozent. Während die Caritas in Deutschland veritable Finanzierungskrisen hinter sich hat, ist Österreich »robust aufgestellt. Wir wirtschaften sehr sparsam und arbeiten effizient«, stellt dazu Bernd Wachter, Generalsekretär der Österreichischen Caritas-Zentrale fest.

Caritas Schweiz

Caritas Schweiz mit Sitz in Luzern wurde 1901 gegründet. Während sich die Organisation in der Schweiz vor allem auf Asyl-Suchende konzentriert und sich in Armutsprogrammen engagiert, leistet sie international Katastrophen- sowie nachhaltige Entwicklungshilfe.

Caritas Schweiz finanziert sich zu 60,2 Prozent aus privaten Spenden und Beiträgen (58,7 Millionen CHF) und zu 39,8 Prozent aus öffentlichen Beiträgen (45,3 Millionen CHF). Dazu kommen betriebliche Erträge aus Dienstleistungen in Höhe von 9,7 Millionen CHF.

Missionswerke

Die Weltkirche hat sieben große Hilfswerke, die durch Spenden einschließlich Mitgliedsbeiträge sowie Erbschaften, Kollekten, kirchliche Haushaltsmittel, durch öffentliche Mittel vom Bundesministerium für Entwicklung (BMZ) und vom Auswärtigem Amt, der Europäischer Union etc. sowie durch sonstige Einnahmen wie Zinsen, Zuführungen aus Rücklagen oder Zuführungen aus Stiftungen finanziert werden. Die Hilfswerke Caritas internationalis (s. o.), Misereor, Adveniat, Renovabis, Missio und das Kindermissionswerk »Die Sternsinger« arbeiten eng zusammen und richten ihre Aktivitäten zum Teil gemeinsam aus.

Beim Finanzaufkommen stellten die Organisationen in den letzten Jahren fest, dass sich mit dem Ansteigen der Einnahmen aus der Kirchenlohnsteuer der Anteil des Finanzaufkommens aus Spenden stetig verringert, obwohl es Sonntag für Sonntag Kollekten in den Kirchen gibt. Doch sinkt die Zahl der Gottesdienstbesucher, kommt auch weniger in den Klingelbeutel.

Misereor

Das Bischöfliche Hilfswerk Misereor mit Sitz in Aachen ist eines der größten Hilfswerke der Weltkirche in Deutschland. Bisher unterstützte Misereor über 100 000 Projekte nach dem Prinzip Hilfe zur Selbsthilfe in Asien, Afrika, Ozeanien und Lateinamerika. Vor allem den ärmsten Menschen soll geholfen werden, unabhängig welchem Glauben oder welcher Kultur sie angehören.

Die Projekte befassen sich mit Themen wie Trinkwasser, Menschenrechte, AIDS-Bekämpfung und Armut. Gefördert werden vor allem die ländliche Entwicklung, das Gesundheitswesen, Frauen, die Berufs- und Erwachsenenbildung, das Kleingewerbe, Wohnbauprojekte und die Sozialarbeit. Dabei arbeitet Misereor mit ortsansässigen Partnerorganisationen zusammen.

Die Einnahmen betrugen 2016 insgesamt 202 Millionen Euro, davon waren 139,1 Millionen öffentliche Mittel, 55,4 Millionen Euro Spenden und Kollekten sowie 7,5 Millionen Euro vom Verband der Diözesen Deutschlands. Von der Kirche selbst kamen also gerade mal 3,7 Prozent der Gesamteinnahmen. Das Stiftungskapital der zu Misereor gehörenden Helder-Camara-Stiftung beläuft sich auf 14,6 Millionen Euro.

Adveniat

Die Bischöfliche Aktion Adveniat ist das Lateinamerika-Hilfswerk der Weltkirche in Deutschland. Mit jährlich rund 3 000 Projekten und einem Gesamtvolumen von rund 50 Millionen Euro ist es die europaweit größte Hilfsaktion für Lateinamerika und die Länder der Karibik. Die Initiative zu den Projekten kommt von Priestern oder Ordensleuten vor Ort, die mit den Bewohnern der Elendsviertel, den Straßenkindern, den Opfern von Naturkatastrophen und Epidemien leben und arbeiten.

2014/2015 floss der weitaus größte Teil der Ausgaben in Projekte in Brasilien (17,4 Prozent), Kolumbien (11,4 Prozent), Argentinien (8,4 Prozent), Peru (11,2 Prozent), Haiti (5,9 Prozent) und Mexiko (5,1 Prozent). Zuschüsse von kirchlicher Seite gibt es keine.

Die Sternsinger

Aus Aktionen wie dem Dreikönigssingen (80,3 Millionen Euro), Spenden, Patenschaften, Nachlässen und Vermächtnissen kamen 2016 insgesamt 84,7 Millionen Euro zusammen. Zuschüsse von den Diözesen oder anderen Institutionen der Weltkirche gab es keine. Gefördert wurden damit über 2 100 Projekte in 111 Ländern. Die Gelder kommen vor allem hilfsbedürftigen Kindern zugute. Der Wert der vereineigenen Grundstücke ist mit 1,077 Millionen Euro bilanziert, das des Finanz-Anlagevermögens mit insgesamt 5,524 Millionen Euro.

missio

Es war König Ludwig I. , der vor 180 Jahren das katholische Missionswerk in Bayern gründete. Vorrangiges Ziel des Missionswerks, das dem Papst untersteht, ist heute wie damals die Verbreitung des christlichen Glaubens. Zugleich unterhält missio weltweit Hilfsprojekte für benachteiligte Menschen. Angesichts von Krieg, Hunger und Dürre rückt heute das Thema Flucht in den Vordergrund.

2016 wurden mit 49,4 Millionen Euro 1 257 Projekte in Afrika und Asien sowie im Maghreb, im Nahen Osten und in Ozeanien finanziert. Im Fokus stehen der Aufbau kirchlicher Strukturen, die Ausbildung von kirchlichen Mitarbeitern sowie Nothilfe- und Bildungsprogramme.

Trotz des direkten Drahts zum Papst gibt es auch bei missio keinerlei finanzielle Förderung seitens der Weltkirche.

RENOVABIS

Renovabis wurde 1993 von der Deutschen Bischofskonferenz zur Stärkung von Kirchen und Gesellschaften in Mittel-, Ost- und Südeuropa ins Leben gerufen. Das Hilfswerk sollte den »gesellschaftlichen und religiösen Neuanfang in den Staaten des ehemaligen Ostblocks nach dem Zusammenbruch der kommunistischen Systeme« unterstützen.

Der aktuelle Jahresetat dafür liegt bei rund 30 Millionen Euro. Der Etat speist sich aus Kirchensteuermitteln, einer Pfingstkollekte, Spenden, Nachlässen und Erbschaften. Von der Weltkirche selbst kommt kein Geld.

Bonifatiuswerk

Das Bonifatiuswerk mit Sitz in Regensburg unterstützt katholische Gemeinden, die in Gebieten der Diaspora als absolute Minderheit (unter 5 Prozent) leben. Mit den Projektmitteln werden Schulen und Gemeindezentren vorwiegend in Nord- und Ostdeutschland, in Skandinavien, Estland und Lettland unterstützt. Das Bonifatiuswerk versteht sich als »Hilfswerk für den Glauben«. Die jährlichen Einnahmen aus Schenkungen, Spenden und Vermächtnissen liegen bei rund 25 Millionen Euro. Finanzielle Zuschüsse seitens der Weltkirche gibt es nicht.

Daneben gibt es einige weitere kleinere Hilfswerke wie das Diaspora-Kommissariat der deutschen Bischöfe, die Diasporahilfe der Priester, das Maximilian-Kolbe-Werk sowie der Katholische Fonds,

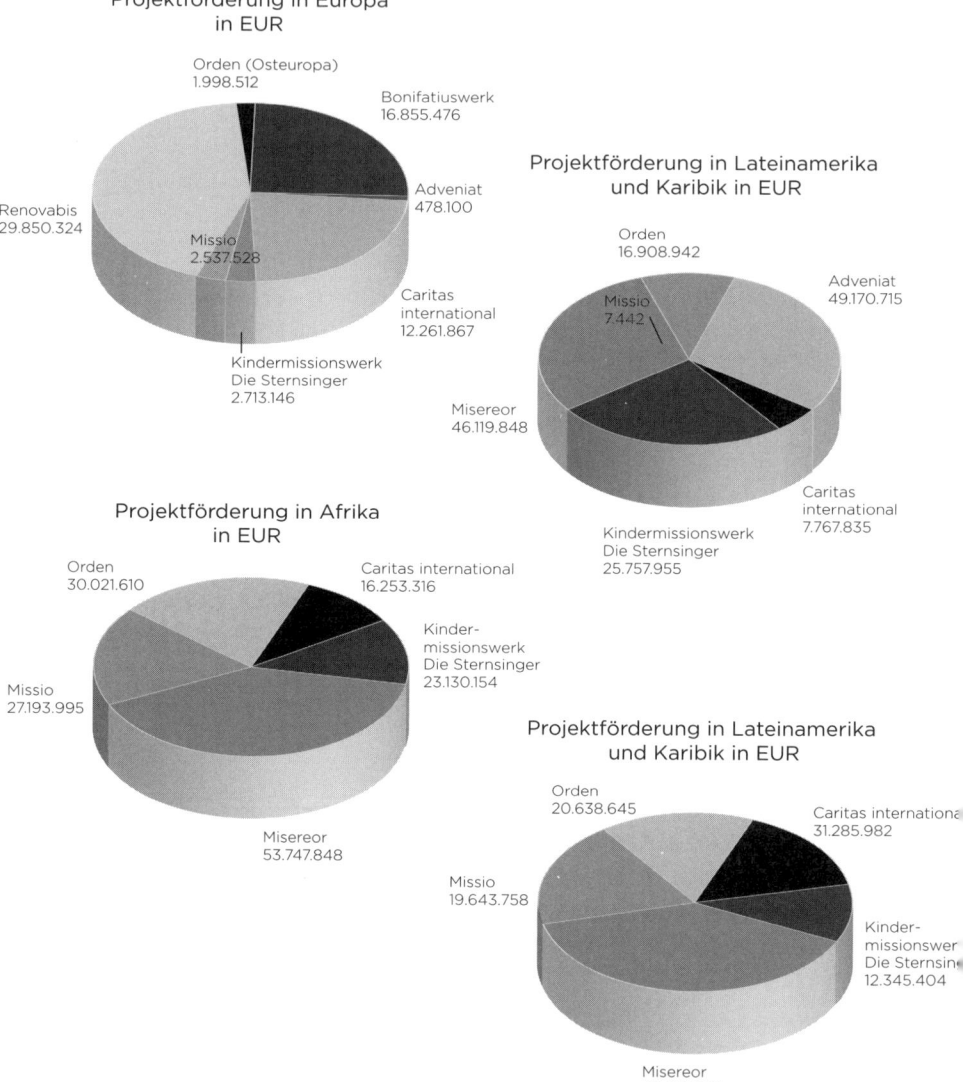

Abb. 8: Weltkirchliches Engagement der Hilfswerke und katholischen Orden, Quelle: eigene Darstellung nach Katholische Kirche in Deutschland, 2015/2016, Arbeitshilfe 287 fowid/sfe

der von Adveniat, Caritas international, Misereor, missio und Renovabis jährlich mit insgesamt 500 000 Euro ausgestattet wird.

Die Gesamteinnahmen aller Missionswerke liegen bei rund 440 Millionen Euro. Dazu kommen Kapitalerträge, Rücklagen und Vermögenswerte von insgesamt über 1 Milliarde Euro. Dazu kommen aber auch anteilige Lotteriegelder, Zuschüsse aus TV-Spenden-Aktionen, Erlöse aus dem Verkauf von Wohlfahrtsmarken und aus dem Sponsoring.

Neben den Hilfswerken sind auch die katholischen Orden im weltweiten Einsatz. Über 1 700 deutsche Ordensfrauen und -männer waren 2016 international tätig und gaben »in gelebter Nächstenliebe Zeugnis von ihrem Glauben«.

Bereits Anfang der 1960er-Jahre begann eine staatlich-kirchliche Zusammenarbeit in Sachen Entwicklungshilfe. Der damaligen Bundesregierung kam es einerseits recht, dass sie für ihre Entwicklungshilfe über die Missionswerke auf kirchliche Mitarbeit rechnen konnte. Die mehrere Tausend deutschen Missionare, die die Weltkirche im Einsatz hat, sind die besten Entwicklungshelfer. Sie kennen Land, Leute, Mentalität und Sprache. Sie sind oft seit Jahrzehnten in den Ländern tätig und kennen die Bedürfnisse der Menschen in den Entwicklungsländern.

Andererseits war es aber auch für die Weltkirche ein Gewinn, zusätzliche finanzielle Mittel vom Staat für ihre Arbeit in den Ländern zu bekommen. Um nicht jeden Hilfe-Antrag einzeln bearbeiten zu müssen, wurde die Katholische Zentralstelle (KZE) ins Leben gerufen. Seit 1962 hat sie für die Auslandsarbeit der ihr angeschlossenen Hilfswerke knapp 4 Milliarden Euro vom Staat erhalten.

Während die Weltkirche die Entwicklungsarbeit ihrer Hilfs- und Missionswerke finanziell nur in einem ganz geringen Maße finanziell unterstützt, fördert die Bundesregierung diese kirchlichen Institutionen mit Milliarden aus Steuermitteln – und das ohne politische Auflagen. Nach dem Motto »Die Welt retten« sind die deutschen Hilfs- und Missionswerke innerhalb der Weltkirche führend.

Kirchenstiftungen

Aktuell gibt es in Deutschland rund 20 000 rechtsfähige, selbstständige kirchliche Stiftungen, die von den Diözesen beaufsichtigt werden. Daneben gibt es noch etwa 2 500 nicht rechtsfähige, unselbstständige Stiftungen wie Nachlässe oder Legate. Die tatsächliche Zahl ist jedoch in Kirchenkreisen nicht bekannt. Aber auch die hohe Zahl der Stiftungen beinhaltet noch nicht alle katholischen Stiftungen, da alle nord- und ostdeutschen Bistümer keinerlei Rechtsaufsicht über beispielsweise die Pfarrpfründe-Stiftungen besitzen. Experten gehen davon aus, dass die Zahl der tatsächlichen Stiftungen daher um rund 10 000 höher liegt.

Mit kirchlichen Stiftungen entsteht juristisch zwar kein Kirchenvermögen – deshalb wurden Stiftungen 1803 auch nicht säkularisiert. Aber, je nach Stiftungszweck (Nießbrauch, § 854 BGB) oder Besetzung des Vorstands (tatsächliche Verfügungsgewalt, § 868 BGB), gehören sie faktisch zum kirchlichen Besitz. Am Beispiel der Stiftung Juliusspital in Würzburg soll das verdeutlicht werden:

1576 begründete der Würzburger Fürstbischof Julius Echter von Mespelbrunn »für allerhand Sorten Arme, Kranke, unvermugliche, auch schadhafte Leute, die Wund- und anderer Arznei notdürftig sein, desgleichen verlassene Waysen und dann füruberziehende Pilgram und dörftige Personen« durch Fundationsurkunde diese Stiftung. Zweck der Stiftung war es, in der Gegenreformation durch soziale Fürsorge den katholischen Machtbereich zu stärken.

Damit die Stiftung ihrer Aufgabe entsprechen konnte, ließ der Fürstbischof ein Spital bauen und stattete seine Stiftung mit reichen Pfründen aus: mit Landwirtschaft, Forsten und Weinbergen in bester Lage.

Fürstbischöfe waren weltliche Herrscher (Fürst) und geistliches Oberhaupt (Bischof) in einer Person. Mit der Mediatisierung wurde ihr bis dahin reichsunmittelbares Territorium anderen Staaten einverleibt. Die Fürstbischöfe verloren ihren Status als Fürsten und territoriale Herrscher. Diese weltliche Funktion fiel an den Staat.

Die Stiftung Juliusspital ist heute eine Körperschaft des öffentlichen Rechts. Formal untersteht sie der Rechtsaufsicht des bayerischen Innenministeriums. Inhaltlich trifft jedoch der Bischof von Würzburg die Entscheidungen, da entsprechend der Stiftungssatzung der »Oberpflegeamtsdirektor« (Amtsbezeichnung des Stiftungsvorsitzenden) auf seinen Vorschlag hin ernannt wird. Auch die Erträge kommen zum Teil immer noch den karitativen, mildtätigen Aufgaben der Stiftung zugute. Dabei legt die Stiftung selbst großen Wert darauf, nicht zur Caritas zu gehören.

Unter diesen beiden Kriterien (tatsächliche Verfügungsgewalt, Nießbrauch) ist die Stiftung dem kirchlichen Besitz zuzurechnen. Und es trifft ein weiteres Kriterium einer kirchlichen Stiftung zu: Die Tatsache »ihrer besonderen organisatorischen Verbindung« zur katholischen Kirche. Der Bischof ernennt faktisch den Oberpflegeamtsdirektor. Heute ist die Stiftung Juliusspital eine Holding mit zahlreichen Profit centers und klaren Gewinnvorgaben.

Die Stiftung hat vier Einnahmequellen: ein Krankenhaus, eine Berufsfachschule, ein Senioren- und Pflegestift sowie landwirtschaftliche Güter, Waldbesitz und ein Weingut. Das Krankenhaus wird seit Anfang 2017 unter dem Dach des Klinikums Würzburg Mitte als gemeinnützige GmbH geführt:

An Grundbesitz hat die Stiftung rund 4 600 Hektar mit einem Verkehrswert von 70 Millionen Euro. Zum Immobilienbesitz gehören u. a. das barocke Juliusspital mit 365 Betten, das Senioren-, Pflege- und Pfründestift mit 200 Plätzen, das Tagungszentrum Zehntscheune, der Rotkreuzhof mit herrschaftlichem Gutshaus, der Gutshof des Jobstaler Hofes und die mächtigen Scheunen und Wohnhäuser des Guts Seligenstadt. Geschätzter Immobilienwert 32 Millionen Euro.

Dazu kommen jährliche Erträge aus dem Verkauf von 298 000 Hektolitern Wein mit einem Umsatz von 102 Millionen Euro sowie Erträge aus Landwirtschaft und Pachten im Millionenbereich. Das Weingut ist mit 177 Hektar das zweitgrößte in Deutschland. Es zählt laut Financial Times zu den 100 besten Weingütern der Welt. Seine Erlöse fließen in die sozialen Aufgaben der Stiftung.

Die Einnahmen aus dem Alten- und Pflegeheim belaufen sich auf rund 7–10 Millionen Euro. Neben dem Stiftungsvermögen von über 75 Millionen Euro kommen Erträge aus einem Umsatz von jährlich über 100 Millionen Euro hinzu. Unter der Verwaltung der Stiftung Juliusspital stehen weitere 27 selbstständige Stiftungen. Zahlentransparenz wie hier ist bei den anderen katholischen Stiftungen eine Ausnahme. Grundsätzlich liegen für die Stiftungen kaum Zahlen vor und wenn sie vorhanden sind, werden sie nicht veröffentlicht. Insgesamt verfügen die kirchlichen Stiftungen der Weltkirche in Deutschland über ein geschätztes Vermögen von 50 bis 100 Milliarden Euro. Hier eine Übersicht der ältesten katholische Kirchen-Stiftungen in Deutschland:

Seit	Stiftungsname	Sitz	Zweck
900	Vereinigte Pfründnerhäuser	Münster	Wohlfahrt
1100	Hospitalstiftung Wemding	Wemding	Senioren
1150	Stiftung Magdalenenhospital	Münster	Senioren
1150	St. Nikolaispital-Stiftung	München	Mildtätigkeit
1161	Johannishofstiftung von 1161	Hildesheim	Senioren
1172	Hospitalfonds St. Benedikti	Hannover	Senioren
1173	St. Johannis-Jungfrauenkloster	Lübeck	Senioren
1180	St. Elisabeth-Hospital Stiftung	Ellingen	Senioren
1200	Hl. Geistspitalstiftung	Landshut	Senioren
1200	Hospital-Stiftung	Lauingen	Wohlfahrt
1200	Hospital »Zum Heiligen Geist«	Heiligenstadt	Senioren
1200	Siechenhauspflege	Würzburg	Senioren
1200	Stiftung Ehehaltenhaus	Würzburg	Senioren
1200	St. Johannis-Spital Stift	Passau	Senioren
1200	Unterhospitalstiftung	Memmingen	Senioren

Quelle: Bundesverband Deutscher Stiftungen

Daneben gibt es noch einige Tausend nicht rechtsfähige, unselbstständige Stiftungen wie Nachlässe und Legate. Über ihre tatsächliche Zahl und deren Vermögen besteht von kirchlicher Seite keine klare Vorstellung.

Klosterkammern

Kirche und Staat – selten sind sie so nah beieinander wie in den Klosterkammern. Die gibt es vorrangig in Norddeutschland und in Thüringen. Sie entstanden in der Zeit des landesherrlichen Kirchenregiments, als Kirche und Staat noch institutionell verbunden waren. Die Klosterkammern wurden im Zuge der Säkularisation gegründet. Ihr Vermögen war damals nicht an den Staat gefallen. Die Vermögen von Kirche und Klöstern wurden seinerzeit in einen Sonderfonds für mildtätige Zwecke überführt.

Die niedersächsische Klosterkammer in Hannover und die Vereinigte Kirchen- und Klosterkammer Erfurt sind die bekanntesten. Sonderfonds und Zustiftungen wurden später in Stiftungen öffentlichen Rechts überführt. Die Wirtschaftsüberschüsse der Vermögensverwaltung fließen in kirchliche, soziale und schulische Projekte.

Bis heute sind zahlreiche ehemalige Stifts- und Klosterkirchen im Besitz der Klosterkammern. Sie werden von katholischen, aber auch von evangelischen Kirchengemeinden als Pfarrkirchen genutzt. Das Stiftungsvermögen besteht hauptsächlich aus Grundbesitz:

Die Klosterkammer Hannover besitzt 40 000 Hektar Grundbesitz mit Landwirtschafts- und Forstflächen, Kiesgruben, Naturschutz- und Freizeitflächen. Zu drei Vierteln finanziert sich die Klosterkammer aus rund 16 900 Erbbaurechts-Grundstücken. Darüber hinaus gehören zur Kammer etwa 800, zumeist unter Denkmalschutz stehende Gebäude, darunter die Calenberger Frauenklöster Barsinghausen, Mariensee, Marienwerder, Wennigsen und Wülfinghausen. Der Kunstbesitz umfasst über 10 000 Werke. Das Finanzvermögen liegt Ende 2016 bei 39 Millionen Euro, Grundstücke und Bauten sind mit 625 Millionen Euro bilanziert, das Stiftungskapital liegt bei 566 Millionen Euro.

Die Vereinigte Kirchen- und Klosterkammer Erfurt ist eine der traditionsreichsten Einrichtungen der thüringischen Landeshauptstadt. Als eigene juristische Rechtspersönlichkeit ist die Kammer 1947 aus der Zusammenlegung von 15 Einzelstiftungen und Fonds entstanden, die in ihrem Ursprung teils bis ins Mittelalter zurückreichen. Heute gehört den Klosterkammern ein Milliardenvermögen.

Daneben gibt es zahlreiche private und öffentliche Stiftungen, die sich nicht im kirchlichen Besitz befinden, deren Tätigkeit aber teilweise der Kirche zugutekommt, da die Kirche zu den »gesellschaftlich relevanten« Verbänden gezählt wird. Aus diesen Stiftungen fließen Jahr für Jahr Millionen Euro-Beträge an die Kirche – beispielsweise für den Denkmalschutz bei Kirchengebäuden.

REISEN IM NAMEN DES HERRN

Bis zum Mittelalter gab es im Christentum Wallfahrten nur zu den Heiligen Stätten im Heiligen Land sowie zu den Gräbern der Apostel – etwa in Rom oder in Santiago de Compostela. Anlass und Ziel für Wallfahrten wurden später die Verehrung von Reliquien und Heiligtümern, die Erinnerung an ein Wunder oder eine Vision, Geburts-, Lebens- und Begräbnisorte bedeutender Heiliger, ein Gnadenbild oder die Gewährung von Ablässen, die an bestimmte Orte gebunden waren. Viele christliche Wallfahrtsorte sind Marienwallfahrtsorte.

Ort / Land	Wallfahrtsbeginn	Pilger p. a.	Gnadenbild
Mariazell / A	12. Jhd.	3 000 000	Schwarze Madonna m. Jesuskind
Loreto / IT	14. Jhd.	400 000	Schwarze Madonna m. Jesuskind
Einsiedeln / CH	14. Jhd.	5 000 000	Ikone Schwarze Madonna
Tschenstochau / POL	14. Jhd.	1 000 000	Schwarze Madonna m. Jesuskind

Altötting / D	1489	800 000	Muttergottesbild
Kevelaer / D	1642	6 000 000	Rosenkranzmadonna
Lourdes / F	1858	5 000 000	Rosenkranzmadonna
Fatima / P	1917	800 000	Madonna mit Jesuskind

Bedeutende Marienwallfahrtsorte in Europa

Heute spült das Geschäft mit Pilgerreisen Milliarden in die Kassen der Weltkirche und der Devotionalienhändler ein. Größter Anbieter von solchen Touren in Deutschland ist das Bayerische Pilgerbüro, das von den bayerischen Diözesen getragen wird. Seit 40 Jahren begleitet es Reisegruppen durch die ganze Welt, nach Israel und Palästina, zu Marien-Wallfahrten nach Portugal und Frankreich oder auf dem Jakobsweg in Spanien. Doch die Reisenden haben sich gewandelt. Den klassischen Pilger, der nur zum Gebet an einen Wallfahrtsort fährt, den gibt es kaum noch. Eine Fahrt nach Lourdes oder Rom soll neben dem Pilgern auch ein kulturelles Erlebnis sein.

Dafür geben Pilger Jahr für Jahr 13,5 Milliarden Euro aus. Tendenz: steigend. Nach Schätzungen der UN-Tourismusorganisation UNWTO machen sich jährlich bis zu 350 Millionen Menschen aller Religionen auf, um spirituelle oder für sie heilige Orte zu besuchen.

Beispielsweise die »Schwarze Madonna« in der berühmten Gnadenkapelle in Altötting. Mit ihren vielen Votivtafeln, die von wundersamen Schicksalen in Not, Gefahr, Unglücksfällen, aber auch von Wundern erzählen. Hier berührt die Pilger die Fülle von menschlichen Schicksalen durch viele Jahrhunderte hindurch, hier finden sie das pralle Leben. Und seitdem Ex-Papst Benedikt 2006 vor der Schwarzen Madonna niederkniete, ist die Anziehungskraft von Deutschlands größtem Wallfahrtsort noch gestiegen. Über eine Million Menschen pilgern mit Bus, Zug, Pkw, Rad oder zu Fuß in die Kleinstadt bei Passau. Welche Wunder sie hier erwartet, ist ungewiss. Doch eins ist gewiss ist: Hier blüht die Geschäftemacherei mit dem Glauben.

»Grauenhaft«, stellt dazu die in Altötting geborene ehemalige bayerische Sozialministerin Christa Stewens fest. Von der Schwarzen Madonna als daumengroßes Plastikfigürchen für 2,90 Euro bis hin zur hölzernen Madonna für 479 Euro – für jeden Pilger-Geldbeutel ist etwas dabei. Dazu Holzkreuze in allen Variationen. Und natürlich Papstbier – hier findet jeder Pilger, was für ihn gut ist. Seit Jahrhunderten leben Devotionalienhändler und Stadt von den Pilgern – die Kirche auch.

Für die pilgernden Christen, zumeist Katholiken, stehen zur Osterzeit Rom und der Vatikan im Focus. Während der Karfreitag noch weitgehend den Römern vorbehalten ist, mischen sich spätestens am Ostersonntag Tausende Pilger aus der ganzen Welt unter das Volk, die auf der Via della Conciliazione oder der Via di Porta Angelica in Richtung Petersplatz strömen, um unter freiem Himmel gemeinsam mit dem Papst die Auferstehung Jesus Christi zu feiern.

In der langen Tradition christlicher Pilgerreisen war anfangs vor allem Jerusalem das Ziel, das die meist wohlhabenden Pilger ansteuerten. Später kamen dann die Apostelgräber in Rom, der Jakobsweg nach Santiago de Compostela und Wallfahrten nach Fatima, Lourdes, aber auch nach Altötting hinzu. Dabei haben es Weltkirche und Händler immer verstanden, aus den Pilgerfahrten Kapital zu schlagen. Wo Schädel, Knochen, Blut oder Werkzeuge von Heiligen lagerten, dahin kamen die Pilger. Und die brachten meist viel Geld mit. »Im Mittelalter hatten Pilgerfahrten einen immensen wirtschaftlichen Hintergrund«, sagt Norbert Köster, Kirchenhistoriker an der Universität Münster.

»Pilger sind oft Suchende, die den Kontakt zur Religion verloren haben oder überhaupt erst auf diesem Weg einen Kontakt aufgreifen wollen«, sagt Bernhard Meyer vom Bayerischen Pilgerbüro. »Wohin die Reise geht, ist da fast schon zweitrangig.« Vor allem der Jakobsweg hat sich in den vergangenen Jahrzehnten zu einem Massenphänomen entwickelt. Und die deutschen Pilger führen ihn an. Hielt früher allein schon der Begriff »Pilgern« viele Menschen auf Distanz, ist »Pilgern« durch die Buchveröffentlichung des TV-Komödianten Hape Kerkeling – »Ich bin dann mal weg« – jetzt geläufig und vertrauter.

Die Pilgerzahlen auf dem Jakobsweg sind Beweis dafür, sie sind seit Kerkeling in die Höhe geschossen. 280 000 Pilger waren es allein 2016, die die spirituelle Kraft und den persönlichen Gewinn der Selbstüberwindung gesucht haben und die fast 800 Kilometer zu Fuß bezwungen haben. Nach Natur und Wellness ist spiritueller Tourismus das Zauberwort – vor allem für junge Leute, die nach spiritueller Erfahrung suchen.

Ob Jakobsweg oder weniger bekannte Ziele – Wanderreisen zur inneren Einkehr sind ein Megatrend und für die Weltkirche ein Milliardengeschäft.

Auch im Trend:

URLAUB UND WELLNESS IM KLOSTER

Immer mehr Menschen fühlen eine innere Leere und sind auf der Suche. Klöster bieten ihnen kein schnelles Glück, aber hier können sie spirituelle Erfahrung machen. Was für ein wunderbares Leben in Klöstern – nichts wie hin. In Zeiten der Krisen hat Sinnstiftung Konjunktur – der Fluchtpunkt ist immer häufiger ein Kloster. Die Zeit vergeht hier langsamer als draußen. In dieser Welt mit ihren immer gleichen Ritualen und einer seit Jahrhunderten unveränderten Liturgie werden irgendwann selbst die hartgesottensten Hektiker ruhiger.

Rund 300 Klöster nehmen allein in Deutschland Besucher auf – die schon im 8. Jahrhundert bewohnte Benediktiner-Abtei Tholey im Saarland ebenso wie das erst 2002 errichtete Birgittenkloster in Bremen. Über 300 000 Gäste waren es im vergangenen Jahr – bei Einkehrtagen, beim Heilfasten oder einfach beim Mitleben unter den gläubigen Brüdern und Schwestern.

Und es werden immer mehr. Denn in unserer auf das Diesseits fixierten Welt werden auf Kutten, Kapuzen und Hauben tragende Frauen und Männer vielfältige Sehnsüchte projiziert:

Dickliche Mönche lobpreisen in Bier-, Käse- oder Nudelwerbung den unverdorbenen Genuss und frühere, bessere Zeiten. Mystikerinnen wie Hildegard von Bingen oder Mechthild von Magdeburg weisen den Weg zu verborgenen Wahrheiten. Doch während der Klosterboom ungebrochen ist, will kaum noch jemand für immer Mitglied einer Klostergemeinschaft werden.

Für viele Klöster geht es daher heute um die Frage »Wollen wir leben oder sterben?« Denn so manchem Kloster droht der Ruin. So, wie beispielsweise der Schwesterngemeinschaft von Kloster Arenberg in Koblenz. Statt Ruin entschlossen sich die Dominikanerinnen zu einem radikalen Schritt in die Moderne. Sie nahmen einen Großteil ihrer Rücklagen, 15 Millionen Euro, bauten das Kloster um, errichteten ein neues Vitalzentrum und eröffneten einen klösterlichen Wohlfühltempel. Eine Art Wellness-Gästehaus von Gottes Gnaden. Mit Morgenmeditation und Rückenmassage, Nordic Walking und geistlichen Gesprächen, Eucharistiefeier und Aquafitness, Solarium und Rosenkranz:

Wer sich vor allem erholen will, kann morgens Schwester Irmingard in ihrem Kräutergarten besuchen und selbstgemachte Zwiebelbonbons lutschen, Minigolf im Klosterpark spielen oder am Nachmittag bei der Wirbelsäulengymnastik sein Rückgrat lockern.

Wer hingegen innerlich auf der Suche ist, auf den wartet die »Hinführung zur christlichen Meditation«, der lässt sich in der Vesper um 17. 30 Uhr im Schwesternchor von den rhythmischen Gebeten der Nonnen betören oder versucht, beim »Impuls in der Nacht« zu sich zu finden. Spirituelle Animation eben.

Der Erfolg gibt den mutigen Nonnen recht: Die 79 schön renovierten Einzel- und Doppelzimmer, ausgestattet mit Telefon und Modemanschluss, aber ohne Fernseher, sind übers Jahr gerechnet ausgelastet.

Ob Wellness, tagen oder einfach nur zur Ruhe kommen und sich auf das Wesentliche besinnen – Klosteratmosphäre liegt europaweit im Trend. Hier scheinen die Gäste dem Himmel ein Stück näher zu kommen. Dabei wird auch für das leibliche Wohl gesorgt. Die Brüder und Schwestern achten kulinarisch vor allem darauf, regionale und saisonale Produkte zu verwenden. Das darf dann auch schon mal etwas mehr kosten.

Ausgewählte Klöster, die ihre Pforten öffnen

- **Deutschland:** Kloster Arensberg, Benediktinerabtei Weltenburg, Kloster Eberbach bei Eltville, Kloster Maria Hilf in Bühl, Abtei Niederaitach, Benediktinerabtei Maria Laach, Erzabtei St. Ottilien, Zisterzienserinnen-Abtei Waldsassen, Kloster Hirsau bei Calw, Klosterhotel Ludwig der Bayer in Oberammergau, Kloster Benediktbeuern, Abtei Münsterschwarzach, Kloster Schwanberg im Steigerwald, Kapuzinerkloster Neumarkt, Kloster Roggenburg, Abtei Plankstetten im Altmühltal, das Montanahaus Bamberg der Dillinger Franziskanerinnen, Abtei Schweiklberg in Vilshofen.

- **Österreich:** Benediktinerstift Seitenstetten, Benediktinerstift St. Paul im Lavanttal, Stift Reichersberg, Stift Melk, Prämonstratenser Chorherrenstift Schlägl in Oberösterreich, Stift Göttweig in Niederösterreich, Abtei Marienkron im Burgenland, Stift Geras, Benediktinerstift Admont in der Steiermark, Propstei St. Gerold im Großen Walsertal, Stift Klosterneuburg in Niederösterreich.

- **Schweiz:** Benediktinerkloster Engelberg, Kloster Kappel am Albis, Kloster Appenzell, Abbaye de la Fille-Dieu in Romont, Franziskanerkloster Mariaburg in Näfels, Kloster Fischingen, Franziskanerinnen Kloster St. Josef in Muotathal, Augustinerinnen Kloster Santa Maria in Poschiavo, Abbaye de la Maigrauge in Fribourg, Benediktinerkloster mit Schwarzer Madonna in Einsiedeln, Kapuzinerkloster Rapperswil

Klöster müssen sich selbst finanzieren und die Urlauber müssen alles aus der eigenen Tasche zahlen. Das bleibt übersichtlich. Unübersichtlich wird es im Folgenden, denn da geht es auch um staatliche Zuschüsse.

Ferienwerke und Freizeiteinrichtungen

Für den klassischen Familienurlaub christlicher Familien war Deutschland das Reiseziel und die Unterkunft ein Heim in christlicher Regie. Auch wenn heute der Massentourismus die Umsätze im Ausland erbringt, gibt es die klassischen christlichen Ferienwerke immer noch. Sie werden von der Bundesregierung und den Landesregierungen finanziell gefördert. Alle Wohlfahrtsverbände betreiben innerhalb ihrer Organisationen derartige Einrichtungen.

Für die Weltkirche sind das in Deutschland rund 70 Einrichtungen. Davon befinden sich nur einige wenige in der Trägerschaft der Diözesen. Die meisten Träger sind eingetragene Vereine, die Caritas, Missionsschwestern, Stiftungen, die Katholische Arbeitnehmerbewegung, das Katholische Landvolk, u. a. m. Von den Einrichtungen beispielsweise des Kolping-Familienferienwerks gibt es in Deutschland ein gutes Dutzend Ferienstätten mit jährlich über 50 000 Gästen. Weitere Ferienstätten unterhält Kolping in Dänemark, Italien, Frankreich und der Schweiz. Der Schätzwert der deutschen Einrichtungen liegt bei 30 Millionen Euro, der jährliche Umsatz dürfte bei rund 40 Millionen Euro liegen.

Die Familienferienstätten sind alle gemeinnützig und bekommen daher staatliche Zuschüsse. Da diese Zuschüsse in den Haushaltsplänen von Bund und Ländern nur als globale Aufwendungen ausgewiesen werden, können sie nicht bestimmten Trägern zugeordnet werden. Ein Teil der Zuschüsse wird zudem schon bei den Zuwendungen für Einrichtungen der Jugendhilfe erfasst. Am Beispiel des Bistums Regensburg soll deutlich gemacht werden, um welche Größenordnung es sich dabei handelt:

Der Bund der Deutschen Katholischen Jugend des Bistums nennt 25 Jugendhäuser in seinem Bereich, die im Eigentum konfessioneller Träger der Weltkirche sind.

Rechnet man diese 25 Häuser auf alle Diözesen hoch, wird es weit über 1 000 dieser Jugendhäuser in Deutschland geben – beileibe keine karg ausgestatteten »Hütten«. Entsprechend ist auch der Immobilienwert.

Hotels

Früher hießen die in kirchlicher Regie geführten Hotels »Hospize«, was nach billiger Pilgerunterkunft anmutet. Heute sind diese Häuser gepflegte Mittelklasse bis First-Class-Hotels, die sich überwiegend in zentralen Stadtlagen befinden. Und zur Kolping-Gruppe gehören auch schon einige Resorts. Die rund 60 christlichen Hotels in Deutschland werden heute nach streng wirtschaftlichen Maßstäben geführt, sie müssen Gewinn machen. Das gilt auch für das Hotel Kolping im österreichischen Linz und das Hotel Spiridom in Admont.

Zwei weitere Hotels, die sich in Deutschland im konfessionellen Eigentum der Weltkirche befinden sind St. Raphael in Hamburg, das dem Raphaelswerk gehört und das Hotel Ludwig der Bayer, das zum Eigentum des Benediktiner-Kloster Ettals zählt.

Dazu kommen etliche Klöster, die Teile ihrer Anlagen in Hotels umfunktioniert haben: Wo einst Nonnen und Mönche in kargen Zellen hausten, schlafen und schlemmen heute Gäste hinter dicken Klostermauern. Beispielsweise im Klosterhotel Woeltingerode am Fuße des Harzes mit seiner berühmten Klosterbrennerei. Hier wohnen die Gäste in umgebauten Nonnenzellen. Oder im Hotel der Barmherzigen Schwestern vom Heiligen Kreuz im Kloster Henge, nahe Konstanz am Bodensee. Der Grund- und Immobilienwert aller Häuser liegt im dreistelligen Millionenbereich.

Hotels von Institutionen der Weltkirche gibt es aber auch in Österreich, der Schweiz und vor allem in Italien. Dort tragen die christlichen Herbergen malerische Namen wie Haus des Pilgers, Haus der Priesterschaft oder Haus der Anbeterinnen des Blutes Christi. Sie alle zeichnen sich durch ihre günstigen Preise aus – und das häufig mitten in den extrem teuren italienischen Metropolen. Allein 42 Unterkünfte in Genua, 43 in Neapel und 92 im mittelalterlichen Perugia. In Rom sind es sogar einige Hundert mit über 10 000 Betten. Listen dieser Hotels stehen auf den Webseiten spezialisierter Reiseveranstalter. Nach Angaben des italienischen Hotelierverbands Federalberghi bringt allein der Pilgertourismus den Häusern Einnahmen von rund 700 Millionen Euro im Jahr – und das steuerfrei.

Die günstigen Preise haben einen Grund. Viele dieser Häuser fallen steuerrechtlich unter eine Kategorie namens Religiöse Stätten und wohltätige Organisationen – und zahlen deswegen keine Immobiliensteuer. Auch die durch die Übernachtungen erzielten Einkünfte sind steuerfrei. Den Vorteil geben die Herbergen nicht aus christlicher Nächstenliebe an ihre Gäste weiter. Bei der Konkurrenz sorgt das für großen Unmut.

All diese Herbergen sind Teil des immensen kirchlichen Immobilienbesitzes in Italien.

Klosterbrauereien

Die Geschichte des Bierbrauens ist eng mit dem klösterlichen Leben verbunden. Schon im Mittelalter wurde die Kunst des Bierbrauens in den Klöstern besonders gepflegt. Auch für die Entwicklung des Reinheitsgebots waren die Klosterbrauereien dank der frühzeitigen Verwendung von Hopfen von Bedeutung. In der Blütezeit gab es in Deutschland und Österreich etliche hundert klösterliche Brauereien, heute sind nur noch wenige übrig geblieben. Einer der Gründe für die Reduzierung der Brauereien im kirchlichen Besitz dürfte der Nachwuchsmangel der klösterlichen Ordensgemeinschaften sein.

Klosterbrauereien in Deutschland

- Klosterbrauerei Andechs, die bekannteste deutsche Klosterbrauerei.

- Klosterbrauerei Ettal, die auch Brände herstellt.

- Klosterbrauerei Scheyern, wo seit 1119 Bier hergestellt wird. Damit ist die Klosterbrauerei die drittälteste Brauerei Deutschlands und eine der ältesten der Welt.

- Klosterbrauerei Weltenburg, die an die bischöfliche Brauerei Bischofshof verpachtet ist.

- Klosterbrauerei Kreuzberg, wo Franziskaner seit 1731 brauen.

- Klosterbrauerei Mallersdorf, wo seit 1881 die »Armen Schulschwestern« brauen. Dazu kommen im Besitz der katholischen Diözesen:

- die Brauerei Hacklbräu in Hacklberg bei Passau mit dem größten Biergarten der Stadt, und

- die Brauerei Bischofshof in Regensburg, die im Besitz einer kirchlichen Stiftung der Diözese ist.

Klosterbrauereien in Österreich

- Trappistenbrauerei Stift Engelszell, hier wird das einzige Trappistenbier Österreichs hergestellt.

- Augustiner Bräu Kloster Mülln, mit Österreichs größter Biergaststätte. Sie gilt als eine der besten und traditionsreichsten Brauereien der Alpenrepublik. Einst von den Augustinern gegründet, ist sie heute im Besitz der Benediktiner und einer privaten Gesellschaft.

- Stiftsbrauerei Schlägl, einzige österreichische Stiftsbrauerei, die urkundlich erstmals 1580 erwähnt wird.

Klosterbrauereien in der Schweiz

- Brauerei Kloster Fischingen, die erste und einzige Schweizer Klosterbrauerei.

Da in der Regel jedes Kloster einen großen Obst- und Kräutergarten besaß und die Brüder auch chemisch experimentierten, wurde dort auch Schnaps gebraut. Die berühmtesten Brände sind heute:

- Die Klosterliköre aus Ettal,

- der Klosterlikör aus Chiemsee,

- der Wallfahrer-Tropfen der fränkischen Abtei St. Walburg und

- der Wallfahrer-Tropfen des Instituts der Englischen Fräulein in Altötting.

WEINGÜTER

Der Weinbau gehört zu den klassischen Domänen der Weltkirche und der Klöster. Für Klöster ist er seit dem 10. Jahrhundert belegt. Gingen in Deutschland 1803 die meisten kirchlichen Weingüter an die Fürsten verloren, so verweisen viele von ihnen auch heute noch auf ihre ursprünglichen Besitzer: Piesporter Domherr, Graacher Domprobst, Graacher Himmelreich, Wehlener Klosterberg, Winkeler Jesuitengarten, Rüdesheimer Bischofsberg – um nur einige zu nennen.

Die heute bekanntesten staatlichen Weingüter in Deutschland waren bis zu ihrer Enteignung im Kirchenbesitz:
Der Staatliche Hofkeller an der Residenz Würzburg, eine der besten Weinbaubetriebe der Welt, die Staatsweingüter Kloster Eberbach oder die Weingüter des Karmeliterklosters und des Do-

minikanerklosters in Frankfurt, für die die Stadt Frankfurt noch heute Dotationen an die Kirchengemeinden leistet. Doch Trotz Säkularisierung befinden sich auch heute noch einige nennenswerte Weingüter im kirchlichen Besitz:

- das Weingut der Pfarrkirche Leiwen/Bernkastel,

- das Weingut des Cusanusstiftes/St. Nikolaus Hospital in Bernkastel-Kues,

- die Bischöflichen Weingüter in Trier,

- das Weingut des Juliusspitals in Würzburg, heute das zweitgrößte Weingut Deutschlands oder

- das Bischöfliche Weingut Rüdesheim, das im Besitz des Bistums Limburg ist.

Bis auf das Weingut der Kirchengemeinde Leiwen/Bernkastel sind die anderen Weingüter kirchliche Stiftungen, die bis in das 15. und 16. Jahrhundert zurückgehen.

Weingüter in Österreich

- Das Weingut Klosterneuburg ist mit 108 Hektar Anbaufläche das größte und älteste Weingut in der Alpenrepublik,

- das Weingut Stift Göttweig gehört dem Benediktinerstift Göttweig.

Medienunternehmen

Da sich der »Öffentlichkeitsauftrag« der Weltkirche nicht nur mit dem Läuten von Kirchenglocken realisieren lässt, verfügt die Weltkirche über eine zentrale Presseagentur in Rom, die Katholische Nachrichtenagentur (KNA), mit jeweils nationalen Ablegern. Dazu kommen Radio Vatikan und die Zeitung »L'Osservatore Romano«.

Ebenfalls aus Rom berichtet »Zenit« unter dem Motto »Die Welt von Rom aus gesehen« über Papst, Römische Kurie, Vatikan und Weltkirche. Die von »Zenit« produzierten Inhalte werden von über 100 000 Medien weltweit genutzt. Eigentümer von »Zenit« ist die Corporation Media Inc. mit Sitz in New York und Atlanta, ein Unternehmen der »Legionäre Christi«.

In Italien gehören neben den Diözesan-Zeitschriften über 30 weitere Zeitschriften zur Weltkirche, einem Orden oder einer ihrer sonstigen kirchlichen Gruppierung. Dazu kommen zahlreiche Verlage und Druckereien.

Im gesamten deutschsprachigen Raum sind es rund 200 Verlage mit einer direkten kirchlichen Anbindung. Sie produzieren 115 periodische katholische Publikationen. Bekanntester und größter Verlag war hier bis 2014 mit einem Umsatz von 1,6 Milliarden Euro und 6 300 Mitarbeitern der Weltbild Verlag in Augsburg, der im Besitz von 12 Bistümern, der Soldatenseelsorge Berlin und dem Verband der Diözesen war. Zur Verlagsgruppe gehörten zudem die Buchverlage Schneekluth, Pattloch, Battenberg, Steiger, Midena und Augustus. 1999 hat der Weltbild-Verlag diese Verlage in einer strategischen Allianz mit der Stuttgarter Holtzbrinck-Gruppe mit den Verlagen Fischer, Rowohlt, Droemer, Knaur und weiteren Verlagen in die Verlagsgruppe Weltbild Droemer eingebracht.

Ärger machte Weltbild immer wieder das »allzu weltliche Verlagsangebot« – Pornoliteratur gehörte auch dazu. Über das hatten sich die kirchlichen Gesellschafter wiederholt beschwert. Als die kirchlichen Gesellschafter dann 2014 weitere Finanzmittel verweigerten und ihre Vertreter auf Tauchstation gingen, statt ihren einstigen Star der Medienszene zu stützen, ging der wegen der anhaltenden Diskussion über einen möglichen Ausstieg der kirchlichen Gesellschafter und den Verkauf ihrer Anteile angeschlagene Buchhändler Weltbild in die Insolvenz. Es war der damalige Kölner Kardinal Joachim Meisner, der mit seinem Poltern gegen erotische Titel den Weltbild-Stein ins Rollen gebracht hatte.

Die Verquickung zwischen deutschen Bistümern und Weltbild war bis zum Schluss eng. An wichtigen Schaltstellen saßen Geistliche oder Angestellte der Bistümer. Der wegen des Erotik-Vorwurfs Ende 2011 als Weltbild-Aufsichtsratsvorsitzende zurückgetretene Klaus Donaubauer ist Finanzdirektor des Bistums Augsburg, sein Nachfolger Prälat Peter Beer Generalvikar der Erzdiözese München und Freising. Doch wirklich unangenehm wurde die Causa Weltbild erst, als Papst Benedikt XVI. einen Skandal befürchtete.

Während bei Weltbild die kirchlichen Gesellschafter bekannt waren, sind kircheneigene Verlage für Außenstehende nicht immer ohne Weiteres erkennbar. Klassische Kirchenverlage in Deutschland, die entweder von der Weltkirche, einem Orden oder einer sonstigen katholischen Gruppierung geleitet werden, sind jedoch: der St. Benno Verlag, Leipzig (Diözesen Erfurt, Dresden-Meißen, Magdeburg, Görlitz), der Bonifatius Verlag (Bistum Paderborn), der Matthias-Grünewald-Verlag (Bistum Mainz), Aschendorff (Bistum Münster), Paulinus (Bistum Trier), Bachem (Erzbistum Köln), Don Bosco (Pattloch) (Erzbistum München), Bergmoser + Höller (Bistum Aachen), Pustet (Bistum Regensburg) oder (und) der Schwabenverlag (Bistum Rottenburg-Stuttgart). Der EOS Verlag (Erzabtei St. Ottilien), der Franz von Sales Verlag (Bistum Eichstätt), das Katholische Bibelwerk (Stuttgart), Lambertus Verlag (Bistum Freiburg), der Sankt Ulrich Verlag (Bistum Ausgburg), die Steyler Verlagsbuchhandlung (St. Augustin) oder der Vier-Türme-Verlag (Münster-Schwarzach).

Um der Großorganisation Weltkirche in der deutschen Öffentlichkeit ein größeres Gewicht zu geben, wurde 2011 in Bonn das Katholische Medienhaus ins Leben gerufen. In ihm sind verschiedene Medienunternehmen zusammengezogen, wobei die Marken dieser Unternehmen beibehalten wurden. Denn »jede Marke hat ihr eigenes Profil, ihren eigenen Auftrag und ihr eigenes Zielpublikum«, heißt es dazu aus der Zentrale. Sie alle sind in der dreipunktdrei mediengesellschaft mbh zusammengefasst. Das Medienhaus versteht sich »als Partner der Bistümer und aller kirchlichen Medienschaffenden«.

Zu den Auflage-Spitzenreitern aller Zeiten gehört fraglos die Bibel. Dabei muss man sich fragen, wer von den Verlagen eigentlich das Copyright für die Bibel vorweisen kann. Denn nach deutschem Urheberrecht verbleibt das bis zu 70 Jahre nach dem Tod des Urhebers bei den Erben. Doch da Gott – und die Bibel ist aus Sicht der Weltkirche ja Gottes Wort – ewiglich lebt, müssten die Bibelanstalten eigentlich einen schriftlichen Verlagsvertrag vorlegen können, der ihnen das göttliche Copyright überträgt. Doch Verträge gibt es beim Bibeldrucken nicht. Also alles geklaut? Oh, Gott! Nein, schließlich hat Gott keine deutsche Staatsangehörigkeit. Es dürfen also auch künftig weitere Millionen Exemplare der Bibel ohne Lizenzgebühren gedruckt und verbreitet werden. Viele davon sind für die missionarische Tätigkeit der Weltkirche bestimmt.

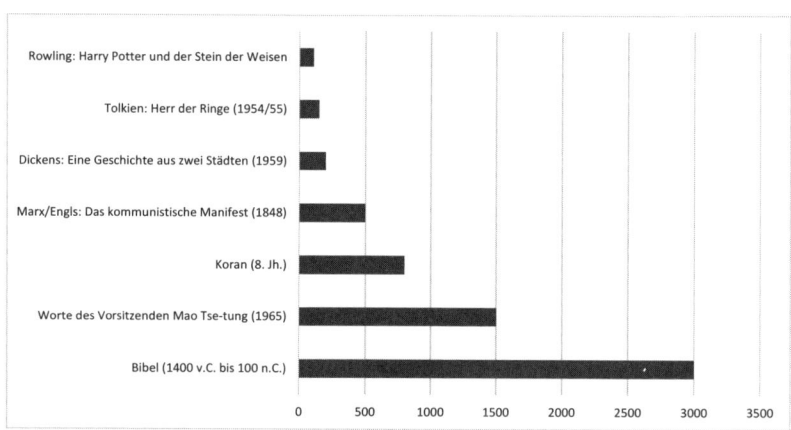

Abb. 9: Die meistverkauften Bücher aller Zeiten (in Mio.)

So wie die Mönche im Mittelalter in den Klöstern die Bibeln und Traktate vervielfältigten, legen einige Diözesen auch heute noch großen Wert darauf, die Vervielfältigung ihrer Publikationen unter eigener Kontrolle zu behalten, d. h. eigene Druckereien zu besitzen. So beispielsweise die von der kleinen Paulinus-Druckerei zur heutigen Paulinus Unternehmensgruppe mutierte Großdruckerei der Diözese Aachen oder die Bonifatius-Druckerei der Diözese Paderborn.

Aber auch die Mönche selbst drucken heute noch. Nicht mehr im Handsatz und Buchdruck, sondern mit Datenfernübertragung und Heidelberger Hochleistungs Vierfarben-Speedmastern. So etwa die klösterliche Benedictpress, der Benediktinerabtei Münsterschwarzach. Die bietet ihren Druck am Markt aus »Gottgefälligkeit« zu Dumpingpreisen an. Oder die Rotationsdruckerei für Zeitschriften der Erzabtei St. Ottilien (EOS Druck und Verlag) und die Missionsdruckerei Mariannhill der Mariannhiller Mission in Reimlingen.

Historisch unter konkreten Anforderungen entstanden, unterscheiden sich die Verlage heute durch verschiedene Kombinationen aus Buchverlag / Bistumszeitung / Druckerei. Da sie gewinnorientiert arbeiten müssen, werden sie nicht von der Weltkirche direkt, sondern von externen Trägern gehalten. Ihre Gewinne und Vermögen in der »Kirchenbilanz« also nicht erfasst.

Das gilt auch für Film-, Radio- und Fernsehsender. Allen voran Radio Vatikan, das die göttliche Heilslehre in allen wichtigen Sprachen bis in die entlegensten Teile der Welt verbreitet.

Radio- und Fernsehsender in Deutschland

- im Filmbereich die Tellux-Gruppe in München, bei der neun katholische Bistümer Mehrheitsgesellschafter sind,

- Radio Horeb aus Immenstadt, das sich der Neuevangelisierung im deutschsprachigen Raum verschrieben hat,

- Domradio der Erzdiözese Köln,

- Radio Astratel in Stuttgart,

- Radio PSR in Leipzig oder

- Antenne Mecklenburg-Vorpommern

Alle werden von Astratel über deren Firmen KiP (Stuttgart) und KiP-NRW (Essen) mittels »Kirche im Programm« zentral mit einem katholischen Radiomix versorgt.

Auch in **Österreich** ist die Medienlandschaft der Weltkirche vielfältig. Das Angebot reicht von zahlreichen Printprodukten, inklusive der Diözesanzeitschriften, über Radio- und TV-Angebote sowie über Webportale und Social Media-Angebote:

- radio klassik Stephansdom des Erzbistums Wien,

- Radio Maria Österreich auf der Basilika Sonntagberg,

- Studio Omega, das Privatsender mit kirchlichen Websites und Audioproduktionen rund um Kirche und Religion beliefert oder

- religiöse Sendungen im ORF, bei denen die Weltkirche bei den Produktionen Partner ist.

Und im Druck- und Verlagsbereich fällt neben dem Verlag St. Josef in Pölten vor allem die Styria Media Group ins Gewicht, die im Besitz der Katholischen Medien Verein Stiftung ist.

Historisch bedingt sind in der **Schweiz** nur wenige katholisch geprägte Verlage mit Druckereien und Buchhandlungen entstanden. Die Verlagsbuchhandlung Benziger in Einsiedeln mit ihrer Druckerei war zusammen mit folgenden Verlagen bis Mitte der 1980er-Jahre von Bedeutung:

- der Paulusverlag in Fribourg,
- die Buchhandlung Klosterplatz in Olten,
- die Buchhandlung Strobel in Zürich,
- die TVZ Theologischer Verlag Zürich AG,
- der Christiana Verlag in Stein am Rhein und
- der Johannes Verlag in Einsiedeln.

Mit dem Wallfahrtsgeschäft über Jahrzehnte groß geworden, drohte Benziger in den 1980er-Jahren die Insolvenz. Eine Millionen-Finanzspritze der deutschen Medien Union verpuffte infolge der Veruntreuung durch den zwischengeschalteten Treuhänder. Es kam zu einem Finanzskandal, die Rettung Benzigers platzte. Seit 1986 gehört Benziger der Rheinpfalz-Gruppe in Ludwigshafen. Die zentrale Medienarbeit der Weltkirche für die Schweiz wird seit 2015 landesweit vom Katholischen Medienzentrum Zürich unter »kath. ch« durchgeführt. Ob im Vatikan, in Italien, Deutschland, Österreich, der Schweiz oder in anderen Ländern rund um den Globus – die Weltkirche versteht ihr mediales Engagement als einen wichtigen Teil ihres Verkündungsauftrags.

Bibliotheken und Büchereien

Eine lange Tradition haben in der Weltkirche die Kloster-, Priesterseminar-, Diözesan- und Hochschulbibliotheken – in Deutschland rund 180 an der Zahl. Sie halten heute einen Bestand von über 15 Millionen Büchern. Dazu kommen etwa 3 600 katholische, öffentliche Büchereien mit einem Bestand von rund 18 Millionen Büchern. Darin nicht berücksichtigt sind Tausende Handschriften, Inkunabeln und Frühdrucke, die in den Bibliotheken archiviert und richtig teuer sind.

Kernbestand jeder Klosterbibliothek waren die Bibel und die Werke der Kirchenväter, einschließlich darauf bezogener Kommentare, sowie die Ordensregeln und Predigtmaterialien. Ihnen verdanken wir nicht nur die Überlieferung des geistigen Erbes des

Mittelalters, sondern auch der Reste der antiken lateinischen Literatur. In katholischen Territorien erlebten die Klosterbibliotheken durch die Gegenreformation und während des Barocks eine große Blüte. Insbesondere süddeutsche und österreichische Benediktinerabteien vermochten den durch den Dreißigjährigen Krieg zerstreuten Besitz kleiner Klöster an sich zu ziehen, systematisch zu ordnen und ihren Bildungsanspruch durch große Bibliothekssäle auszudrücken.

Erst mit der von Napoleon erzwungenen Säkularisation zu Beginn des 19. Jahrhunderts gingen die meisten Klosterbibliotheken in staatliche Hände. In der Schweiz wurden im 19. Jahrhundert etliche Klosterbibliotheken in die Kantonalsbibliotheken überführt. In Österreich blieben sie dagegen in der Regel erhalten.

Bedeutende Klosterbibliotheken in **Deutschland** sind beispielsweise die Klosterbibliothek Metten (Benediktiner), Bestand 200 000 Bände, darunter 20 000 Bände von vor 1800, 300 Autographen, 43 Handschriften, 10 000 Musik-Handschriften.

In **Österreich** das Stift Admont (Benediktiner), größte Klosterbibliothek weltweit mit über 200 000 Bänden, darunter 1 400 mittelalterliche Handschriften und ca. 1 000 handgedruckte Inkunabeln.

In der **Schweiz** die Stiftsbibliothek St. Gallen (Benediktiner), mit einem Bestand von 160 000 Bänden, darunter 2 100 Handschriften und 1 650 Inkunabeln. Die Stiftsbibliothek ist nach der Biblioteca Capitolare di Verona und der Bibliothek des Katharinenklosters auf dem Sinai die drittälteste noch bestehende Bibliothek der Welt. Ihre Sammlung, die bis ins erste Jahrtausend zurückgeht, ist die besterhaltene weltweit. Ihr Barocksaal gehört zu den schönsten Bibliotheksräumen der Welt.

In **Italien** das Stift Neustift (Augustinerchorherren), Bestand 92 000 Bücher, Manuskripte und Karten, darunter viele mittelalterliche Handschriften.

In diesen und anderen bedeutenden Klosterbibliotheken schlummern hohe Millionenwerte. Die bedeutendste und umfangreichste Bibliothek der Weltkirche aber ist die Bibliotheca Apostolica Vaticana (Heiliger Stuhl) mit einem Bestand von über 2 Millionen Büchern und Manuskripten, 150 000 Handschriften, 8 300 Inkunabeln, 70 000 Karten und 200 000 Autographen. Mit einem Schätzwert, der in den Milliardenbereich geht.

MUSEEN

Im Vatikan sind die Vatikanischen Museen (Musei Vaticani) mit der Sixtinischen Kapelle (Sixtina) und Meisterwerken von da Vinci, Raphael, Michelangelo, Boticelli und Caravaggio das erfolgreichste kirchliche Unternehmen. Fast 6 Millionen Besucher zum Eintrittspreis von 26 Euro kommen jedes Jahr. Und wer außerhalb der regulären Öffnungszeiten eine Führung machen will, muss für dieses Erlebnis noch tiefer in die Tasche greifen – zum Schnäppchenpreis sind kirchliche Institutionen und ihre Schätze nicht zu haben.

Die Vatikanischen Museen gehören zu den meistbesuchten Kunstsammlungen der Welt nach dem Pariser Louvre, dem British Museum in London und dem Metropolitan Museum of Art in New York. Die Besuchermassen spülen Jahr für Jahr zwischen 90 und 100 Millionen in die Kassen des Vatikans.

Aber auch die großen Bischöflichen Dom- und Diözesanmuseen vor allem in Europa sind für die Weltkirche seit vielen Jahren ein einträgliches Geschäft. In den deutschen Museen lagern rund 1,8 Millionen Kunstgegenstände mit einem nicht schätzbaren Wert.

KATHOLISCHE WOHNUNGS- UND SIEDLUNGSUNTERNEHMEN

Bereits Anfang des vorigen Jahrhunderts wurden auf örtlicher Ebene erste kirchliche Wohnungsunternehmen gegründet. Diese Entwicklung gewann nach dem Ersten Weltkrieg an Breite, was sich in Deutschland in einer Vielzahl von Genossenschaftsgründungen und Bauvereinen äußerte, etwa den Kolpingsgenossenschaften und den Ketteler Bauvereinen. Die meisten von ihnen überdauerten die Zeit des Nationalsozialismus nicht. Nach dem Zweiten Weltkrieg wurden dann in allen westdeutschen Diözesen kirchliche Siedlungswerke und Wohnungsunternehmen gegründet, nach der Wende 1990 dann auch in Ostdeutschland.

Heute gibt es in Deutschland 51 Wohnungsunternehmen der Weltkirche, die alle Mitglied des Katholischen Siedlungsdienst e. V. (KSD) sind. Darunter sind 16 Diözesansiedlungswerke, 24 Familienheim-Genossenschaften, die im Siedlungswerk Baden (Erzdiözese Freiburg) zusammengeschlossen sind, sowie elf überwiegend örtlich tätige Wohnungsunternehmen.

Seit Ende des Zweiten Weltkrieges haben diese Unternehmen über 365 000 Wohnungen gebaut, davon mehr als 250 000 in Form des selbstgenutzten Wohneigentums. Sie verwalten rund 105 000 Wohnungen, davon über 76 000 eigene Miet- und Genossenschaftswohnungen. Und jährlich kommen rund 3 000 neue Wohnungen hinzu. Diese Bauaktivitäten werden grundsätzlich nicht aus Kirchensteuermitteln finanziert, sondern aus der eigenen Finanzkraft der Unternehmen.

Größtes Unternehmen ist die Aachener Siedlungs- und Wohnungsgesellschaft mit einem Stammkapital von 37 Millionen Euro: Rund 40 Prozent des Grundkapitals gehören dem Erzbistum Köln. Weitere Gesellschafter sind der Bischöfliche Stuhl Paderborn (22 Prozent), der Erzbischöfliche Stuhl Münster (15,8 Prozent), das Bistum Essen (13,7 Prozent), der Bischöfliche Stuhl Aachen (13 Prozent) sowie 16 weitere Trägergesellschaften der Weltkirche.

> Die »Aachener« und ihre Tochtergesellschaften verwalten aktuell einen Bestand von mehr als 24 300 Wohnungen. Dazu kommen Nobel-Immobilien auf der Düsseldorfer Kö, das C&A-Gebäude in der Schadowstraße, die Herbergen von Madonna und Tamaris sowie zwei Wohnhäuser in der Flingerstraße. Allein die Düsseldorfer Immobilien haben einen geschätzten Verkehrswert von 220 Millionen Euro.

> In Köln gehört der Aachener Grundvermögen das C & A-Gebäude auf der Schildergasse (Verkehrswert 71 Millionen Euro), das Media-Markt-Haus auf der Hohe Straße sowie das Humanic-Schuh-Haus – bei mit einem Verkehrswert von jeweils rund 50 Millionen Euro. In Bonn haben die Aachener nach Recherchen des Kölner Stadtanzeigers gleich sieben Immobilien auf der Einkaufsmeile Sternstraße (Verkehrswert 16,5 Millionen Euro) sowie das Karstadt-Haus (Verkehrswert 28 Millionen Euro. Aktuell verwaltet die Aachener Grundvermögen rund 350 erstklassige Objekte in Einkaufslagen.
>
> Die Tochter Aachener Grundvermögen Kapitalanlagegesellschaft verwaltet Immobilienfonds mit einem Sondervermögen von über 4,6 Milliarden Euro. Zu den über 2 200 Anlegern gehören Kirchengemeinden, Orden, kirchliche Stiftungen und eben die oben genannten Bistümer.

Über eine Tochterfirma, die Aachener Grundvermögen, ist das Unternehmen Kirche außerdem an großen, prestigeträchtigen Immobilienprojekten beteiligt. Ob in der Spitaler Straße in Hamburg, in der Königsallee in Düsseldorf oder in der Schildergasse in Köln – wo der Kampf um die 1a-Lagen am härtesten ist, mischt das Unternehmen vorne mit. »Wir gehen sehr sorgfältig bei der Auswahl vor, kaufen nur in besten Lagen mit sicherer Wertentwicklung«, heißt es dazu aus der Unternehmensspitze.

Der Erfolg gibt dem Unternehmen recht. Seit 2006 ist das verwaltete Vermögen von 1,7 Milliarden auf über 5 Milliarden Euro gestiegen. Der größte Teil davon geht auf das Konto katholischer Investoren, darunter auch der Erzbischöfliche Stuhl in Köln, von dem es dazu allerdings keine Auskunft gibt.

So wie auch die Bistümer bei der Aachener Grundvermögen über ihre Beteiligungsverhältnisse nichts verlauten lassen. Ähnlich läuft es auch in vielen anderen Diözesen, etwa in Münster. Dort gehören dem Bischöflichen Stuhl 38 Immobilien mit einer Gesamtnutzungsfläche von 17 322 Quadratmetern. Unter anderem Wohnhäuser, eine Schule, ein Studentenwohnheim und Sozialeinrichtungen. Insgesamt nennt der Bischöfliche Stuhl 163 Grundstücke sein Eigen, vorrangig Land- und Waldgebiete. Sie erstrecken sich über 3,1 Millionen Quadratmeter. Eine Fläche, die mehr als siebenmal so groß ist wie der Vatikan.

Es wäre schon interessant zu wissen, wie viel dies alles wert ist und wie hoch die Einnahmen aus diesem Land- und Immobilienbesitz jährlich sind, aber vom Bischöflichen Stuhl erfährt man das nicht.

Da wie in Münster nicht das Bistum Eigentümer von Land und Immobilien ist, sondern der jeweilige Bischöfliche Stuhl, erscheinen Immobilienvermögen, Kapitalanlagen, -erträge und -rücklagen auch nicht im Diözesanhaushalt, werden von den Kirchenoberen also ohne »öffentliche Einsicht« verwaltet:

So flossen beispielsweise beim Siedlungswerk Stuttgart (5 000 Wohnungen im Eigenbestand) durch den Verkauf von knapp 20 000 Wohnungs-Einheiten an der Öffentlichkeit vorbei anteilig 1,5 Milliarden Euro in die Schatulle des Bistums Rottenburg-Stuttgart. Das gehört zu 74,6 Prozent dem Bistum-Rottenburg-Stuttgart und zu 0,4 Prozent dem Caritasverband. Das Eigenkapital lag Ende 2016 bei 218 Millionen Euro, das Stammkapital bei 20 Millionen Euro, das Neubauvolumen erreichte im gleichen Jahr 160 Millionen Euro. Gewerbesteuer zahlt das Unternehmen nicht. Denn organisiert wird der Bauträger als eingetragener Verein.

Im Wohnungsbau erfolgreich aktiv ist auch die Joseph-Stiftung des Bistums Bamberg. Mit einem Anlagevermögen von rund 350 Millionen Euro ist sie eines der größten Wohnungsunternehmen in Nordbayern. Neben einem eigenen Wohnungsbestand von über 5 500 Einheiten verwaltet die Stiftung weitere 5 600 Fremdwohneinheiten.

Wie hier achten die Kirchenoberen streng darauf, dass trotz aller Transparenzversprechen über die tatsächlichen Vermögensverhältnisse der Kirche nicht allzu viel publik wird. Das Bestandsvermögen an Wohnungen aller katholischen Siedlungswerke in Deutschland liegt bei über 15 Milliarden Euro.

Intransparenz gilt auch für das Kirchenland, das in der Regel von kirchlichen Stiftungen in Erbpacht für Siedlungszwecke bereitgestellt wird. Grundvermögen ist seit vielen Jahrhunderten ein wesentlicher Vermögensbestandteil kirchlicher Stiftungen. Das kirchliche Vermögensrecht des Codex iuris Canonice (CIC) lässt eine Veräußerung von Kirchenvermögen, insbesondere von Grundstücken, nur unter bestimmten Bedingungen zu. Grundsätzlich ist der Grundbesitz einer Stiftung jedoch in seinem Wert zu erhalten: Daher werden landwirtschaftliche Grundstücke in erster Linie verpachtet, unbebaute Grundstücke vermietet oder Bauland im Wege des Erbbaurechts vergeben.

Bis Ende des 19. Jahrhunderts lebten die Pfarrer und Kapläne von den damit erzielten Pachtzinsen. Erst im Laufe des 20. Jahrhunderts ging die Kirche in Deutschland schrittweise dazu über, die Besoldung der Geistlichen aus Kirchensteuermitteln zu bestreiten.

Allein in der Erzdiözese Freiburg gab es über 1 100 dieser Pfarrpfründe-Stiftungen. Die wurden 2002 aus Rationalisierungsüberlegungen aufgelöst und ihr Vermögen in eine neue diözesane Stiftung, die Pfarrpfründestiftung der Erzdiözese Freiburg, eingebracht. Statt der jeweiligen Ortspfarrer früher nehmen dort heute Juristen, Wirtschafts- und Immobilienfachleute die laufenden Geschäfte wahr und verwalten das gesamte Stiftungsvermögen: Das beläuft sich auf rund eine Milliarde Euro. Dabei handelt es sich überwiegend um Geldvermögen. Das Stiftungskapital beträgt 427 Millionen Euro, die Grundstücke und Gebäude für Erwerbszwecke werden mit 322 Millionen Euro angegeben und der Jahresertrag mit rund 10 Millionen Euro.

Das Immobilienvermögen der Stiftung besteht zu 92 Prozent aus land- und forstwirtschaftlichem Grundbesitz (knapp 5 000 Hektar), 4 Prozent sind Bauplatzgrundstücke, die im Erbbaurecht vergeben bzw. bereitgestellt werden. Insgesamt besitzt die Stiftung über 3 000 Grundstücke, an denen Erbbaurechte bestellt sind.

Die Aussage »Grundstücke werden in Erbpacht bereitgestellt« trifft den Kern der Sache. Denn die Erbbauzinsen bringen langfristig höhere Einnahmen, als ein Grundstücksverkauf. Über den Preis der Erbbauzinsen schweigt sich die Kirche aus. Allein zwischen 1947 bis 1968 wurden vom Bistum Freiburg über 50 Millionen Quadratmeter Kirchenland in Erbpacht vergeben. Die Laufzeit beträgt heute in der Regel 75 Jahre, die Vergabe der Grundstücke erfolgt zu marktüblichen Konditionen. Bei einem durchschnittlichen Quadratmeterpreis von 300 Euro ergibt das einen Grundstückswert von 15 Milliarden Euro.

So wie in der Erzdiözese Freiburg gibt es auch in den 26 anderen deutschen Diözesen der Weltkirche Tausende weiterer Pfarrpfründestiftungen mit Geld- und Immobilienvermögenswerten im hohen Milliarden Euro-Bereich.

Kirchenbanken

Die Bank der Kurie in Rom, das Istituto per le Opere di Religione (IOR), allgemein als Vatikanbank bekannt, gehörte in der Vergangenheit zu den undurchsichtigsten und korruptesten Banken aller Staaten. Heute verwaltet sie die Milliarden von rund 15 000 kirchlichen Institutionen, Orden, Nonnen und Mönche aus aller Welt sowie Mitarbeiter des Vatikans. Ende 2016 hatten die dem Institut Vermögenswerte von 5,7 Milliarden Euro anvertraut, davon 3,7 Milliarden Euro zur Vermögensverwaltung. Der Gewinn lag bei 44,1 Millionen Euro. Das Eigenkapital belief sich auf 636,6 Millionen Euro. Einlagen und Gewinn der Vatikanbank entsprechen damit dem Volumen kleinerer Regionalbanken.

Dabei ist es eigentlich nicht korrekt, beim IOR von einer Bank zu sprechen. Denn erstens ist das IOR ein einziges Institut ohne Zweigstellen und zweitens ist sein Zweck nicht kommerziell. Aufgrund des eingeschränkten Nutzens verfügt das Institut auch nicht über ein übermäßiges Volumen. Nach den Skandalen der vergangenen Jahrzehnte erlauben es die heutigen Strukturen zudem nur noch einem ausgewählten Personenkreis, eine Geschäftsbeziehung mit dem IOR einzugehen. Auch hat sich der Vatikan zwischenzeitlich verpflichtet, die europäischen Standards der Geldwäschebekämpfung umzusetzen, sowie das eigene System durch das internationale Gremium des Europarates (Moneyval) überprüfen zu lassen.

Daneben gibt es in einzelnen Ländern weitere kirchliche Banken: In Deutschland sind das beispielsweise die Liga Bank in Regensburg, die DKM Darlehnskasse Münster, die Bank im Bistum Essen, die Bank für Kirche und Caritas in Paderborn, die Pax-Bank in Köln (die älteste Kirchenbank in Deutschland), die Bank für Orden und Mission in Idstein, die mit dem Franziskanerorden verbunden ist sowie die Steyler Ethik Bank in St. Augustin, deren Gewinne ausschließlich für Hilfsprojekte der Steyler Missionare eingesetzt werden. Alle Banken sind in der Rechtsform einer Genossenschaft und gehören dem Volksbanken- und Raiffeisenverbund an. Sie unterstehen der Aufsicht des Bundesamtes für Finanzen.

In Österreich gehört das Bankhaus Schelhammer & Schattera der Kirche. In der Schweiz gibt es keine Bank der Weltkirche. Bei den kirchlichen Banken fungiert nicht »die Weltkirche« als Eigentümer, sondern einzelne kirchliche Körperschaften. In der Regel haben jeweils mehrere hundert Kirchengemeinden Genossenschaftsanteile erworben.

Die Gewinne kommen den Mitgliedern, also den sie tragenden Orden oder kirchlichen Einrichtungen zugute. Auch die Kreditvergabe beschränkt sich auf kirchliche Einrichtungen, beispielsweise für den Bau von Altenheimen, die Restaurierung von Kirchen oder Photovoltaikanlagen auf Kindergärten. Da diese Banken mehr Einlagen haben als sie an Krediten ausgeben, legen sie das restliche Kapital in Wertpapieren an. Einige kirchliche Institute haben für die Anlagekriterien einen Ethikfilter entwickelt, damit auch dieses Geld nach christlichen Prinzipien verwaltet wird. Leider veröffentlichen die Banken nur den Filter, nicht aber die Wertpapiere, die sie nach der Nachhaltigkeitsanalyse kaufen.

Die Kirchenbanken gehören zu den wenigen Finanzinstituten, die auch während der Finanzkrise 2008/2009 die ihnen anvertrauten Vermögenswerte vermehrt haben. Die besondere Kompetenz dieser Banken besteht darin, dass sie das Profil ihrer Kunden genau kennen und Kirchengemeinden sowie diakonische Einrichtungen bei der Bewältigung ihrer finanziellen Herausforderungen sachgemäß unterstützen können. Alle verfolgen heute in ihrer Anlagepolitik eine ethisch, ökologisch und nachhaltig ausgerichtete Strategie. Vor diesem Hintergrund werden kirchliche Banken auch für Privatkunden immer interessanter.

Da bei diesen Banken vorrangig kirchliche Rechtsträger ein Konto/Depot haben, ist dort das »geparkte« institutionelle Geldvermögen im kirchlichen Bereich »sichtbar«. Abzuziehen sind die Geldeinlagen von konfessionellen Privatkunden, deren Anteil je nach Bank verschieden hoch ist. Er wird von den Banken mit durchschnittlich 15 Prozent angegeben. Unsichtbar sind die weiteren Vermögensverwaltungen für die Kirchenkunden, die Spezialfonds und Kundendepots. Dabei handelt es sich insgesamt um einen hohen zweistelligen Milliarden Euro-Vermögenswert.

Das gesamte Kapitalvermögen der Weltkirche in Deutschland wird auf die (mindestens) dreifache Summe der bei den Kirchenbanken deponierten Gelder geschätzt, da rund zwei Drittel der Kontenverbindungen im kirchlichen Bereich bei Geschäftsbanken bestehen, bei denen der Kapitalbestand öffentlich unsichtbar bleibt.

Bank	Bilanz-summe*	Kunden-einlagen*	Eigen-kapital*	Gewinn*
Deutschland				
Liga Bank	5 745	5 231	148,4	2,5
DKM Darlehnskasse Münster	4 150	5 502	351,0	1,9
Bank im Bistum Essen	4 728	3 710	172,0	44,7
Bank für Kirche und Caritas	4 563	3 965	382,0	2,8
Pax-Bank	2 563	2 155	85,8	3,3
Bank für Orden und Mission	899	720	55,0	1,6
Steyler Ethik Bank	298	279	10,7	0,08
Insgesamt:	22 946	21 562	120,49	56,88
Österreich				
Schelhammer & Schattera	709	536	93,6	8,0

Bilanzzahlen der Kirchenbanken 2016, * in Mio. Euro, Quellen: Geschäftsberichte

Dazu kommen Sachanlagen, Beteiligungen und außerbilanzielle Anlagen im insgesamt zweistelligen Milliarden Euro-Bereich.

Kirchenfonds

Darüber hinaus bieten die Kirchenbanken Anlagemöglichkeiten in Investmentfonds, Immobilienfonds und Spezialfonds an. Führend bei den Investmentfonds sind LIGA und Pax Bank, die gemeinsam aktuell fünft ethisch-nachhaltig ausgerichtete Fonds zur Anlage anbieten. Darin aufgenommene Einzeltitel haben zuvor einen ethisch-nachhaltigen Anlagecheck des unabhängigen Research-Dienstleisters Imug/Eiris durchlaufen. Das Fondsmanagement liegt in den Händen von Union Investment und Warburg Invest.

Anlageausschlusskriterien sind:

- **Unternehmen:** Atomenergie, Menschenrechtsverletzungen, Streubomben/Streuminen, Verhütung und Abtreibung, Antipersonenminen, Glücksspiel, Militärverkäufe, Pornografie und Erwachsenenunterhaltung sowie Tabak.

- **Länder:** Todesstrafe, Unfreiheit der Bevölkerung sowie mangelnde Religionsfreiheit.

Aufgelegte Fonds mit Anlagevolumen zum 30. 09. 2017:

- Liga-Pax-Cattolico-Union, 64,6 Millionen Euro
- Liga-Pax-Aktien-Union, 152 Millionen Euro
- Liga-Pax-Corporates-Union, 139 Millionen Euro
- Liga-Pax-Rent-Union, 197 Millionen Euro
- Liga-Pax-Laurent-Union 136 Millionen Euro

Fonds anderer Kirchenbanken mit Anlagevolumen

- FairWorldFonds, KD-Bank, Bank für Kirche und Diakonie, Dortmund, wurde erst im Juni 2017 aufgelegt

- BKC Treuhand Portfolio I, Bank für Kirche und Caritas, 215 Millionen Euro

- KCD-Union-Nachhaltig-Aktien, Bank für Kirche und Caritas, Paderborn, 52 Millionen Euro

- KCD-Union-Nachhaltig-Renten, 97 Millionen Euro

- KCD-Union-Nachhaltig-Mix, 32 Millionen Euro

- terrAssisi-Aktienfonds, Bank für Orden und Mission, 88 Millionen Euro

Fasst man diese und andere Fonds (Immobilien, Spezialfonds) zusammen, ergibt das ein Anlagevolumen im unteren zweistelligen Milliardenbereich.

Kirchenversicherungen

Versicherungen widersprechen der Gewissheit des Glaubens an Gott und seinen fürsorglichen Schutz – zumindest für ein gottgefälliges Mitglied der Weltkirche. Noch im 19. Jahrhundert hatten sich Pfarrer gegen die Errichtung von Feuerversicherungs-Gesellschaften gewandt, »weil man damit Gott eines Mittels beraubt, die Menschen zu strafen«. Doch der Schutz des Herrn bewahrt die Weltkirche, ihre Institutionen und ihre Mitglieder nicht vor den materiellen und immateriellen Schäden ihres weltlichen Handelns. Das können nur Versicherer.

Heute sind Versicherungen gottgefällige Kapital-Sammelstellen. Während bei den Banken Kapitaleinlagen termingerecht gekündigt werden können, ist die Situation bei den Lebensversicherern günstiger, da nicht alle Versicherten gleichzeitig sterben werden, und bei den Sachversicherern noch ertragreicher.

Die Versicherer der Weltkirche sind in Deutschland in der VRK Holding mit Sitz in Detmold zusammengefasst. Ihr Beitragsvolumen lag 2016 bei 488,4 Millionen Euro:

Versicherer	Beitragseinnahmen 2016 in Mio. EUR	Verträge	Eigenkapital in Mio. EUR
Bruderhilfe Sachversicherung	149,5	1 046 288	43,2
Pax Familien Krankenversicherung	152,2	38 488	19,7
Familienfürsorge	178,0	238 495	163,3
Versicherungsverein auf Gegenseitigkeit	8,7	k. A.	49,7
Insgesamt	488,4		275,9

Quelle: Geschäftsbericht

Gesonderte Versicherungsangebote gibt es darüber hinaus in den Erzbistümern Köln und Freiburg sowie einige kirchliche Zusatzversorgungskassen und kirchennahen Versicherungen wie etwa die Gothaer, die HUK-Coburg oder die Aachener und Münchener Gruppe. Letztere wurde 1998 vom italienischen Versicherungskonzern Assicurazioni Generali übernommen, der ebenfalls dem Einflussbereich des Vatikans zugeordnet wird.

Fasst man zusammen, was sich auf den Konten der »Kapitalsammelstellen«-Versicherungen und in deren Sachanlagen-Portfolios angesammelt hat, erreicht das ein Gesamtvolumen im hohen zweistelligen Milliarden Euro-Bereich.

Handel

Fairer Handel

Mitglieder des FAIRTRADE-Vereins sind neben dem katholischen Hilfswerk Misereor und dem Kirchlichen Entwicklungsdienst der EKD die Jugendorganisationen und mehrere Basisgruppen der beiden Kirchen. Der Verein handelt mit Kaffee, Bananen oder Baumwolle über Saft, Tee, Reis, Honig, Zucker und Wein bis hin zu Schnittblumen und Gold – die Produktvielfalt ist enorm.

Produkte, die mit dem Faitrade-Siegel ausgezeichnet sind, werden nach internationalen Standards angebaut und gehandelt. Ein Regelwerk, das Kleinbauernorganisationen, Plantagen und Unternehmen entlang der gesamten Wertschöpfungskette einhalten müssen und den Handel verändern soll. Es umfasst soziale, ökologische und ökonomische Kriterien, um eine nachhaltige Entwicklung der Produzentenorganisation in den Entwicklungs- und Schwellenländern zu gewährleisten.

Mit an Bord ist TransFair, eine unabhängige Initiative zur Förderung des fairen Handels. Sie schließt Lizenzverträge mit Handelspartnern ab, die nach Fairtrade-Standards gehandelte Produkte anbieten. TransFair vertritt Fairtrade in Deutschland. 2015 wurde hier mit Fairtrade-Produkten von 1 276 Produzentenorganisationen mit rund 1,66 Millionen Bauern und Arbeitern (Frauenanteil 25 Prozent) in 75 Ländern 978 Millionen Euro umgesetzt – 18 Prozent mehr als im Jahr zuvor. Der Verein erwirtschaftete 10,4 Millionen Euro Lizenzeinnahmen. Das Eigenkapital liegt bei 4,0 Millionen Euro, die Rücklagen bei 3,8 Millionen Euro.

Der Absatz mit Fairtrade-Produkten erreicht aber auch in anderen Ländern immer neue Umsatzrekorde: Österreich 270 Millionen Euro, Schweiz 475 Millionen Euro oder Frankreich 442 Millionen Euro. Weltweit waren es 2015 bereits rund 7,3 Milliarden Euro.

Trotzdem gibt es in der Szene Streit. Kritiker mahnen, dass Fairtrade gar nicht bei den Ärmsten der Armen ankommt. »Die Bauern gehen ein großes wirtschaftliches Risiko ein. Wer die lange Durststrecke der Zertifizierung überlebt, gehört nicht zu den Ärmsten«, betont Ndongo Syllas, Wirtschaftsexperte aus dem Senegal.

Devotionalienhandel

Neben dem neuen Marktsegment Fairtrade-Handel gibt es in der Kirche seit Jahrhunderten den Handel mit klassischen Devotionalien: Vom Konterfei des Papstes auf einem Taschentuch für 1 Euro bis hin zu einen gedruckten päpstlichen Segensspruch für 20 bis 40 Euro. Selbstverständlich in allen gängigen Sprachen und zu allen Gelegenheiten: Taufe, Hochzeitstag, Geburt und Tod. Nur für die Auferstehung noch nicht.

Wer es repräsentativer möchte, bekommt einen vom Papst persönlich unterzeichneten Segen für 5 000 Euro oder eine päpstliche Privataudienz für 20 000 bis 30 000 Euro. Für Betuchtere, die tiefer in die Tasche greifen können, gibt es den Orden zum Großkreuz des Sylvester- oder des St.-Gregor-Ordens oder die Erhebung in den kirchlichen Fürstenstand. Das wird dann richtig teuer.

Dieser Exklusivität steht eine Masse an christlichem Kitsch der Devotionalienhändler an einschlägigen kirchlichen Tourismus- und Wallfahrtsorten gegenüber. Und es gibt den religiösen Fachhandel mit einem Produktangebot für alle Anlässe des Kirchenjahrs: Ostern, Weihnachten, Lichtmess u. a. Dazu kommen Kerzen, Brauchtumsartikel und Schriften von der Bibel bis zum liturgischen Abreißkalender. Insgesamt ein Handel mit kirchlichen Artikeln, der sich wirtschaftlich kaum erfassen lässt. Doch irgendwie hängt die Kirche finanziell immer mit drin.

Ora et Armani – Duty-free im Vatikan

Hundertfünfzig Meter hinter dem Petersdom liegt das päpstliche Bahnhofsgebäude, außen in Travertin, innen in Marmor gehalten. Seit die meisten Waren per Lastwagen im Vatikan angefahren werden und auch Päpste sich lieber per Hubschrauber bewegen, ist das

Stationsgebäude eigentlich überflüssig. Also hat man es umgebaut, in einen Tempel des Guten, Edlen und Teuren, wo sich steuerfrei und diskret einkaufen lässt. Umgebaut zu einem der weltweit exklusivsten Duty-free-Shops.

In langen Reihen stehen handgenähte Schuhe aus England, glitzern hinter Vitrinen Edles von Tiffany und teure Schweizer Luxus-Chronometer. Ein eigener Maßschneider hat Ballen englischen Tuchs vor sich ausgebreitet. Hier bekommt man alles, was exklusiv ist, vom großen Flachbildfernseher über Espressomaschinen bis hin zu Armani-Klamotten aus edlem Zwirn, vom Samsonite für die Pilgerreise bis zum Golf Bag aus handgefertigtem Leder. Dazu edle Weine, Brände und Schampus oder feinste Zigarren aus Kuba. Und natürlich auch Priesterhemden mit Stehkragen, schwarze Talare oder mit Spitzen besetzte Messgewänder. Eben das, was sich so mancher Monsignore nicht nur unter dem Weihnachtsbaum wünscht. Kistenweise werden die edlen Waren von den Kirchenmännern aus dem einzigen kirchlichen Duty-free-Shop weltweit abgeschleppt.

Die Brüder im Geiste in der Zentrale der Weltkirche trinken, rauchen und schlemmen auf hohem Niveau. Auf die Bewohner des Kirchenstaates kommen nach Berechnungen des Wine Institute mit Sitz in San Francisco 74 Liter oder fast 100 Flaschen im Jahr. Doch kirchliche Würdenträger trinken nicht nur Quantität, sie mögen vor allem Qualität.

Einer der Ersten, der im Vatikan für edle Tropfen die Werbetrommel rührte, war Papst Urban II. Er stammte aus Châtillon-sur-Marne in der Champagne und saß von 1088 bis 1099 auf dem Heiligen Stuhl. Es heißt, man habe ihn am ehesten zu einer Audienz bewegen können, wenn man mit einer Kiste Wein aus seiner Heimat anreiste. Das geflügelte Wort »Wasser predigen und Wein trinken« bekam seitdem im Vatikan eine ganz neue Dimension.

Aber nicht nur die Wünsche der Kirchenmänner werden im Duty-free-Shop des Vatikans erfüllt. In der Damenabteilung im zweiten Geschoss führen ein paar Stufen hinauf zur Dessousabteilung, mit Spaghetti-Tops, Seiden-Negligés und Pantys aus der »Hanro of

Switzerland«-Kollektion »Perfectly Nude« – »Wäsche, die zur zweiten Haut wird, ein Erlebnis, das selbst unter der engsten Oberbekleidung unsichtbar ist«, heißt es in der Firmenwerbung. Wäsche, die jeden betagteren Monsignore erröten lässt. Doch damit keiner vergisst, wo er sich befindet, hängt über dem Eingang des Dutyfree-Shops, ein bis zur Unkenntlichkeit stilisiertes Kreuz aus edelschwarz glänzendem Material. Ora et Armani.

Aber wer, um Gottes Willen trägt im Vatikan schon engste Oberbekleidung? Tatsächlich kaufen die Ordensschwestern ihre Unterwäsche meistens an den Billigständen der Händler aus Sri Lanka auf der Via Ottaviano. Es sind meist die beim Heiligen Stuhl akkreditierten Diplomatinnen, die hier einkaufen, um vom Duty-free-Status des Kirchenstaates zu profitieren.

Der Zutritt zum Duty-free-Shop ist eigentlich zwar den Einwohnern der Vatikanstadt, Mitarbeitern der Weltkirche und ihren dort ansässigen Institutionen und den am Heiligen Stuhl akkreditierten Diplomaten vorbehalten, doch die Ausweiskontrollen werden – vielleicht bewusst – sehr lasch gehandhabt. Um dort zoll- und steuerfrei einkaufen zu können, braucht man nur irgendjemanden mit Ausweis zu kennen.

Für den Vatikan ein einträgliches Geschäft. Über genaue Zahlen und Gewinne schweigt man sich in der Città del Vaticano lieber aus.

Gebündelte Einkaufsmacht

Um ihre Einkaufsmacht gegenüber Lieferanten besser zu bündeln und beim Einkauf Geld zu sparen, haben sich bereits 2004 Weltkirche und Evangelische Kirche in Deutschland zur ökumenischen Einkaufsplattform WGKD in Form einer GmbH zusammengeschlossen. Gesellschafter sind der Verband der Diözesen Deutschlands, der Deutsche Caritasverband, die Evangelische Kirche in Deutschland, das Diakonische Werk der EKD sowie die Deutsche Ordensobernkonferenz. Die WGKD deckt somit den gesamten kirchlichen Bedarf auf katholischer und evangelischer Seite ab.

Die WGKD hat den Auftrag, das große Einkaufspotenzial der zahlreichen Einrichtungen aus allen kirchlichen Bereichen zu bündeln und Rahmenverträge mit namhaften Herstellern und Unternehmen im Produkt- und Dienstleistungsbereich abzuschließen. Dadurch lassen sich deutlich höhere Rabatte erzielen, als die Einrichtungen allein erreichen können. Und auf der Internetplattform kirchenshop. de können die Mitglieder der WGKD im Großeinkauf alles vom Pkw über Versicherungsleistungen, Krankenhausartikel, Mietwagen, Telekommunikation, Öko-Strom bis hin zur Hostien-Backmaschine günstig erwerben. Mit Preisrabatten in der Regel von 30 bis 50 Prozent. Der Gesamtumfang der Ersparnisse ist für Außenstehende nicht zu bewerten.

> »Wenn jeder wüsste, wo die Kirche ihr Geld anlegt, würde es noch mehr Kirchenaustritte geben.«
>
> Antje Schneeweiß, Südwind-Institut

Horizontales Gewerbe – wo und wie die Kirche ihr Geld anlegt

Die 27 deutschen Bistümer legen in den vergangenen Jahren zunehmend ihre Vermögen offen. Und die sind teilweise enorm. Jetzt müssten die Bischöfe nur noch sagen, wo sie das Geld anlegen. Doch das ist nicht selten heikel. Im Dunkeln bleibt also weiterhin, wie die Kirche ihren Reichtum genau verwaltet, in welche Aktien, Anleihen und Unternehmensbeteiligungen sie investiert. Dies nährt Zweifel, ob sich die Wertpapiere mit den eigenen ethischen Ansprüchen vereinbaren lassen, und wie genau es die Kirche damit beim Geldverdienen nimmt.

Das Gesamtvermögen der Weltkirche in Deutschland ist nicht bekannt. Seriöse Schätzungen gehen von einem 300 Milliarden Euro-Betrag aus. Darin ist der Vermögenswerte der Dome und Kathedralen nicht noch gar nicht enthalten. Die bislang offengelegten Reichtümer jedenfalls sind gewaltig. Neben dem Immobilienvermögen verfügen die Bistümer zudem über teils hohe Millionen Euro schwere Aktien- und Anleihedepots. Doch angesichts von Null-Zinsen und Mini-Renditen auf den Kapitalmärkten steigt der Renditedruck auch auf die kirchlichen Vermögensverwalter. Die Frage ist, ob das bei den kirchlichen Vermögensverwaltern die Bereitschaft erhöht, Anlagen verstärkt an ethischen Kriterien auszurichten.

Damit das passiert, haben die Deutsche Bischofskonferenz und das Zentralkomitee der deutschen Katholiken einen Leitfaden mit dem Titel »Ethisch-nachhaltig investieren« herausgegeben. Endlich, sagen die Kritiker. Kardinal Reinhard Marx, der Vorsitzende der Deutschen Bischofskonferenz, mahnte bei der Präsentation der Orientierungshilfe: »Allen kirchlichen Einrichtungen gemeinsam sollte das Interesse sein, ihre Investments an christlichen Wertvorstellungen zu orientieren.« Es gehe nicht darum, »mit dem angelegten Kapital und den erwirtschafteten Zinsen die Zwecke der eigenen Einrichtungen zu erfüllen«. Man müsse ebenso »die direkten und indirekten Auswirkungen der Investition auf die Umwelt und andere Menschen berücksichtigen«. Denn der Umgang der Weltkirche mit ihren Finanzen und ihrem Vermögen sei eine zentrale Frage für die Glaubwürdigkeit von Kirche insgesamt.

Doch Nachhaltigkeit im Spannungsfeld zwischen Rendite, Risiko und Liquidität unterzubringen, fällt allerdings nicht nur kirchlichen Investoren schwer. Seit Jahren wird in der Fachwelt darüber diskutiert, ob ein Anleger Renditeeinbußen hinnehmen muss, wenn er auf Kriterien wie Umwelt, Soziales und eine gute Unternehmensführung Wert legt. An Ansätzen mangelt es nicht. »Kein Kirchgeld für Unternehmen, die ihr Geld beispielsweise mit Rüstung, Pornografie oder Verhütung verdienen«, heißt es dazu etwa in den Bistümern Limburg und Paderborn.

Dass Nachhaltigkeitskriterien allein nicht reichen, um problematische Unternehmen zu vermeiden, haben in der Vergangenheit die von einigen Kirchenbanken vertriebenen Fonds wie KCD-Union Nachhaltig, LIGAPax-Aktien/Cattolico-Union oder Kepler Ethik

Aktien gezeigt. Dahinter verbargen sich Investitionen in Unternehmen wie BHP Billiton, Nestlé, Vodafone, HSBC, Rio Tinto, Chevron oder Royal Dutch Shell. Unternehmen, die eigentlich nicht den ethischen Nachhaltigkeitskriterien der Kirchenbanken entsprechen.

Die Kirchen-Banker stehen dabei vor der Herausforderung, ihre Anlageziele nachhaltig, sozial, ethisch und/oder ökologisch auszurichten. Dabei ist es wichtig, nicht einfach nur zwischen schwarz und weiß zu unterscheiden, sondern die riesige Grauzone dazwischen auszuleuchten – was mit erheblichem Aufwand verbunden ist.

Dabei geht es den Kirchen-Bankern keinesfalls darum, als Moralapostel die Welt zu verändern. Vielmehr müssen sie die langfristigen Auswirkungen ihrer Investitionen als Kapitalgeber berücksichtigen. Denn Katastrophen wie etwa bei Deepwater Horizon im Golf von Mexiko oder der Exxon Valdez vor Alaska erfahren enorme Aufmerksamkeit. Unzählige weniger publizitätsträchtige Verfehlungen führen jedoch zu wesentlich größeren Schäden, die sowohl die Umwelt betreffen, aber mehr noch die Entwicklung unserer Gesellschaft negativ beeinflussen.

Diese neue Ausrichtung in der kirchlichen Vermögens- und Investmentanlage wird dadurch forciert, dass externe Einflüsse wie Korruption et cetera, erhebliche Bedeutung für die Wertbeständigkeit und Wertentwicklung von Unternehmen haben. Bis in die nahe Vergangenheit hatten solche Verfehlungen geringe oder gar keine Auswirkungen auf den Cashflow oder das Risikoprofil, weshalb sie bei der Bewertung eines Unternehmens auch bei den Kirchenbanken komplett vernachlässigt wurden.

Neue Regulierungen, wachsender Einfluss der Aktionäre (Shareholder) und direkt Betroffener wie Mitarbeiter und anderer (Stockholder) sowie die sich verändernde Marktdynamik treiben die Einbeziehung dieser äußeren Einwirkungen auf den Geschäftserfolg in neue Dimensionen, wie das Beispiel Dieselskandal Volkswagen aktuell zeigt. Solche externen Einflüsse und damit auch sogenannte Shitstorms in den Sozialen Medien lassen sich inzwischen messen und für die Unternehmensbewertung heranziehen.

Die Analysten der Kirchenbanken haben sich das bei der Umsetzung ihrer Vermögensanlageüberlegungen auf die Fahne geschrieben. Nach dem Zitat von Teresa von Avila »Geld ist der Mist des Teufels, aber ein wunderbarer Dünger«, müssen sie diese externen Effekte identifizieren, quantifizieren und die Implikation auf den Unternehmenswert erkennen lernen. Nur dann können sie für die ihnen anvertrauten kirchlichen Milliarden-Vermögen auch Wertentwicklungsmöglichkeiten erkennen, Risiken managen und in Unternehmen investieren, die langfristige Ziele verfolgen und damit auch nachhaltige Erträge abliefern. Oft sind das Unternehmen, die sich nicht darum scheren, bei jedem Quartalsreport zu überzeugen, und die erfolgreich sind, weil sie in einem Nischenmarkt meist Weltmarktführer sind.

Ob sich einzelne Bistümer, kirchliche Einrichtungen oder Pfarreien die bischöfliche Orientierungshilfe »Ethisch nachhaltig investieren« zu eigen machen, ist letztlich ihnen selbst überlassen. An der Konsequenz in der Praxis lassen es die Kirche und ihre Banken daher auch häufig missen. »Aus gutem Grund werden die Ausschlusskriterien nicht immer streng angewendet«, sagt Gordon Sobbeck, Finanzdezernent des Bistums Limburg. »Wer ethisch-moralische Kriterien stets zu einhundert Prozent umsetzt, geht unkalkulierbare Risiken ein.« Dann blieben zu wenige Unternehmen übrig, in die man investieren könne. Eine breite Streuung des Geldes wäre kaum möglich, die Verlustgefahr steige. »Wenn wir beispielsweise alle Konzerne meiden würden, die an irgendeiner Stelle mit Rüstung Geld verdienen, dürften wir nicht in die Autoindustrie investieren. Bei Pornografie wären Medien- und Telekommunikationsunternehmen tabu«, sagt Sobbeck.

Kirchliche Kenner des Themas halten eine offene Diskussion darüber für unvermeidlich. Sie wollen das Thema ethisch-nachhaltige Geldanlage entideologisieren – innerhalb der Kirche und gegenüber der Öffentlichkeit.

»Es gibt nun einmal nicht nur schwarz oder weiß, sondern auch Graustufen«, sagt dazu Helge Wulsdorf, Leiter Nachhaltige Geldanlage der Bank für Kirche und Caritas. »Wir sehen beispielsweise die grüne Gentechnik sehr kritisch, wissen aber auch, dass die Versorgung von eines Tages 10 oder 12 Milliarden Menschen ohne grüne Gentechnik nicht funktionieren wird. Deshalb schließen wir seitens der Kirchenbank eine Anlage in ein Unternehmen aus diesem Bereich nicht von Anfang an aus.«

Aussagen, die nicht jedem Gläubigen gefallen. Dabei kann man jedoch nicht davon ausgehen, dass die Portfolios der einzelnen Kirchenorganisationen mit fragwürdigen Wertpapieren vollgestopft sind. Aber die eine oder andere überraschende Entdeckung würde es sicherlich geben, wenn Bistümer, Kirchenstiftungen oder Pfarreien ihre Portfolios offenlegen.

Aus Sicht von Kirchenbankenmann Helge Wulsdorf darf die Kirche diesen Konflikt nicht scheuen. Er fordert eine weitere Öffnung der Bistümer. »Bei der aktuellen Transparenzoffensive sollte es nicht bleiben. Neben der Frage, wie viel Geld die Kirche hat, geht es in einem zweiten Schritt darum, wie die Kirche mit ihrem Geld umgeht, wo sie investiert und wo nicht«. Für die kirchlichen Vermögensverwalter bleibt also noch viel zu tun. Noch gibt es aus den Bistümern keine Anzeichen dafür, dass dies schnell passiert.

> »*Armut fürchte ich nicht und Reichtum begehre ich nicht.*«
> Johannes Chrysostomos, Bischof u. Kirchenlehrer, †407

WELTKIRCHE – GEISTLICHE UND ÖKONOMISCHE MACHT UNTER EINEM DACH

Wie wir sehen, ist die Kirche nie nur eine geistliche, sondern immer auch eine wirtschaftliche Macht gewesen. Denn neben ihrer geistlichen und missionarischen Tätigkeit betätigen sich kirchliche und klösterliche Eigentümer auch als Unternehmer. Sie führen Krankenhäuser, Behindertenheime und Sozialstationen, dazu Banken, Brauereien, Weingüter, Hotels, Druckereien, Verlage, Reiseveranstalter und Versicherungen. Nicht nur in Deutschland oder

Österreich, weltweit sind viele Firmen im kirchlichen Besitz. Der Weltkirche gehören Grundstücke, Immobilien und Wertpapiere, die einen Wert von mehreren Billionen Euro haben.

Aus Sicht von Kirchenvertretern hat aber »die Einheit im Glauben nicht zur Folge, dass kirchliche Vermögen in Immobilien, Wertpapieren oder Unternehmensbeteiligungen sehr unterschiedlicher Träger wirtschaftlich zusammengerechnet werden können«, heißt es dazu aus dem Erzbistum Köln. »Als wirtschaftliche Größe gibt es die katholische Kirche in Deutschland nicht.« Und aus Sicht der Weltkirche natürlich auch in Österreich, der Schweiz und anderen Ländern nicht.

Tatsache aber ist, dass die Weltkirche mit all ihren Trägern weltweit ein ökonomisches Schwergewicht ist, das jedes andere Wirtschaftsunternehmen auf unserem Globus in den Schatten stellt. Das Ansammeln von Vermögenswerten über 2 000 Jahre kann sich sehen lassen. Und Jahr für Jahr kommen durch Erträge aus Land-, Immobilien- und Wertpapierbesitz, Schenkungen und Erbschaften neue Vermögen hinzu. Von einer »armen Kirche für die Armen«, wie Papst Franziskus sie einfordert, kann also keine Rede sein.

Dabei fordert der Papst eine dauerhafte, institutionelle Gewissenserforschung, nicht aber einen Auszug aus den Kathedralen oder eine Beseitigung des Schönen aus der Kirche. Das über die Jahrhunderte angehäufte Vermögen darf aus seiner Sicht jedoch nur zur Erfüllung der kirchlichen Aufgaben eingesetzt werden. Es darf nicht zum Selbstzweck werden und nicht zu einer von der Aufgabenerfüllung losgelösten Anhäufung von Reichtümern führen. So, wie es heute in der Weltkirche Realität ist.

Ob man dieser Forderung in der Kurie im Vatikan, in den Diözesen, Pfarreien und kirchlichen Trägergesellschaften entspricht, ist zu bezweifeln. Höchste Zeit, dass sich die Weltkirche dem stellt und sich fragt, für welche Aufgaben sie ihre Finanzkraft und ihr Vermögen künftig einsetzen will.

Dabei sollte Entweltlichung für die Weltkirche nicht bedeuten, einfach zu verarmen und auf sämtliche Finanzmittel zu verzichten. Das gelingt nicht und das würde auch nichts bringen: Seelsorge,

Verkündigung und soziale Aufgaben sind nicht ohne Geld zu verwirklichen.

Das gilt auch für die missionarische Arbeit. Allerdings sollte sich die Weltkirche der versucherischen Kräfte des Geldes bewusst sein. Sie sollte transparent und kontrolliert mit ihren Geldmitteln umgehen, um nicht jegliche Glaubwürdigkeit zu verlieren, ohne die sie niemanden für ihren Glauben gewinnen kann.

Vielleicht könnte ein Wort des heiligen Bischofs und Kirchenlehrers Johannes Chrysostomos († 407) heute ein Impuls für die Weltkirche sein: »Armut fürchte ich nicht und Reichtum begehre ich nicht.«

Was das Kirchenrecht zur armen Kirche sagt

Nach dem Kirchenrecht hat die Weltkirche das Recht, Vermögen zur Verwirklichung der ihr eigenen Zwecke zu erwerben, zu besitzen und zu verwalten. Als eigene Zwecke werden vor allem genannt: »Die geordnete Durchführung der Gottesdienste, die Sicherstellung des angemessenen Unterhalts des Klerus und anderer Kirchenbediensteter, die Ausübung der Werke des Apostolats und der Caritas, vor allem gegenüber den Armen.« Im Kirchenrecht wird nicht von einer armen Kirche gesprochen, sondern von einer vermögenden Kirche. Das Vermögen darf aber nur zur Erfüllung der kirchlichen Aufgaben eingesetzt werden (Can 1254 CIC).

V.
CONCLUSIO

Fasst man das alles zusammen, wird klar: Die Weltkirche ist mit über 1,3 Milliarden Mitgliedern nicht nur die größte Glaubensgemeinschaft weltweit, sie ist mit einem weltweiten Vermögen von rund 2 Billionen Euro auch Mitglied im Billionärsclub, dem elitären Club der weltweit größten Vermögensverwalter. Mit umgerechnet 2,3 Billionen US-Dollar käme die Weltkirche im Ranking der Top Ten nach Blackrock mit einem verwalteten Vermögen von 4,64 Billionen US-Dollar und Vanguard (3,39 Billionen US-Dollar) noch vor State Street Global (2,24 Billionen US-Dollar auf Rang drei. Die Weltkirche weiß das aber nicht. Für sie selbst bleiben ihre immensen Vermögenswerte auch nach 2000 Jahren im Dunkeln.

Und während die Mitstreiter ihre unvorstellbar großen Anlagevolumen fremder privater und institutioneller Kapitalgeber renditeorient investieren und arbeiten lassen, könnte die Weltkirche sogar auf ihr eigenes Vermögen zurückgreifen. Wenn – ja, wenn sie nur wüsste wie?

- Welche Diözesen, Trägergesellschaften, Orden oder Stiftungen besitzen das Vermögen unter dem Dach der Kirche?
- Wie sind diese Vermögenswerte strukturiert und investiert?
- Mit welchen Zielen werden sie verwaltet?

- Wie lassen sich diese Vermögen zentral erfassen, kontrollieren und steuern?

- Wie lassen sich diese umschichten oder im Einzelfall auch liquidieren?

Wahrlich ein Mammutaufgabe.

Dabei können viele Einzelvermögen im Immobilien-, Bibliotheks-, Kunst- und Stiftungsbereich wertmäßig überhaupt nicht erfasst werden, da ihre Bewertung aktuell wegen fehlender Wertansätze gar nicht möglich ist. Der in der Bilanz des Erzbistums Köln für den Kölner Dom angesetzte Wert von einem Euro steht beispielhaft dafür.

Die Antwort auf die Frage, was und warum die Weltkirche so viel besitzt, ist den Würdenträgern in ihrer Zentrale im Vatikan und in den Diözesen an der Front in der Vergangenheit nicht gelungen. Im Gegenteil – in der öffentlichen Debatte über die Kirchenfinanzen ist von den Verantwortlichen vieles versäumt, übersehen und teils auch bewusst vertuscht worden. Das Führen grauer Kassen im Vatikan und in den Diözesen gehören dazu.

Aus Sicht der Kirchenoberen ist es zwar nicht möglich, »eine zutreffende Aussage über das Vermögen der Weltkirche zu machen, da die Kirche eine Glaubensgemeinschaft und kein Wirtschaftskonzern ist«. Dennoch werden sich die Weltkirche, ihre Werke, Träger und Organisationen über ihren Umgang mit dem kirchlichen Billionen-Vermögen kritischen Fragen sowohl ihrer Mitglieder als auch seitens der Öffentlichkeit stellen müssen.

Denn wem auch immer die im Laufe von 2 000 Jahren angesammelten Vermögenswerte unter dem Dach der Weltkirche im Einzelfall auch gehören, die Zentrale im Vatikan und die Kirchenoberen in den Bistümern können diese immensen Land-, Immobilien-, Beteiligungs-, Wertpapier-, Bank-, Stiftungs-, Bar- und sonstigen Vermögen nicht wegleugnen. Da müssen sie sich dann auch fragen lassen:

- Was macht ihr mit dem Besitz, der euch da anvertraut ist?
- Welche Häuser stehen auf Euren Grundstücken, wer wohnt da, welche Mieten nehmt ihr?
- Wo legt ihr Euer Geld an, wohin fließen die Gewinne? Fließen die auch dorthin, wo es nötig ist?
- Was gebt ihr davon den Armen, den Flüchtlingen, den Millionen Kindern in Not?

Auch will das Millionenheer der Armen auf dieser Welt wissen, was es mit der von Papst Franziskus proklamierten »Kirche für die Armen« in der Praxis auf sich hat. Ob die Weltkirche nach 2 000 Jahren endlich bereit ist, sich von Teilen ihrer Besitztümer zu trennen, um den Armen und Bedürftigen nachhaltig unter die Arme zu greifen. Denn: immer nur Beten hilft ihnen nicht.

»Eine Kirche, die nur um den Selbsterhalt kreist, wird krank«, hat Papst Franziskus gesagt. Erst recht eine Kirche, deren Finanzpolitik allein der Sicherung und der Vermehrung des Vermögens dient. Denn sind erst mal die Milliarden da, wird Geld angelegt und arbeitet für sich. Für die Menschen in Not steht es nicht mehr zur Verfügung.

Daran wird sich messen, ob der Reichtum der Weltkirche angemessen ist oder nicht. Und es geht vor allem um die Glaubwürdigkeit der Weltkirche, die als Einrichtung, die nicht von dieser Welt ist, im Umgang mit dem weltlichsten aller weltlichen Dinge, dem Geld, verlieren kann.

Es ist wohl die schier unglaubliche Vermögensmasse, die das Unternehmen Kirche trotz aller Finanzescapaden in den vergangenen Jahrhunderten und trotz fehlender Kontrollmechanismen auch nach 2000 Jahren am Leben erhält. Glaube als Geschäftsmodell – ein 2000-jähriges Geschäftsmodell, das Zukunft hat. Halleluja!

Epilog – Machtkampf im Vatikan

> *»Tu erst das Notwendige, dann das Mögliche,
> und plötzlich schaffst du das Unmögliche.«*
> Franziskus von Assisi, 1181/1182–1226

Die Weltkirche war immer vielfältig, hat sich im Laufe der Jahrhunderte immer verändert, wird und muss sich weiter verändern – Transparenz, Aufsicht und Verantwortlichkeit gehören dazu.

Mit Papst Franziskus ist die Hoffnung auf die längst überfälligen Reformen innerhalb der Weltkirche gewachsen. Dass er sich als Papst ausgerechnet nach dem Poverello aus Assisi benannte, ist ein Zeichen, das nicht hoch genug zu schätzen ist. Denn der heilige Franziskus war kein harmloser Frömmler, sondern ein radikaler Erneuerer, der nur knapp der Verketzerung entkam.

2013 hat sich mit Jorge Mario Bergoglio ausgerechnet ein Papst diesen Gegenentwurf zur reichen, prunkvollen Papstkirche zu eigen gemacht – darin steckt eine enorme Sprengkraft. Vor allem am Heiligen Stuhl und im Vatikan. Von »pompöser Hofhaltung« sprach damals der Münchner Kardinal Reinhard Marx.

Die Ablösung der Kurien-Kardinäle Spell und Müller durch Papst Franziskus Mitte 2017 ist mehr als eine normale Regierungsumbildung am Heiligen Stuhl. Sie ist Ausdruck eines Machtkampfes, der seit Jahren im Vatikan tobt. Dabei geht es um einen Kampf zwischen Konservativen und Reformatoren, wie ihn die Weltkirche in ihrer 2000-jährigen Geschichte oft erlebt hat:

Während die Konservativen die Reinheit der Lehre und die Kraft der Tradition verteidigen, damit die Weltkirche sich treu bleibt, möchten die Reformer die Kirche stärker auf die Welt von heute einstellen, damit sie ihre Mission besser erfüllen kann. Sie argumentieren eher pragmatisch als dogmatisch, gehen lieber in die unreine Welt hinaus, als sich in der reinen Lehre einzubunkern.

Demgegenüber klammern sich die Konservativen an vordemokratische Zeiten, als die Kirche noch Meinungshoheit hatte. Sie halten sich qua Amt für unantastbar, für unkritisierbar. Hier Papst Franziskus, der für eine Volkskirche steht, dort Mitglieder der Kurie wie der Inquisitor Kardinal Müller, die einer Kirche der Hierarchie nachhängen oder wie der US-Kardinal Raymond Leo Burke, die Korrekturen im Kirchenrecht fordern und Papst Franziskus korrigieren wollen. Kleriker, von denen im Juli 2017 ein Kommentator vom L'Osservatore Romano schrieb, es gebe leider »wenig erleuchtete und unwillige Geistliche, die ihren gewohnten Praktiken und einem repetitiven Denken ohne Vitalität nachhängen«. Sie sehen in der von Franziskus eingeleiteten Kurienreform nur Baustellen, keinen Plan. Letztlich aber geht es um die Macht an sich, die Macht der Zentrale und ihrer Kirchenführung über die Gläubigen.

Doch hat sich Franziskus nicht mehr Debatte und Bewegung in seiner Weltkirche gewünscht? Dann muss er auch hinnehmen, dass er geradeheraus kritisiert wird. Eine offene, kontroverse, ehrliche Richtungsdebatte – das wäre geradezu revolutionär für die römische Kurie.

Schon mehrfach hat der Papst bewiesen, dass er Tabus brechen und seine Kirche in Unruhe versetzen will. Er verurteilt faule Kompromisse und warnt seine Schäfchen davor, »es sich in der christlichen Komfortzone allzu bequem zu machen«. Franziskus weckt große Erwartungen, die bislang jedoch kaum erfüllt wurden. Es ist nicht immer klar, ob die Enttäuschungen mit dem Verhalten des Papstes zu tun haben oder aber mit der Kurie.

Für manche Kritiker innerhalb der Weltkirche erscheint der »Modernistenpapst« Franziskus als autoritärer Wiedergänger von

Papst Pius X., dem »Antimodernistenpapst« von 1907. Auf beide Päpste »lässt sich auch mit vertauschter inhaltlicher Ausrichtung ein Verriss ihres Regierungsstils als undialogisch, repressiv und einschüchternd, innerkirchliche Kritik mit Ämterenthebung und Mobbingstrategien beantwortend, beziehen«.

Leichter wird die Aufgabe des Papstes durch die Ablösung der Kurien-Kardinäle nicht. Im Gegenteil – Franziskus hat ein Problem:

- Er muss erstens dafür sorgen, dass die Arbeit Pells fortgeführt wird, der als Finanzchef erfolgreich für Transparenz und gegen Korruption gekämpft hat. Jetzt treten die Finanzreformen auf der Stelle. Das Sekretariat für Wirtschaft, das als neue Kontrollstelle im Vatikan konzipiert war, ist seit Pell's Abgang ohne Führung. Auch wurde der vatikanische Rechnungsprüfer Libero Milone unter mysteriösen Umständen entlassen.

- Er muss zweitens darauf bestehen, dass die Missbrauchsfälle in der Weltkirche, für deren Aufklärung Kardinal Müller als Präfekt der Glaubenskongregation zuständig war, rascher und härter angegangen werden. Mit der Absetzung Müllers als Präfekten der Glaubenskongregation, hat Franziskus diese Institution gleichzeitig herabgestuft. Denn Müllers Nachfolger, der spanische Erzbischof Luis Francisco Ladaria Ferrer, ist nur ein Mann der zweiten Reihe.

- Und er muss drittens darauf achten, dass die Ultrakonservativen unter seinen Kritikern die Weltkirche nicht spalten. Ideologische Grabenkämpfe nicht nur in der Kirchenführung, sondern längst auch unter den Gläubigen. Die sehen in Franziskus eine Gefahr für den katholischen Glauben. Wie aus vatikanischen Kreisen verlautet, verfolgt auch der emeritierte Papst Benedikt XVI. die Entwicklung mit Sorge.

Denn die halten an einer Theologie fest, die in der Jetzt-Zeit problematisch ist. »Wir sind Kirche« – für sie ist der Bischof als Person immer noch eine Autorität. Kritik sehen sie als Angriff auf ihr Amt. Sie haben die Auffassung, dass – wie beispielsweise in den zahllosen Missbrauchsfällen – nur der Mensch Sünder ist und eine Institution kein Sünder sein kann.

Sie vergleichen den Zustand der Weltkirche mit »einem Schiff im Sturm, das schon fast zum Kentern angefüllt ist«. Da helfe es »im Sturm der Gottlosigkeit und des Relativismus der Weltkirche nur, die Bordwände höher zu ziehen, die Luken zu schließen und die Schotten zu dichten«, so Kardinal Joseph Ratzinger im Petersdom am 18. April 2005. Dem Tag, bevor die Kardinäle ihn zum Papst wählten. Damals glaubten viele Kardinäle, dies sei zukunftsweisend.

Die Kardinäle, die Franziskus sein Mandat gaben, wünschten sich ein Kirchenoberhaupt, das die majestätische Unnahbarkeit der Weltkirche ablegen und ihre spirituelle Anhängerschaft ausweiten würde. Kardinal Peter Turkson aus Ghana erinnert sich an das Konklave: »Es gab da eine starke Stimmung: Lasst uns seine Veränderung herbeiführen.« Kardinal Bergoglio sei den Kardinälen weitgehend unbekannt gewesen. Aber dann hielt er eine Rede – es war quasi sein Manifest. »Er riet uns allen, über eine Kirche nachzudenken, die sich bis an die Ränder vorwagt. Nicht nur geografisch, sondern an den Rändern der menschlichen Existenz.«

2013, nach Benedikts Rücktritt befanden viele Kardinäle, dass dieser Weg die Weltkirche in die Krise geführt habe und machten den Argentinier Mario Bergoglio zu Papst Franziskus. Der sieht seitdem seine Aufgabe darin, die Luken des Schiffs wieder zu öffnen und die Abschottung aufzubrechen. Auch auf die Gefahr hin, dass »eine Welle Zeitgeist« über die Bordwand schwappt.

Benedikts Grabrede, die anlässlich des Todes seines Kölner Freundes Kardinal Meisner von Erzbischof Georg Gänswein im Kölner Dom verlesen wurden, in der er von »einer Diktatur des Zeitgeistes« spricht, der »Kardinal Meisner widerstanden« habe, ist eine Warnung an Papst Franziskus: »Verrate mein Erbe nicht«. Die

Gläubigen im Kölner Dom haben Benedikts Worten applaudiert, beim Grußwort des Papstes blieben sie stumm.

Viele der überwiegend konservativen Katholiken, die im Kölner Dom Kardinal Meisner Mitte Juli 2017 die letzte Ehre erwiesen, dürften gedacht haben: Hier redet der richtige Papst – und dann gibt es da noch den neuen, den ein Irrtum der Geschichte nach Rom gebracht hat. Die Auseinandersetzung zwischen Konservativen und Reformern scheint gerade erst begonnen zu haben.

Zum ersten Mal in seinem Pontifikat gibt es eine Krise in der Regierung der Weltkirche. Dazu kommen Verzögerungen bei den von Franziskus angekündigten und teils auch eingeleiteten Reformen. Die kommen zu langsam voran, an wirklichen Veränderungen ist wenig passiert. Die angekündigten Reformprojekte sind halbherzig oder gar nicht in Angriff genommen worden. Und schon bei kleinen Reformen attackieren ihn die konservativen Kräfte, auch Kardinäle – sogar öffentlich.

In seiner Weihnachtsansprache im Dezember 2017 an die römische Kurie macht Papst Franziskus seinen Ärger über Kardinäle und Kirchenfürsten Luft, die ihn kritisieren, seine Erneuerungspläne infrage stellen und seinen Kurs bezweifeln. Von »Verrätern« und »Krebsgeschwür« spricht er, von »Intrigen«. Zwar nennt er keine Namen, aber jeder, der sich ein wenig mit dem Ränkespiel hinter den Leonischen Mauern im Vatikan auskennt, wusste, wer gemeint war.

Offensichtlich ist, dass sich der heilige Zorn des Oberhirten gegen die konservativen Kleriker richtet, die seine Reformen torpedieren und von Veränderungen nicht wissen wollen. »In Rom Reformen durchzuführen, ist wie wenn man die ägyptische Sphinx mit einer Zahnbürste reinigen will«, stellt Franziskus mit Verweis auf einen Erzbischof aus dem 19. Jahrhundert frustriert fest. Doch für seine Kritiker führt der Reformeifer des Papstes die Weltkirche in die falsche Richtung.«

Der Konflikt mit seinen Gegnern ist offensichtlich, er ist härter geworden. Draußen bei den Menschen könnten die Sympathiewerte für Papst Franziskus auch in seinem fünften Amtsjahr kaum größer sein. Was die Menschenmengen beispielsweise bei den Audienzen auf dem Petersplatz in den Bann schlägt ist, dass das Weiß der Papsttracht an diesem Mann zum Ausdruck von Einfachheit und Volksnähe geworden ist.

Doch innerhalb der Kirche steht er ziemlich oft allein da. In den Reihen der Kardinäle hat er wenig Freunde. Sie und viele Bischöfe in den weltweiten Diözesen haben in seinem Pontifikat gelernt, dass Franziskus im Gegensatz zu seiner Forderung nach mehr Transparenz in der Kirche selbst für Kritik nicht offen ist, dass er Kritik übel nimmt. Viele Bischöfe schweigen, weil sie Franziskus gegenüber loyal sein möchten. Und viele fürchten, dass sie kalt gestellt werden, wenn sie ihre Meinung sagen.

Noch hat Franziskus die westeuropäischen Bischöfe auf seiner Seite. Doch die afrikanischen Bischöfe sind bereits fast geschlossen gegen ihn, die asiatischen Bischöfe gespalten. In den boomenden Regionen der Weltkirche, in Afrika und Teilen Asiens, hat der Papst große Loyalitätsprobleme. Er läuft Gefahr, dass ihm immer mehr Regionen und auch immer mehr Mitarbeiter entgleiten. Ganz abgesehen davon, dass die Stimmung im Vatikan schlecht sein soll. Franziskus hat zwar gesagt, er habe eine »gesunde Egal-Haltung« gegen Kritik an seiner Person entwickelt. Doch der Widerstand gegen ihn geht sicher weiter. Scheinheilige Loyalitätsbekundungen auch.

Die Kritik der Kardinäle an Franziskus bezüglich der Auslegung der Heiligen Schrift nimmt zu, sogar Papst-Anhänger gehen auf Distanz zu ihm. In der Kurie wird immer hartnäckiger nach den eigentlichen Zielen des Papstes gefragt. Es wachsen Zweifel, ob Franziskus seine Popularität für die Themen nutzen kann, die ihm am Herzen liegen:

- Die Erneuerung des Glaubens,

- den Kampf gegen Armut und

- den Schutz verfolgter Christen.

Während seines vierjährigen Pontifikats hat Papst Franziskus einiges ins Rollen gebracht. Kircheninsider sagen, »er hat vielleicht zu viel ins Rollen gebracht« in dieser 2000 Jahre alten Institution. Denn die hat ja eigentlich immer davon gelebt, dass sich eben nicht allzu viel ändert.

Auffällig ist, dass sich der Papst seine Ratgeber vor allem außerhalb des Vatikans sucht. Wichtige Impulse kommen aus Südamerika. Franziskus läuft Gefahr, allein dazustehen – mehr Applaus als Gefolgschaft. Das ist ein Risiko für sein Pontifikat. Dass Papst Franziskus schon jetzt an die Sicherung seines Erbes denkt, zeigen die Kardinalserhebungen der vergangenen Zeit. Afrika, Asien – die bisherigen Randländer der Welt sollen in der Weltkirche einen höheren Stellenwert bekommen.

Der Papst will dorthin, wo er Zuwachsmärkte sieht, in Afrika, Asien- und Südamerika. Dort glaubt der Seelenfischer aus Argentinien noch Schäflein für den katholischen Glauben gewinnen zu können, während im alten Europa und in Nordamerika immer mehr Menschen der Kirche den Rücken kehren. Diesen Kurs findet eine ganze Reihe von Kirchfürsten, die das Alte bewahren wollen, nicht gut. Deshalb stellen sie sich gegen den Papst.

Nur – Einheit und Einigkeit der Weltkirche gehört zu ihrem Markenkern. Deshalb ist der schwelende Streit zwischen Papst und Teilen der Kurie so bedrohlich. Beschädigt er doch möglicherweise das Wichtigste was Katholiken an ihre Kirche bindet: den Glauben und das Vertrauen in eine Institution, die in über 2000 Jahren schon viel Streit über den richtigen Weg überdauert hat.

Doch »für den Vatikan gilt, was für jede Institution gilt«, sagt die deutsche Botschafterin am Heiligen Stuhl, Annette Schavan, zum Machtkampf in Rom. Und sie fährt fort: »Im Zustand der Harmonie verändert sich selten etwas. Wenn Dinge in Bewegung geraten, gibt es Reibung, Vorwürfe. Warum sollte es im Vatikan anders sein?«

Franziskus, der Rätselhafte. Man sieht ihm nicht an, was er denkt, aber er scheint seine Sache durchzuziehen. Ein deutscher Kirchenmann geht davon aus, dass »der Heilige Geist ihm weiterhilft, wenn er ihn schon zum Papst gemacht hat. Wir Europäer sagen: Da muss jetzt eine Struktur her. Franziskus aber sagt: Der Weg ist wichtiger. Und die Zeit, der Prozess, ist wichtiger als der Raum.« Das ist schwierig für die Traditionalisten, aber auch für die Reformer, die wünschen, dass der Papst auf den Tisch haut und sagt: Jetzt wird alles anders gemacht. Doch der Papst will, dass seine Weltkirche nach 2000 Jahren endlich erwachsen wird.

Für die notwendige Reform der Kurie setzte er dazu einen Rat von »unbefangenen Kardinälen« ein. Ein aus neun Kardinälen bestehender Beraterkreis, dem auch Kardinal Reinhard Marx angehört. Die Expertenkommission soll dem Papst bei der Kurienreform zur Seite stehen. In der Öffentlichkeit kam der Schlag gegen die päpstlichen Behörden und die Bürokratie in der Weltkirche gut an, doch die Atmosphäre in der Kurie ist seitdem getrübt. Auch bleibt weitgehend unklar, wie der Papst die Zentrale der Weltkirche umbauen will.

Die Kirchenoberen im Vatikan sind auch im fünften Jahr seines Patronats immer noch dabei, sich einen Reim auf den Papst zu machen.

Franziskus scheint sich bei seinem Tun darüber im Klaren zu sein, dass jede seiner Handlungen und jede Silbe in der Kurie auf ihren symbolischen Gehalt hin analysiert wird. Seine argentinischen Freunde beschreiben ihn als »Schachspieler«, als jemanden, bei dem »jeder einzelne Schritt genau durchdacht« ist.

»Hagamos lío« – »Macht Wirbel« und »Stiftet Unruhe« war ein geflügeltes Wort Erzbischofs Jorge Mario Bergoglio an seine Gemeinden in Buenos Aires, wenn sie etwas unternehmen und die Dinge anpacken sollten. Als Papst hat Franziskus in der Weltkirche und im Vatikan zwar einiges aufgewirbelt:

- Eine neue Kurienbehörde für Laien, Familie und Lebensschutz.

- Eine leichtere Amtsenthebung für Bischöfe, nicht nur bei sexuellem Missbrauch, bei Nachlässigkeit, Sorgfaltsverletzung und anderen Punkten.

Doch ob in der Weltkirche tatsächlich Veränderungen vor sich gehen, bleibt auch im fünften Jahr seiner Amtszeit fraglich:

- Gegen Missbrauch und pädophile Priester wird nach wie vor nicht genug getan. Wie eine australische Untersuchungskommission nach Auswertung Tausender Missbrauchsopfer durch katholische Priester und kirchliche Würdenträger in ihrem Abschlussbericht Ende 2017 feststellt, »haben viele Fälle mit den kirchlichen Schweigestrukturen zu tun und den Abgründen, in die das Zölibat führen kann«. Das gilt überall in der Kirchenwelt. »Die Weltkirche sollte daher dringend über die Lebensform ihrer Geistlichen nachdenken«, empfiehlt der Bericht. Papst Franziskus empfindet zwar »Schmerz« und »Scham«, wenn er an den »irreparablen Schaden« denkt, der »diesen Kindern« durch Kirchenfunktionäre zugeführt worden ist. Doch die Kirche muss sich bemühen, dass sich das nicht wiederholt. Bislang hat die Weltkirche Missbrauchsopfern bereits 3,4 Milliarden Euro Schweigegeld gezahlt.

- Franziskus bleibt beim Nein zur Verhütung, auch nicht zum Schutz vor HIV. Davon sind vor allem die Kirchenmitglieder in Afrika und Lateinamerika betroffen.

- Für die Gleichstellung homosexueller Lebenspartnerschaften mit der Ehe gibt es im Plan Gottes aus Sicht des Papstes weiterhin »kein Fundament«. Zu lange hat sich die Weltkirche auf die Sünde konzentriert. Wenn sie das Leiden der Menschen und ihr Verhältnis zu Gott wieder in den Mittelpunkt stellt, werden die strengen Haltungen zur Homosexualität, zur Scheidung, zum Zölibat und zu anderen Dingen anfangen, sich zu verändern. Franziskus arbeitet daran. Er ist ein Populist – einer der guten Sorte. Er will die Menschen zusammenführen und ihnen einen einfachen Gott zurechtbasteln. Populisten sind nun mal Vereinfacher. Wird ihm das letztlich zum Verhängnis werden?

Doch das betrifft nur die Glaubensseite der Weltkirche. Die andere, die Unternehmensseite unter dem Dach der Weltkirche, mit ihren wirtschaftlichen Aktivitäten kirchlicher Institutionen und Trägergesellschaften, haben Papst Franziskus und seine Kirchenzentrale gar nicht im Blick – mit Ausnahme der ihnen nahestehenden Vatikanbank. Das gilt vor allem für die Finanz-, Beteiligungs-, Immobilien- und Landvermögen unter dem Dach der Weltkirche.

Bei all seinen Reformbestrebungen sollte Papst Franziskus prüfen, eine mit Fachleuten besetzte Kurienbehörde zur zentralen Erfassung und Steuerung dieser weltweiten ökonomischen Aktivitäten und Ressourcen unter dem Dach der Weltkirche zu installieren. Diese Institution könnte ihm und seinen Nachfolgern helfen, perspektivisch angedachte Reformen vor allem mit Blick auf die »Bekämpfung der Armut und Hilfe für die Armen« auch umzusetzen. Ave Marias allein reichen da nicht – Geld gehört dazu.

Franziskus wird neben dem Heiligen Geist einflussreiche Verbündete brauchen, um seine angestoßenen Reformen hin zu »einer armen Kirche und zu einer Kirche für die Armen« zu verwirklichen. Die finanziellen Mittel hätte er dazu. Ohne dabei Rücklagen für langfristige Verpflichtungen auflösen oder gar sein Kirche wirklich arm machen zu müssen.

Die vorliegende Analyse will die Weltkirche ob ihrer immensen Vermögenswerte nicht an den Pranger stellen. Sie will die Kirchenmacher in der Zentrale im Vatikan und in den Diözesen vor Ort aber aufrütteln, sich dieser Vermögensmasse unter dem Dach der Kirche bewusst zu werden. Auch wenn diese von unterschiedlichen kirchlichen Trägern gehalten wird, sollte es im Interesse des Ganzen möglich sein, diese Vermögensmasse in ihrer Gesamtheit zu erfassen, sie zu bündeln und sie im Sinne des Herrn zielgerecht einzusetzen. Rendite-Orientierung gehört dazu. Bei den verkrusteten Strukturen der Weltkirche und vielen ihrer Trägergesellschaften sicherlich kein leichtes Unterfangen.

Derzeit jedenfalls operieren die einzelnen Vermögensträger ob im Vatikan oder in den Diözesen ohne ein gemeinsames, übergeordnetes Ziel. Jeder Vermögensträger wirtschaftet nach seinem Belieben. Häufig ohne Kontrolle und ohne Wirtschaftlichkeit – die staatlichen Zuschüsse kommen im Einzelfall ja. Und ohne zu wissen, welche Vermögenswerte man überhaupt besitzt. Nicht nur aus unternehmerischer Sicht erschreckend.

Angesichts der Armut in dieser Welt – nicht nur in den Entwicklungsländern, auch in den Schwellen- und Industriestaaten klafft die Schere zwischen Arm und Reich immer weiter auseinander –, und dem Versagen der Politik, hier nachhaltig Abhilfe zu schaffen, böte sich für die Weltkirche die Chance, zumindest mit Teilen ihrer Finanzmittel in die Bresche zu springen. Land- und Immobilienverkäufe müssten zur Finanzierung sicherlich dazu gehören.

Hilfe nicht mit punktuellen Alibi-Almosen wie bisher zu bieten, sondern mit zielorientierten Programmen für eine Hilfe zur Selbsthilfe in den Entwicklungsländern und beispielsweise Bauprogrammen für günstigen Wohnraum in den Großstädten der Schwellen- und Industrieländer. Dass Letzteres im kleineren Rahmen schon heute erfolgreich funktioniert, zeigen die angeführten Beispiele in Deutschland.

Die Weltkirche bekäme die Chance, der vom Herrn vorgegebenen Aufgabe eines zielorientierten Einsatzes von Geld im Sinne einer »Kirche für die Armen« tatsächlich nachzukommen.

Richtig angegangen hätte die Weltkirche die finanziellen Möglichkeiten dazu. Auch würde ein solcher Einsatz von Teilen der kirchlichen Vermögensmasse die Glaubwürdigkeit der Weltkirche ganz im Sinne von Papst Franziskus nachdrücklich unter Beweis stellen. Nicht nur bei ihren Mitgliedern, auch bei ihren Kritikern.

Und warum sollte der Konzern der Nächstenliebe nicht ähnlich agieren, wie es weltliche Konzerne wie Apple, Coca Cola und andere tun – sich die Nutzung der Marke »Katholische Kirche« von den Zigtausenden kirchlichen Trägern, Institutionen und Unternehmern, die unter dem Konzerndach Kirche wirtschaften, lizenzmäßig honorieren lassen? Würden diese jährlich den »christlichen Zehnt« ihrer Erträge aus wirtschaftlicher Tätigkeiten oder aus Vermögenserträgen in einen Fonds nach Rom überweisen, könnten aus diesem Topf gezielt Hilfsprojekte in den Entwicklungsländern und beispielsweise dringend benötigte Wohnbauprojekte in den Ballungszentren der Industrieländer auf den Weg gebracht werden. Statt sich immer wieder scheinheilig mit ihren sozialen Diensten zu brüsten, die zum Großteil nicht aus der Kirchenkasse, sondern aus staatlichen Subventionstöpfen und Spenden der Gläubigen finanziert werden, sollte die Weltkirche in Finanz- und Vermögensangelegenheiten endlich glaubwürdig und aktiv werden.

Immer wieder prangert Papst Franziskus das scheinheilige Doppelleben von Christen an. Da wird es Zeit, sich als Papst auch das scheinheilige Doppelleben innerhalb seiner Kirche anzunehmen. Denn vieles was der Weltkirche heilig ist, wurde und wird durch die Handlungsweise ihrer Lenker scheinheilig. Das Eingeständnis zum Reichtum und zur Vermögenslage der Weltkirche gehört dazu. Die steht im krassen Gegensatz zum kirchlichen Armutsprogramm.

*»Ich habe nur eine Bitte an den Herrn, nämlich
dass dieser Wandel, für den ich mich mit
so vielen Opfern einsetze, nicht wie ein Licht erlischt.«*
Papst Franziskus, Rom, Dezember 2013

Quellen

Abmeier, Karlies (Hg.), Geld, Gott und Glaubwürdigkeit, Paderborn, 2016

Abromeit, Heidrun/Hessler, Heinz D., Zur politischen Ökonomie der Kirchen, Wiesbaden, 1989

Althaus, Rüdiger, Strukturen kirchlicher Vermögen und kirchliche Vermögensverwaltung in der katholischen Kirche, in: Kämper/Thönnes (Hrsg.), die finanziellen Rahmenbedingungen kirchlichen Handelns, Münster, 2013

Ansaldo, Marco/Finger, Evelyn, Die Frau des Papstes, DIE ZEIT, Hamburg, 07. 06. 2016

ARD-Tagesschau, Kardinal Müller kritisiert Papst scharf, Hamburg, 05. 07. 2017

Bals, Hansjürgen/Fischer, Edmund, Finanzmanagement im öffentlichen Sektor – Budgets, Produkte, Ziele, München, 2013

Becker, Claudia, Eine unglaubliche Erscheinung, DIE WELT, Hamburg, 11. 05. 2008

Bergner, Die Kirche und das liebe Geld, Stuttgart, 2009

Bernhardt, Wolfgang, Wirtschaft, Kirche, Armut und Papst Franziskus, Fulda, 2015

Bingener, Reinhard, Wo bleibt die Kirchensteuer?, FAZaS, Frankfurt, 26. 03. 2017

Böniger, Daniel, Die Wein-Weltmeister sitzen im Vatikan, TagesAnzeiger, Zürich, 28. 03. 2014

Börsenblatt, Zwischen Moral und Moneten, 16. 01. 2014

Braun, Michael, Wirtschaftsbetriebe mit religiösem Etikett, Deutschlandfunk, 24. 05. 2017

Bremer, Jörg, Ist Opus Dei okay?, FAZaS, 03. 09. 2017

Bundesregierung, 26. Subventionsbericht, Berlin, 2017

Busse, Caspar/Crocoll, Sophie/Mayr, Stefan, Mit gutem Glauben Wirtschaften, Süddeutsche Zeitung SZ), München, 23. 11. 2011

Charamsa, Krzysztof/Ochmann, Frank, Im Zentrum der Verlogenheit, stern, Hamburg, 27. 04. 2017 -

Choza, Jacinto, Die Finanzen des Opus Dei, Madrid, 23. 10. 2010

Christian Assemles Europe, Die Milliarden des Vatikan, Feldafing, 09/10. 1986

Clemens, Fabry, Katholische Kirche legt erstmals Finanzen offen, Die Presse, Wien, 07. 09. 2012

Colomna-Cesari, Constance, Die Diplomaten des Papstes, arte, 09. 01. 2018

Curzio, Maltese, Scheinheilige Geschäfte, München, 2009

Czermak, Gerhard, Die Ablösung der historischen Staatsleistungen an die Kirchen, in öffentliche Verwaltung 57/3, 2013

Deinyang, Marianna, So wohlhabend ist der Konzern Kirche – Das irdische Milliardenreich der Gottesmänner, FOCUS, München, 17. 10. 2013

DER SPIEGEL, Die Milliarden des Vatikan, Hamburg, 21/1970

DER SPIEGEL, Kirche – Diskret wie Schweizer Banken, Hamburg, 49/2001

DER SPIEGEL, Weltmacht Religion, Hamburg 9 /2006

DER SPIEGEL, Die Konzerne Gottes, Hamburg, 4/2013

DER SPIEGEL, Die grauen Kassen der Bistümer, Hamburg, 21. 10. 2013

DER SPIEGEL, Drei Religionen, ein Gott – Christen, Muslime, Juden – was sie verbindet, was sie trennt, Hamburg, 2016

Deutscher Bundestag/Wissenschaftliche Dienste, Finanzen und Vermögen der Kirchen in Deutschland, Berlin, 2014

Deutscher Bundestag/Wissenschaftliche Dienste, Die Finanzen der Kirchen in Deutschland und die besondere Rolle der sogenannten Staatsleistungen, Berlin, 2016

Dorfer, Tobias, Diese Geschäftemacherei mit dem Glauben – grauenhaft, SZ, München, 01. 09. 2010

Drobinski, Matthias, Kirche, Macht und Geld, Gütersloh, 2013

Drobinski, Matthias/Meiler, Oliver, Römisches Rätsel, SZ, 26. -28. 03. 2016

Drobinski, Matthias, Die Kirche ist arm, wenn sie nichts aus ihrem Reichtum macht, SZ, München, 20. 06. 2016

Dowideit, Anette, Die soziale Wirtschaftsmacht, DIE WELT, Hamburg, 18. 08. 2005

Ehlers, Fiona, Unsern täglich Wein gib uns heute, DER SPIEGEL, Hamburg, 46/2016

FAIRTRADE, Wandel durch Handel, Jahres- und Wirkungsbericht 2015/2016, Köln, 2016

Forschungsgruppe Weltanschauungen in Deutschland (fowid), Die katholischen Hilfswerke, Oberwesel, 11. 01. 2017

fowid, Kundeneinlagen bei Kirchenbanken, Oberwesel 12. 10. 2016

fowid, Gehälter von Klerikern 2016, Oberwesel, 14. 11. 2016

fowid, Staatsleistungen 2017, Oberwesel, 09. 03. 2017

fowid, Papst Franziskus – ein Reformpapst?, Oberwesel, 08. 09. 2017

Frambach, Hans, Der dritte Weg der Päpste, FAZ, Frankfurt, 29. 06. 2015

Frerk, Carsten, Finanzen und Vermögen der Kirchen in Deutschland, Aschaffenburg, 2004

Frerk, Carsten, Violettbuch Kirchenfinanzen – Wie der Staat die Kirchen finanziert, Aschaffenburg, 2010

Frerk, Carsten, Kirchenrepublik Deutschland, Aschaffenburg, 2015

Fritz, Jürgen, Sind Staat und Kirche wirklich streng getrennt?, The European, Berlin, 14. 05. 2017

Gerster, Petra, Der Vatikan und das Geld, ZDF, Mainz, 09. 06. 2014

Ghelli, Fabio, Monti verschont die Kirche – noch, ZEITonline, 12. 12. 2011

Glas, Andreas, Es müllert wieder, SZ, München, 05. /6. 08. 2017

Ginten, Ernst August/Tauber, Andre, Reisen im Namen des Herrn sind Milliardengeschäft, DIE WELT, Hamburg, 08. 04. 2012

giordano bruno stiftung, Verfassungswidrige Kirchensubventionen auf Rekordniveau, Oberwesel, 18. 01. 2016

Goldschmidt, Nils/Habisch, André, Was die Wirtschaftsethik vom Papst lernen kann, FAZ, Frankfurt, 17. 02. 2010

Günther, Markus, KirchenSteuer, FAZaS, Frankfurt, 31. 01. 2016

Günther, Markus, Kirche war gestern, FAZaS, Frankfurt, 25. 12. 2016

Günther, Markus, Mit ihr der Himmel auf Erden, FAZaS, Frankfurt, 15. 01. 2017

Hartmann, Gerhard, Die Kirchensteuer in Deutschland – Vorbild oder Auslaufmodell? – in Höfer, Rudolf K. (Hrsg.) Kirchenfinanzierung in Europa, Innsbruck, 2014

Hegemann, Gerhard, So reich ist die katholische Kirche wirklich, DIE WELT, 20. 06. 2016

Höfer, Rudolf, Kirchenfinanzierung in Europa – Modelle und Trends, Innsbruck, 2014

Huber, Wolfgang, Gott und Geld, Bonn, 30. 09. 2013

Institut für Höhere Studien/Joanneum Research, Kirche & Wirtschaft, Wien, Juni 2017

Jaeger, Michael, Die Entlassung des Inquisitors, der Freitag, Berlin, 27/2017

Jansen, Thomas, Der Schatz des Papstes, Domradio, Köln, 19. 07. 2014

Jungnikl, Saskia, Wie der Staat die Kirche finanziert, derStandard, Wien, 05. 02. 2012

KAP, Kardinal Müller: Europa erlebt forcierte Entchristlichung, Rom, 22. 07. 2017

Keeding, Susanne, So finanziert sich die Kirche, Frankfurter Neue Presse, Frankfurt, 19. 10. 2013

Kinkel, Lutz, Die staatliche Mega-Rente für die Kirchen, Stern, Hamburg, 05. 02. 2016

Kirchhof, Ferdinand, Grundlagen und Legitimation der deutschen Kirchenfinanzierung in Kämper/Thönnes (Hrsg.): Die finanziellen Rahmenbedingungen kirchlichen Handelns, Münster, 2013

Kleinjung, Tillmann, Viel besucht und doch unbekannt, Deutschlandfunk Kultur, Köln, 06. 06. 2011

Kleinjunge, Tillmann, Papst Franziskus gerät unter Druck, BRreport München, 05. 12. 2017

Quellen

Kloepper, Inge, Unternehmer in göttlicher Mission, FAZ, Frankfurt, 22. 02. 2010

Klüver, Henning, Zehntausend Euro für eine Privataudienz, SZ, München, 25. 05. 2012

Kock, Felicitas/Schmidt, Sarah K. , So finanziert sich die katholische Kirche, SZ, München 14. 10. 2013

Köchler, Das Verhältnis von Religion und Politik in Österreich und Europa, Forum Politische Bildung, Innsbruck-Wien-Bozen, 2013

Köllen, Katja, Großkonzern Kirche, Wirtschaftswoche, 25. 12. 2011

Krause, Matthias, Das Eigenkapital deutscher Bistümer im Vergleich, Humanistischer Pressedienst, Berlin, 23. 07. 2014

Kröger, Michael, Der geheime Milliardenschatz des Klerus, WIRTSCHAFT, 06. 04. 2010

Leimkühler, Claudia, Die Bedeutung von Aufsicht und Kontrolle in der kirchlichen Vermögens- und Finanzverwaltung in Kämper/Thönnes (Hrsg.) Die finanziellen Rahmenbedingungen kirchlichen Handelns, Münster 2013

Lo Bello, Nino, The Vatican Empire, New York, 1970

Lo Bello, Nino, Vatikan im Zwielicht, München, 1983

Mai, Klaus-Rüdiger, Der Vatikan – Geschichte einer Weltmacht im Zwielicht, Köln, 2010

manager magazin, Deutscher Chef der Vatikanbank tritt zurück, Hamburg, 08. 07. 2014

Manhattan, Avro, The Vatican Billions, Rancho Cucamonga/Cal. , 1983

Mayer, Robert, Die unbekannten Billionäre, TagesAnzeiger, Zürich, 01. 11. 2016

Misereor, Jahresbericht 2016, Aachen, 2017

Mitschke-Collande, Thomas von, Schafft sich die katholische Kirche ab?, München 2012

Monteforte, Filippo, Italien stuft Vatikan nicht mehr als Steueroase ein, Die Presse, Wien, 05. 04. 2017

Müller-Meiningen, Julius, Feinbild Franziskus: Wieso die Kritik am Papst immer direkter wird, Augsburger Allgemeine, Augsburg, 02. 11. 2017

Müller-Thederan, EU will Steuerprivilegien der katholischen Kirche kappen, DIE WELT, Hamburg, 04. 09. 2007

Nardi, Guiseppe, Die Entwicklung der größten katholischen Männerorden seit dem Konzil, Rom 04. 06. 2013

Neumaier, Rudolf, Knecht der Knechte, SZ, München, 23. 06. 2017

Nuzzi, Gianluigi, Vatikan AG – Ein Geheimarchiv enthüllt die Wahrheit über die Finanz- und Politskandale der Kirche, Salzburg, 2010

Nuzzi, Gianluigi, Alles muss ans Licht, Rottenburg a. N. , 2015

Odrich, Der Kampf um die spanischen Kirchen, FAZ, Frankfurt, 05. 11. 2016

Ojetti, Paolo, Vaticano S. p. A. , L'Europeo, Rom, 07. 01. 1977

Oppitz, Harald, Die katholische Kirche und die Verteilung der Kirchensteuern, Domradio, 24. 01. 2017

PAX-Bank, Nachhaltige Geldanlagen, Köln, 13. 07. 2017

Powell, Martina, Über ihr Geld spricht die Kirche nicht, Die Zeit, Hamburg, 14. 10. 2013

Prettenthaler, Franz/Schnabl, Alexander (Hg), Wirtschaftsfaktor Kirche, Wien, 2015

Puchleitner, Klaus/Knoll, Stefan, Das geheime Vermögen, der Austro-Kirche, Trend, Wien, 22. 02. 2013

Rahmann, Tim, Wie reich ist der Vatikan wirklich?, Wirtschaftswoche, Düsseldorf, 08. 04. 2012

Reese, Thomas J. , Den Vatikan reformieren – was Kirche von anderen Institutionen lernen kann, Stimmen der Zeit, Freiburg, 2008

Roeck, Bernd, Gott und Macht – Staat und Kirche, Schriftenreihe VontobelStiftung, Zürich, 11/2009

Röllin, Olivia, Ein Schweizer bringt Licht ins Dunkel der Vatikanbank, SRF, Zürich, 07. 05. 2016

Schmid, Fidelius, Gottes Schwarze Kasse – Der Papst und die zwielichtigen Geschäfte der Vatikanbank, Köln, 2013

Schneider, Ingo, Erzbistum Freiburg besitzt 968 Millionen Euro, Badische Zeitung, Freiburg, 11. 12. 2015

Quellen

Schneeweiss, Antje, Wenn jeder wüsste, wo die Kirchen ihr Geld anlegen, würde es noch mehr Kirchenaustritte geben, Welt, Hamburg, 09. 10. 2015

Schröder, Barthel, Entscheidungsfindung in Großunternehmen: Was die Kirche daraus lernen könnte, futur2, Mainz, 2017

Schülbe, Dana, Vom Klosterbier bis zur TV-Firma, Rheinische Post, Düsseldorf, 17. 10. 2013

Schümer, Dirk, Gott, Geld und Macht, FAZ, Frankfurt, 13. 03. 2013

Seibt, Gustav, Vornehm unzufrieden, SZ, München, 17. 05. 2010

Smoltczyk, Alexander, Seidenhöschen im Vatikan, DER SPIEGEL, Hamburg, 26. 09. 2007

Spiegel Online, US-Erzdiözese ist pleite, Hamburg, 05. 01. 2010

Stölb, Marcus, Wo Hochwürden nächtigte, FAZaS, Frankfurt, 15. 05. 2016

Suermann de Nocker, Thomas, Anmerkungen zur Steuerungslogik der Kirchenentwicklung, Berlin, 2016

Tagesspiegel, Das Kreuz mit den Milliarden, Berlin, 21. 10. 2013

Tagungsbericht: Kloster und WirtschaftsWelt im Mittelalter, 11. -12. 11. 2005 Paderborn, in H-Soz-Kult, Berlin, 07. 02. 2006

Travel World, The Vatican's own duty-free store, 24. 12. 2012

Trauthig, Michael/Siebold, Heinz, Auf Tuchfühlung mit dem Papst, Stuttgarter Nachrichten, 25. 09. 2011

Tiyavorabun, Stefan, Vergelt's Gott – der verborgene Reichtum der katholischen Kirche, SWR, 08. 09. 2014

Uhle, Arnd, Kirchenfinanzen in der Diskussion, Berlin, 2015

Ulrich, Stefan, Machtkampf der Glaubensbrüder, SZ, München, 03. 07. 2017

Wagner, Dorothea, Katholische Kirche – Welche Zahlen nicht öffentlich sind, SZ, München, 07. 10. 2015

Weiß, Jochen, Mammon – Eine Motivgeschichte zur Religiosität des Geldes, Mannheim, 2006

Wetz, Andreas, Grundbesitz: Wem gehört Österreich, Die Presse, Wien, 18. 06. 2011

Wiener Zeitung, Milliardenunternehmen Kirche, Wien, 25. 06. 2015

Wilhelm, Hannah, Das Kloster als Unternehmen: Sie verdienen nicht nur Almosen, Tagesspiegel, Berlin, 23. 12. 2001

Wolf, Hubert, Reform an Haupt und Gliedern, FAZ, Frankfurt, 16. 02. 2015

Woller, Hans, Der erste Stellvertreter, Darmstadt, 2016

Personen und Unternehmen

Im Buch genannte Personen

Andreotti, Giulio – Balaguer, Josemariá Escrivá de – Baudelaire, Charles – Beer, Peter – Bello, Nino Lo – Benedikt von Nursia – Bergoglio, Jorge Mario – Bertone, Tarcisio – Bilgri, Anselm – Boffo, Leonardo – Bonis, Donato de – Boticelli – Brana, Abraham – Bowler, Kate – Burge, Fernando Ocáriz – Burke, Greg – Burke, Raymond Leo – Caloia, Angelo – Calvi, Roberto – Caravaggio – Chrysostomos, Johannes – Cipriani, Paolo – Consalvi, Ercole – Donaubauer, Klaus – Dowling, Kevin – Echter, Julius von Mespelbrunn – Enste, Dominik – Feldhoff, Norbert – Fernandez, Joaquin Pertinez – Ferrer, Luis Francisco Ladaria – Folchi, Enrico – Franssen, Jean-Baptiste de – Franziskus von Assisi – Frerk, Carsten – Freyberg, Ernst von – Gänswein, Georg – Gennaro – Gleba, David – Grünewald, Gudrun – Guareschi, Giovanni – Gutenberg – Haupt, Johann-Albrecht – Heinrich der Löwe – Herrmann, Horst – Hildegard von Bingen – Huber, Wolfgang – Ignatius von Loyola – Jorio, Alberto di – Kaiser Heinrich III. – Kaiser Glycerius – Kaiser Heinrich VI. – Kaiser Karl der Große – Kaiser Konstantin – Kaiser Maxentius – Kamischke, Andreas – Kerkel-ing, Hape – Köster, Norbert – Ludovici, Radolfo Boncompagni – Ludwig I. – Madonna – Marcinkus, Paul Casimir – Marx, Reinhard – Mechtild von Magdeburg – Meisner, Joachim – Meyer, Bernhard – Michelangelo – Milone, Libero – Mixa,

Walter – Müller, Gerhard Ludwig – Napoleon Bonaparte – Nogara, Bernadino – Osterloh, Margit – Overbeck, Franz-Josef – Pacelli, Stephan – Parolin, Pietro – Pawlowski, Eugenio – Pereira, Rinaldo – Pfeffer, Klaus – Pell, George – Pippin II. – Putin, Wladimir – Raffael – Ratzinger, Joseph Alois – Rhonheimer, Martin – Ricca, Battista Mario Salcatore – Riemenschneider, Tilman – Roncalli, Angelo Giuseppe – Rothschild – Schneeweiss, Antje – Scarano, Nunzio – Schönborn, Christoph – Schröder, Barthel – Sepe, Crescenzio – Sindona, Michele – Sobbeck, Gordon – Soto, Hernando de – Spadoro, Antonio – Stewens, Christa – Tamaris – Tarancóu, Vicente Enrique y -Tebartz-van Elst, Franz-Peter – Tedeschi, Ettore Gotti – Tizian – Trump, Donald – Tulli, Marrimo – Ugolini, Mauro – Vinzenz von Paul – Vinci, Leonardo da – Jan Romeo – Teresa von Avila – Wachter, Bernd – White, Paula – Woelki, Maria – Wolf, Hubert – Wojtyla, Karol Józef – Wulsdorf, Helge – Zollitsch, Robert – Atlantic Monthley – Auswärtiges Amt – BDA – Epoch Times – Erzbistum Hamburg – Ernst & Young Päpste: Alexander VI. – Benedikt XII. – Benedikt XV. – Benedikt XVI. – Clemens VI. – Franziskus – Hadrian VI. – Innonenz VII. – Johannes XXIII. – Johannes Paul I. – Johannes Paul II. – Leo X. – Leo XII. – Leo XIII. – Nikolaus V. – Paul VI. – Pius IX. – Pius X. – Pius XI. – Pius XII. – Sixtus IV. – Urban II. –

Im Buch genannte Institutionen, Organisationen und Unternehmen

Aachener Grundvermögen – Aachener Grundvermögen Kapitalanlagegesellschaft – Aachener Siedlungs- und Wohnungsgesellschaft – Abtei St. Walburg – Adelhozener – Adveniat – AGKStV – Allianz – Antenne Mecklenburg-Vorpommern – APSA – Armani – Assicuriazzioni Generali – Augustiner Bräu Kloster Mülln – Auswärtiges Amt – Banca Privata Italiana – Banco Ambrosiano – Banco di Roma per la Svizzera – Bank für Kirche und Caritas – Bank für Kirche und Diakonie – Bank für Orden und Mission – Bank im Bistum Essen – Bayerisches Pilgerbüro – Benediktiner-Abtei Münsterschwarzach – Benediktiner-Abtei Tholey – Bensberger Kreis – Benziger Verlagsbuchhandlung – BHP Billiton – Bibliotheca Apostolica Vaticana – Bibliotheca Capitolare di Verona – Bischöfliches Hilfswerk – Bischöflicher Stuhl Essen – Limburg – Speyer – Bischöfliche Weingüter Trier – Bischöfliches Weingut Rüdesheim – Bistum Aachen – Augsburg – Eichstätt – Erfurt – Essen – Fulda – Hildesheim – Limburg – Mainz – Münster – Osnabrück – Regensburg – Rottenburg-Stuttgart – Passau – Speyer – Trier – Würzburg – Benedictpress – BMZ – bodenmarktExklusiv – Bonifatiusdruckerei – Bonifatiuswerk – Brauerei Bischofshof Regensburg – Brigittenkloster Bremen – Bruderhilfe Sachversicherung – Buchhandlung Klosterpfalz – Buchhandlung Strobel – Bund der Deutschen Katholischen Jugend – Bundesamt für Finanzen – Bundesbank – Bundesministerium für Entwicklung – Bundeswirtschaftsministerium – Caritas International – Caritas Österreich – Caritas Schweiz – Catholic Media Council – Catholic News Agency – Chevron – Christiana Verlag – Church Bola de Neve – Cisalpina – Corporation Media Inc. – Credito Artigiano – Criteo – C&A – Daiwa – DC Advisory – Deloitte & Touche – DKM Darlehnskasse münster – der Standard – Destatis – Deutsche Bank – Deutsche Bischofskonferenz – Deutsche Ordensobernkonferenz – Deutscher Caritasverband – Deutscher Orden – Diakonisches Werk – Diasporahilfe – Die Presse – Die Sternsinger – Die Zeit – Domkapitel Köln – domradio – dreipunktdrei mediengesellschaft – Economist – EHI Retail Institute – EKD – Ernst & Young – Erzbistum Bamberg – Berlin – Chicago – Freiburg – Hamburg – Köln – München/Freising – Paderborn – Wien – Europäische Union – Europarat – Eurostat – Evangelisch-Lutherische Kirche in Bayern – Express – Fairtrade-Verein – Familienfürsorge – Federalberghi – Financial Times – Forbes – fowid – Franklin National Bank – Global Evangelization Movement – Google – Gotthard Bank – Gruppo Re – Hackelbräu Hacklberg – Handelsblatt – Handelsverband Deutschland – Hanro of Switzerland – Heiliger Stuhl – Helder-Ceamara-Stiftung – Holtzbrinck-Gruppe – HSBC – HUK-Coburg – Humanic-Schuh – Humanistische Union – Humanistischer Pressedienst – Il Sole 24 Ore – Imug/Eiris – Informationsportal

Staatsleistungen – Institut der deutschen Wirtschaft – Institut der Englischen Fräulein – Institut für Höhere Studien – Institut für Sozialstrategie – Instituto per le Opere di Religioni (IOR) – Joanneum Research – Johannes Verlag – Joseph-Stiftung Bamberg – Karstadt – kathnews – Katholische Medienverein Stiftung – Katholische Nachrichtenagentur (KNA) – Katholische Kirche in Deutschland – Katholische Zentralstelle für Entwicklungshilfe – Katholischer Siedlungsdienst – Katholisches Magazin für Kirche und Kultur – Katholisches Medienhaus – Katholisches Medienzentrum Zürich – Kathpress – Ketteler Bauverein – KIPA – Kirche im Programm – Kirchlicher Entwicklungsdienst der EKD – Kloster Arenberg – Kloster Metten – Klosterbrauerei Andechs – Klosterbrauerei Ettal – - Klosterbrauerei Kreuzber – Klosterbrauerei Mallersdorf – Klosterbrauerei Scheyern – Klosterbrauerei Weltenburg – Klosterkammer Hannover – Kölner Stadt-Anzeiger – Kolping Hotels & Resorts – Kolpingsgenossenschaft – Kolpingwerk – Kongregation der Barmherzigen Schwestern – KPMG – Kurie – La Padania – Legionäre Christi – L'Europeo – Liga-Bank – L'Osservatore Romano – Luz del Mundo – Malteser Deutschland – Malteser Hilfsdienst – Manufactum – Marienhaus-Stiftung – Mariannhiller Mission – Maximilian -Kolbe-Werk – Media-Markt – Miserior – Missio – Missionsdruckerei Mariannhill – MTG Malteser Trägergesellschaft – Musei Vaticani – Nestlé – Neue Landwirtschaft exklusiv – Oggi – Opus Dei – Orden vom Heiligen Grab – Ordensgemeinschaften: Augustiner – Barmherzige Brüder – Benediktiner – Dominikaner – Franziskaner – Jesuiten – Johanitter – Karmeliten – Karthäuser – Piaristen – Prämonstratenser – Zisterzienser – - Ordensgemeinschaften Österreich – ORF – Oxfam – Paulinus Unternehmensgruppe – PAX-Bank – Pax Familien Krankenversicherung – Pertri Verlag – Pew-Research Center – Pfarrpfründestiftung der Erzdiözese Freiburg – Promontory – Propaganda Fide – Radio Astratel – Radio Horeb – radio klassik Stephansdom – Radio Maria Österreich – Radio PSR – Radio Vaticana – Raphaelswerk – Rat der Europäischen Bischofskonferenzen – Renovabis – Rein-Donau-Stiftung – Revisuisse – Rheinpfalz-Gruppe – Rio Tinto – Ritterorden vom Heiligen

Im Buch genannte Institutionen, Organisationen und Unternehmen

Grab zu Jerusalem – Römisch-katholische Zentralkonferenz der Schweiz – Royal Dutch Shell – Samsonite – Schelhammer & Schattera – Siedlungswerk Baden – Siedlungswerk Stuttgart – Siemens AG Österreich – Sixtinische Kapelle – Società Generale Immobiliare – Soldatenseelsorge Berlin – Solidarnosc – Spanisches Landwirtschaftsministerium (MAPA) – Spellmann-Stiftung – SPIEGEL ONLINE – Statista – Statistik Austria – Statistik Schweiz – Statistikamt INDEC – Statistisches Bundesamt – Staatl. Hofkellerei Würzburg – Staatsweingüter Kloster Eberbach – Steyler Ethik Bank – Steyler Mission – Stift Admont – Stift Neustift – Stiftsbibliothek St. Gallen – Stiftsbrauerei Schlägl – Stiftung Juliusspital Würzburg – Studio Omega – Styria Meia Group – St. Benno Verlag – Südwind-Institut – Swiss Bank – TagesAnzeiger – Tellux-Gruppe – The World Factbook – Tiffany – TransFair – Trapistenbrauerei Stift Engelszell – TVZ Theologischer Verlag Zürich – UBS – Unesco – Union Invest – Universität für Bodenkultur Wien – Universität Münster – Universität Santa Croce Rom – UNWTO – Vaticanhistory-News-Blog – VCH Hotels – Verband der Diözesen – Vereinigte Kirchen- u. Klosterkammer Erfurt – Vereinigter Kloster- und Studienfonds Braunschweig – Verlag St. Josef – Versicherungsverein auf Gegenseitigkeit – Vodafone – Volkswagen – VRK-Holding – Warburg Invest – Weingut Cusaniusstift Bernkastel-Kues – Weingut Juliusspital Würzburg – Weingut Leiwen – Weltbild Verlag – WGKD – Wikipedia – Wine Instutute – World Population Prospects – Yearbook of American & Canadian Churches – ZDF – Zenit – Zentralkomitee der deutschen Katholiken –

Vermögen richtig schützen

Hans-Lothar Merten | Dr. Markus Schuhmann

»Das neue Standardwerk zum Vermögensschutz!«

Wenn Sie Ihr Vermögen wirklich umfassend schützen wollen, müssen Sie gewohnte Fahrwasser verlassen. Die profilierten Experten Hans-Lothar Merten und Dr. Markus Schuhmann zeigen Ihnen, welche Instrumente es zum Vermögensschutz national und international gibt und wie sich diese bei gleichzeitiger Risikominimierung einsetzen lassen. Dabei werden die aktuellen Entwicklungen auf den Finanz- und Kapitalmärkten ebenso berücksichtigt, wie die Veränderungen im politisch-wirtschaftlichen Umfeld und die rechtlichen Voraussetzungen im In- und Ausland.

304 Seiten | Hardcover | 24,99 € (D) | ISBN 978-3-89879-988-1

Vertreibung aus dem Paradies

Hans-Lothar Merten

Obwohl immer wieder brandaktuell, ist das Phänomen »Steuerflucht« alles andere als neu. Bereits Ende des Ersten Weltkriegs begann die Schweiz, ein Modell zu etablieren, das fast 100 Jahre erfolgreich funktionieren sollte. Inzwischen gibt es unzählige Nachahmer, die »Kundschaft« mit Niedrigststeuern anlocken – darunter nicht nur die Cayman Islands, sondern auch Bundesstaaten der USA. Und so wechselhaft die Geschichte der Steueroasen auch ist – ihre Macher hinter den glitzernden Bank- und Kanzleifassaden sind ihren Jägern immer eine Spur voraus.

272 Seiten | Hardcover | 24,99 € (D) | ISBN 978-3-95972-027-4

Wenn Sie **Interesse** an **unseren Büchern** haben,

z. B. als Geschenk für Ihre Kundenbindungsprojekte, fordern Sie unsere attraktiven Sonderkonditionen an.

Weitere Informationen erhalten Sie bei unserem Vertriebsteam unter +49 89 651285-154

oder schreiben Sie uns per E-Mail an:

vertrieb@finanzbuchverlag.de